CHARLES BRATLI

MEMBRE CORRESPONDANT DE L'ACADÉMIE ROYALE D'HISTOIRE
DE MADRID

PHILIPPE II
ROI D'ESPAGNE

ÉTUDE SUR SA VIE ET SON CARACTÈRE

PRÉFACE DE

M. BAGUENAULT DE PUCHESSE

CORRESPONDANT DE L'INSTITUT

Avec six planches hors texte et un fac-simile

PARIS
LIBRAIRIE ANCIENNE HONORÉ CHAMPION, ÉDITEUR
5, QUAI MALAQUAIS, 5

1912

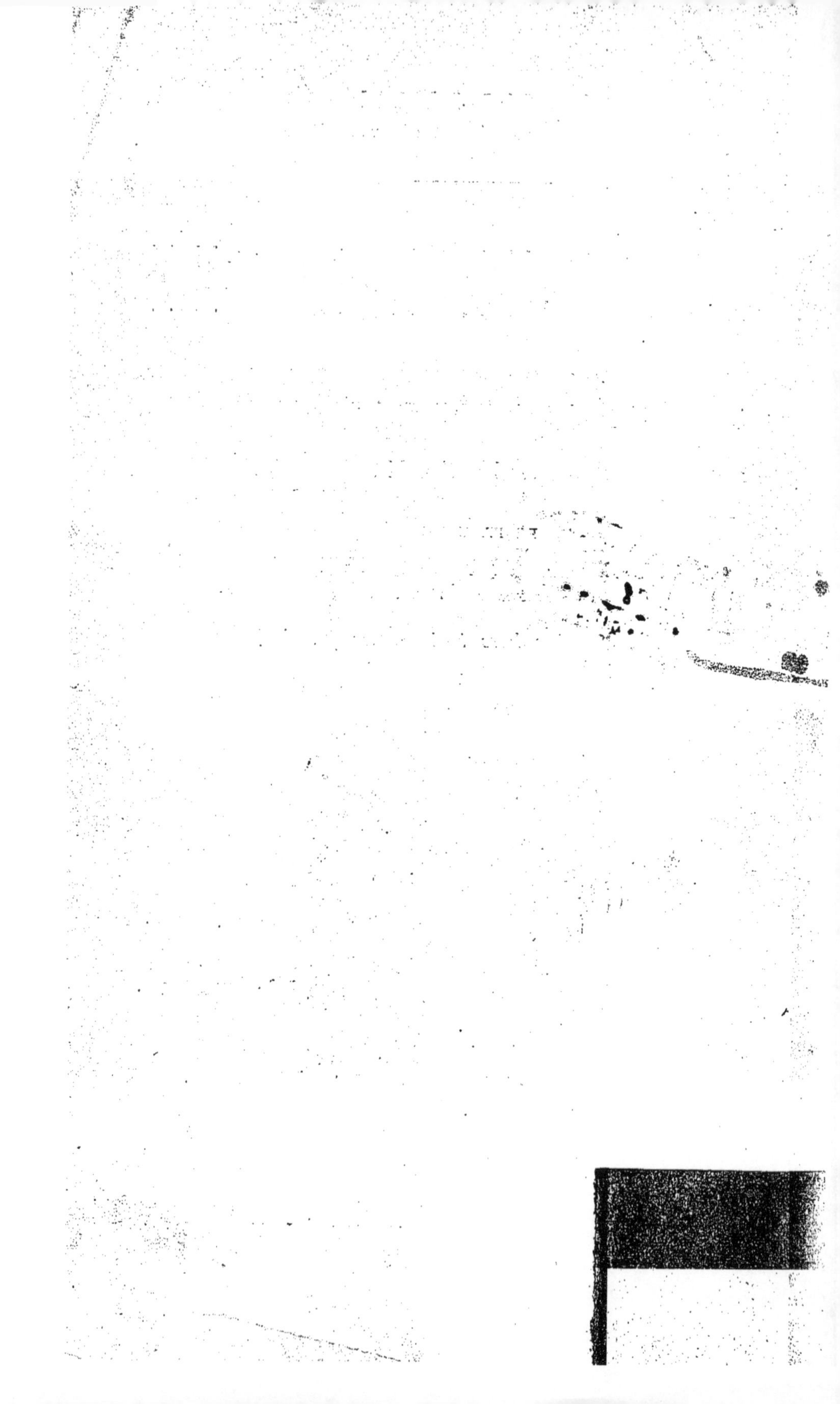

PHILIPPE II, ROI D'ESPAGNE

ÉTUDE SUR SA VIE ET SON CARACTÈRE

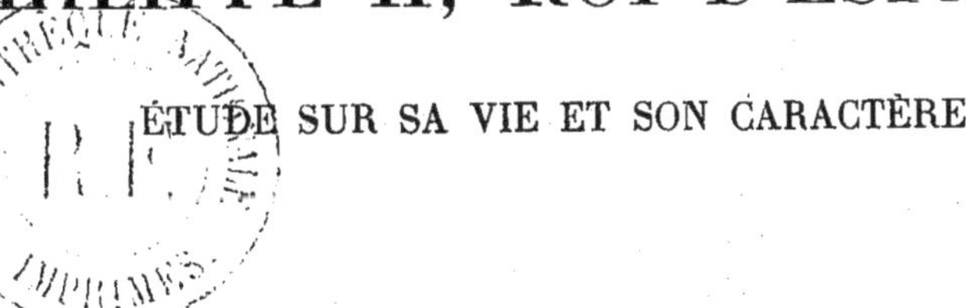

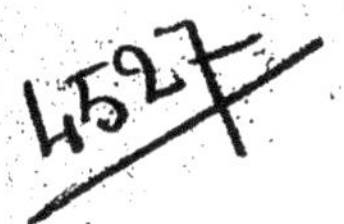

Pantoja de la Crux pinx

Musée du Prado, n° 931

PHILIPPE II A L'AGE DE 60 ANS

CHARLES BRATLI

MEMBRE CORRESPONDANT DE L'ACADÉMIE ROYALE D'HISTOIRE DE MADRID

PHILIPPE II, ROI D'ESPAGNE

ÉTUDE SUR SA VIE ET SON CARACTÈRE

« Veritate, non ornamento »

Nouvelle édition, revue et augmentée par l'auteur

AVEC UNE PRÉFACE

DU

COMTE BAGUENAULT DE PUCHESSE

Correspondant de l'Institut

Ouvrage orné de 6 gravures et un fac-similé

PARIS

LIBRAIRIE ANCIENNE HONORÉ CHAMPION, ÉDITEUR

5, QUAI MALAQUAIS, 5

1912

A

L'ACADÉMIE ROYALE D'HISTOIRE DE MADRID

EST DÉDIÉ CET OUVRAGE

PAR L'AUTEUR RECONNAISSANT

TABLE

PREMIÈRE PARTIE

LA LITTÉRATURE HISTORIQUE CONCERNANT PHILIPPE II

DEUXIÈME PARTIE

TROISIÈME PARTIE

PRÉFACE

Que n'a-t-on pas écrit sur Philippe II? Et pourtant, jamais homme n'a été jugé avec plus de passion et de partialité. Implacable despote, tyran cruel, bourreau de ses sujets, moine fanatique : telles sont les moindres qualifications dont on accompagne sa mémoire abhorrée. Il a de plus, ajoute-t-on, commencé la décadence de l'Espagne, qui se ressent encore de sa fatale influence !

Ce jugement, reproduit depuis trois siècles par tous les historiens, peut-il être revisé? Le rôle du souverain est-il susceptible d'explications? Poursuivait-il un but par quelques côtés recommandable? N'a-t-il fait que du mal pendant sa longue vie? Le problème est assurément intéressant et a de quoi tenter l'érudit qui, parmi un nombre considérable de témoignagnes recueillis, veut sans parti pris chercher la vérité.

C'est la tâche assez ardue que s'est imposée un savant du nord de l'Europe, que le génie froid et mesuré de sa race éloignait à coup sûr des exagérations méridionales ou de la rhétorique latine. M. Charles Bratli était, du reste, singulièrement préparé pour ce travail. Connaissant toutes les langues, élève distingué de l'Université de Copenhague, depuis vingt ans il parcourt l'Allemagne, la France, l'Italie, l'Angleterre à la recherche de documents imprimés et manuscrits. Il est de plus le continuateur et l'apôtre des relations littéraires et historiques de l'Espagne avec le Danemark desquelles il a fait un magistral exposé dans le *Boletin de la Real Academia de la Historia*, dont il est membre correspondant. Ses séjours en Espagne, aux Archives de Simancas en particulier, ont achevé de le renseigner sur des mœurs et un état d'esprit qui ont moins changé qu'on ne croit depuis le XVIe siècle. Et sa nationalité même qui n'a jamais eu d'intérêts engagés dans la Péninsule ne pouvait gêner en rien sa liberté d'appréciation.

On ne peut pas dire, cependant, qu'il en ait profité pour essayer une réhabilitation complète de Philippe II. S'il défend sa mémoire, c'est un peu comme un juge d'Instruction, qui examine un dossier et qui cherche des preuves, au lieu de s'en tenir à l'opinion publique souvent prompte à affirmer ce qu'elle ne sait pas.

Discuter même sommairement les rectifications proposées est impossible en quelques pages. Tout au plus pourrait-on indiquer deux ou trois points.

La conduite de Philippe II vis-à-vis de ses sujets des Pays-Bas est difficilement explicable. L'inutile férocité du duc d'Albe se défend d'autant moins, que les Flamands s'étaient paisiblement accommodés du gouvernement de Marguerite de Parme et que, plus tard, la propre fille du roi d'Espagne, l'infante Isabelle devint si populaire, qu'aujourd'hui encore, dans la libre Belgique, on célèbre le règne des « Archiducs » comme un des plus florissants et des plus heureux dont le peuple se souvienne.

L'exécution dans sa prison, sans jugement, sans enquête préalable, d'un grand seigneur venu à Madrid comme négociateur et pour ainsi dire en parlementaire n'est point défendable. Plus admissible serait la prime offerte et donnée pour l'assassinat du prince d'Orange, qui avait du moins pour excuse le fanatisme religieux et les habitudes du temps.

La mort peu naturelle de don Carlos est une mesure de précaution, que les contemporains ont jugée nécessaire. Le jeune prince était fou, et fou dangereux. Que serait-il arrivé si un événement inopiné l'avait fait monter sur le trône d'Espagne? Philippe II, dans l'intérêt de son peuple, a usé de sa prérogative royale et paternelle, avec une rigueur qui a dû être singulièrement pénible à son cœur, assez tendre au fond pour ses enfants. En tous cas, la jalousie n'y a été pour rien, le drame ou le roman n'ayant aucune vraisemblance dans cette affaire.

Le despotisme farouche de Philippe II avait une raison d'être : sauvegarder l'unité religieuse de l'Espagne, au moyen de l'Inquisition, s'il le fallait, et empêcher dans la péninsule les troubles et les guerres civiles qui avaient ensanglanté l'Allemagne, l'Angleterre et la France depuis un demi-siècle. Et de fait, la foi catholique est demeurée générale en Espagne, nombre de révolutions successives l'ayant à peine entamée. Que les expéditions militaires contre Elisabeth d'Angleterre, ou en France au profit de la Ligue, n'aient abouti qu'à des désastres et ruiné les finances espagnoles, c'est là une question beaucoup plus complexe. Car le caractère hésitant, les longs retards, dans l'exécution de projets mal conçus ont été la cause principale d'échecs qu'il faut attribuer à la direction lointaine et souvent ignorante du chef trop économe et un peu fataliste, qui, dans la fin de sa vie surtout, ne sortait pas de son cabinet de l'Escurial. Il est bon de se dire le soldat de Dieu sur la terre ; mais cela ne dispense pas de prendre des moyens humains, si l'on veut réussir.

Reste le côté moral de la vie privée de Philippe II. Nous avons peine à croire que cet homme violent et passionné, qui a épousé successivement quatre femmes, qui eut nombre de maîtresses, ait été exempt de ces écarts qu'on pardonne aisément aux souverains et qui ont été toujours très compatibles avec une dévotion même scrupuleuse. Dans ce pays où les mœurs ne sont pas rigides, il lui suffisait d'un confesseur et de quelques moments de repentir. Ce qui ne l'empêcha pas d'avoir assuré la fidélité de ses sujets, abattu l'islamisme et l'hérésie, ayant fait figure vraiment d' « un roi national ».

On connaissait très peu en France les derniers travaux espagnols sur Philippe II ; on ignorait presque autant l'ensemble des ouvrages publiés dans toutes les langues et tous les pays sur ce règne célèbre et si diversement apprécié. Quand on avait cité l'américain Prescott, l'allemand Raumer, Gachard, Mignet, Forneron, on croyait avoir tout dit. M. Ch. Bratli, après de difficiles investigations, est arrivé à donner, sur le personnage et sur son époque, une documentation que l'on peut affirmer être très complète et qui, en dehors des *appendices*, ne comprend pas moins de 377 notes étendues et de 44 pages de bibliographie, le tout accompagné de curieuses reproductions de portraits et de peintures du temps. Cela seul suffirait à honorer un écrivain. Mais M. Bratli a voulu, en outre, faire œuvre d'historien : il a résumé en quelques chapitres les événements d'un si long règne, l'œuvre de Philippe II, son caractère et ses idées ; il a fait un tableau de l'Espagne au XVIe siècle sous les deux premiers princes de la maison d'Autriche. Ses conclusions hardies étonneront peut-être quelques lecteurs. Son travail n'en sera pas moins nécessaire à consulter pour quiconque voudra se rendre compte de l'immense « littérature », produite à l'occasion de la vie d'un roi qui ne saurait se plaindre d'avoir été délaissé par l'histoire.

Comte Baguenault de Puchesse,
Correspondant de l'Institut de France.

Paris, 25 mars 1912.

AVANT-PROPOS

Ce petit livre est le fruit de longues années d'études et de recherches historiques. Pendant des séjours nombreux et prolongés en Espagne, j'ai travaillé à me pénétrer de la culture propre à ce pays, et ce sont Philippe II et son temps qui ont particulièrement captivé mon intérêt. Et, comme au cours de ces études je rencontrais les opinions les plus divergentes et les plus opposées chez les historiens, je me mis en devoir de soumettre à un examen critique sérieux les productions littéraires relatives à ce roi.

Je m'aperçus alors que la plupart des auteurs — même ceux dont les œuvres reposent sur des études de première main — étaient imbus de préjugés de nature religieuse, nationale ou politique et que, par suite de cela, leurs récits manquaient souvent de l'objectivité que tout historien doit chercher à atteindre.

Partant de ce que Guillaume Maurenbrecher exige de l'historien, à savoir : qu'il considère et décrive ses personnages dans le milieu que leur a fait leur propre temps et qu'il les apprécie suivant les conclusions qui en découlent, et non suivant ses propres idées modernes, je me plongeai particulièrement dans les sources historiques contemporaines relatives à mon sujet. Dans ce but, j'ai compulsé non seulement toutes les archives et bibliothèques espagnoles, mais aussi la plupart des italiennes, de même que les riches fonds de la Bibliothèque Nationale de Paris et de notre propre Bibliothèque Royale.

Pendant cette étude des sources, que j'ai continuée de nombreuses années durant, j'ai réussi à constater que les matériaux sur lesquels les historiens se sont surtout appuyés dans cette question, doivent être considérés, en grande partie, comme inutilisables en tant que sources, parce que ce sont tantôt des écrits pseudonymes et tendancieux d'ennemis étrangers (p. 20), tantôt des inventions romanesques (p. 24). J'ai pu montrer également, par mes recherches bibliographiques, comment des écrits découverts par des historiens dans des archives et utilisés comme des sources historiques inédites précieuses, avaient déjà été imprimées deux générations auparavant (p. 26 et 38).

Comme contre-partie de ces fausses sources, j'ai révélé l'existence de plusieurs documents contemporains, émanant de témoins oculaires, et complétant, sous beaucoup de rapports, la matière considérable qui a été publiée jusqu'à présent. Ce sont, d'une part, les lettres mêmes de Philippe II et, d'autre part, des rapports et des lettres d'ambassadeurs étrangers et de nonces du pape, documents qui ne sont pas écrits pour être publiés et qui nous révèlent l'opinion réelle de leurs auteurs. J'ai mis au jour *in extenso* un de ces documents, la longue « Relazione di Spagna » qui se trouve dans les archives de l'Etat, à Florence. Elle traite exclusivement de la personne de Philippe II. Comme ambassadeur de Florence pendant cinq ans, l'auteur de cette relation a eu l'occasion d'observer le roi de très près. Nous y trouvons décrits, jusque dans les moindres détails, la vie journalière de Philippe, sa manière de se conduire, son travail, ses passe-temps ; bref, tout ce qui peut satisfaire la curiosité la plus vive concernant sa vie privée. L'auteur n'est pas un admirateur aveugle de Philippe II ; mais on remarque qu'il est animé d'un grand respect pour ce roi, dont il reconnaît sincèrement les grandes facultés et les qualités distinguées.

Je ne mentionnerai pas ici les nombreuses difficultés que j'ai dû surmonter pour recueillir la matière nécessaire à cet ouvrage. Celui-là seul qui a dû travailler dans des archives espagnoles pourra se figurer combien souvent la patience, la persévérance et l'énergie d'un investigateur peuvent être mises à l'épreuve. Mes séjours réitérés à Simancas ne m'ont cependant laissé que des souvenirs agréables du personnel des archives qui s'est toujours montré plein d'amabilité et de dévouement. Aussi je saisis cette occasion pour remercier le savant chef des archives générales, don Julián Paz, pour l'intérêt qu'il a toujours témoigné à mes recherches. Dans notre propre Bibliothèque Royale, qui est très riche en ancienne littérature espagnole, j'ai rencontré également beaucoup de gracieuse bienveillance.

Au cours des études faites en vue du présent petit ouvrage, je n'ai ressenti que trop souvent l'absence d'indications exactes relatives aux sources et aux autorités. Même chez des auteurs d'ailleurs dignes de foi et de confiance, j'ai rencontré des citations de nature à induire en erreur et des communications de seconde main mal comprises. C'est pour cela que, afin de faciliter aux lecteurs le contrôle des sources que je cite, j'ai réuni en un chapitre, à la fin du livre, des notes correspondant aux renvois indiqués dans le texte et renseignant sur une matière très étendue. Comme il n'existe pas encore de manuel bibliographique de l'histoire de l'Espagne, j'ai cherché, par là, à donner aux lecteurs qui s'intéressent à l'histoire, le moyen de trouver et d'utiliser des renseignements exacts concernant des matières plus spéciales relatives à l'histoire de ce pays au XVIe siècle.

En outre, j'ai rassemblé, dans un appendice, une série de dires d'hommes véridiques dont les écrits sont rares et peu connus, ou n'existent que comme manuscrits dans les archives. Dans toutes les citations, j'ai conservé soigneusement l'orthographe que je leur ai trouvée.

A l'origine, mon intention était de joindre à mes investigations une bibliographie complète de l'histoire de Philippe II. Mais comme la matière que j'ai rencontrée, au cours des années, dans de nombreuses bibliothèques de l'Europe centrale et méridionale, compte plus de mille numéros, je dois me contenter de faire un choix judicieux d'ouvrages anciens et modernes des plus importants.

Pour cette nouvelle édition française je dois exprimer ici ma sincère gratitude à mon ami, M. Th. C. *Buyse*, qui connaissant les langues scandinaves et romanes, a bien voulu me prêter son assistance précieuse.

Je ne peux pas clore ces remarques sans adresser à notre célèbre romaniste, le professeur Christophe *Nyrop*, un cordial remerciement pour toutes les impulsions scientifiques et personnelles qu'il m'a données — aussi en ce qui concerne le présent ouvrage — et comme professeur et comme ami.

Charles Bratli.

Copenhague, le 18 mars 1912.

INTRODUCTION

Parmi les grandes figures de l'histoire moderne, il n'y en a peut-être aucune qui ait été l'objet d'autant d'investigations et qui ait été moins comprise que celle du fils aîné et successeur de Charles-Quint. Le règne de ce prince, qui remplit toute la seconde moitié du XVIe siècle et qui est si riche en événements remarquables et de haute importance, a été étudié, depuis le commencement du siècle dernier, par les historiens étrangers les plus sagaces ; et leurs recherches persévérantes et approfondies ont contribué puissamment à l'intelligence de toute cette intéressante époque.

La dernière moitié du XVIe siècle présente le point culminant et la clôture provisoire de la lutte prolongée, opiniâtre et implacable entre deux principes, deux systèmes politico-religieux : la liberté et l'autorité. C'est Philippe II qui fut appelé par le destin à personnifier l'autorité et l'absolutisme, durant toute cette période. C'est en sa personne que l'idée de l'unité monarchique et religieuse s'était incarnée ; il fut le symbole de l'unité non seulement en Espagne et dans toutes les vastes provinces et possessions de ce pays, mais aussi pour les catholiques du monde entier. Tous portaient les regards vers lui, comme vers l'instrument choisi pour la conservation de l'ordre de choses existant, comme vers le grand défenseur dans la lutte contre les tendances dissolvantes de la Réforme.

Rien d'étonnant, par conséquent, à ce que, de son vivant, ce roi fût aimé comme une idole par ses sujets et ses coreligionnaires, mais souverainement détesté par tous les partisans des idées nouvelles.

Mais il n'était connu personnellement que par le petit nombre de ceux qui l'entouraient à sa cour écartée et par les ambassadeurs étrangers qui avaient l'occasion de traiter avec lui.

Pour acquérir une connaissance exacte et détaillée de cet homme remarquable, qui fut honoré par Pie V du titre de « main droite de la Chrétienté » et auquel les protestants donnaient outrageusement des noms comme « le démon du midi », « Hérode » et « Tibère », il faut avant tout pénétrer dans son entourage, étudier ses habitudes, compulser les documents écrits qu'il a laissés après lui et considérer les souvenirs et les travaux qui parlent encore de sa vie et de son œuvre. En suivant la volumineuse correspondance écrite de sa propre main, ses notes additionnelles et ses corrections dans les documents reçus, on se rend compte de son amour extraordinaire du travail et de la force d'âme inébranlable qui caractérisait les actes de son gouvernement. C'est, en grande partie, grâce à des études de ce genre que les savants modernes en sont arrivés à l'appréciation franchement favorable et à la conception sympathique de sa personne qui lui étaient refusées autrefois par des historiens pour lesquels les traditions et les préjugés religieux ou politiques comptaient plus que les documents authentiques.

Il n'est pas dans notre intention de fournir, dans cette discussion, de nouvelles études relatives à l'histoire politique de l'Espagne sous le règne de Philippe II ; mais nous souhaiterions de faire de la personne et du caractère de ce roi l'objet d'une description plus exacte et plus détaillée que celle qui en a été faite jusqu'ici par les écrivains.

Quoique depuis deux générations les recherches des historiens aient ouvert la voie à la réhabilitation de la mémoire de Philippe II, ce prince passe encore partout — même chez les hommes cultivés — pour le « tyran cruel, sombre et despotique » que dépeignent les précis d'histoire.

Dans la première partie de cet ouvrage, nous nous proposons de montrer l'origine et le développement de la fausse idée que l'on s'est faite de Philippe II, idée qui, pendant près de deux siècles et demi, a passé pour être conforme à la vérité historique. Dans une seconde partie, nous considérerons la personne de ce roi espagnol à la lumière de documents dignes de foi et de relations d'auteurs contemporains, documents et relations constituant une matière extrêmement étendue qui, jusqu'à présent, n'a été que peu utilisée.

PREMIÈRE PARTIE

La littérature historique concernant Philippe II

CHAPITRE PREMIER

AUTEURS EN DEHORS DE L'ESPAGNE
INVENTIONS ET VERSIONS TENDANCIEUSES

L'existence retirée, que mena Philippe II après qu'en 1559 il fut revenu en Espagne pour ne plus quitter la péninsule, ne se prêtait guère à ce que, à l'étranger, ses contemporains reçussent des renseignements concernant sa personne. Ce que les auteurs espagnols de son temps écrivirent sur son compte ne fut pas fort lu en dehors des limites du pays. Au XVIe siècle, la littérature espagnole n'était pas traduite non plus dans une mesure aussi étendue qu'au XVIIe, et, en outre, à l'étranger, on regardait, de parti pris, les Espagnols et tout ce qui venait d'eux (4), avec dépit, jalousie et méfiance. Au contraire, l'attention de toute l'Europe était fixée sur les Pays-Bas, et les Flamands révoltés pouvaient se réjouir de posséder les sympathies de la plupart des souverains européens.

Nous allons aborder maintenant l'examen d'une série d'écrits dont quelques-uns sont de vrais pamphlets, mais ont acquis néanmoins une grande importance, ayant été utilisés comme sources historiques par des écrivains peu consciencieux.

Le premier portrait de Philippe II qui vît le jour et fut répandu par toute l'Europe, se trouve dans la fameuse *Apologie*, publiée par l'ennemi le plus acharné du roi d'Espagne, Guillaume d'Orange (1533–1584) qui a reçu avec si peu de raison, le surnom de Taciturne (5). Lorsque le prince d'Orange se fut mis à la tête des insurgés, Philippe le fit proscrire par son gouverneur de Flandre, Alexandre *Farnèse* (1545-1592). Ce fut comme réponse à ce « ban ou proscription » que le prince Guillaume publia, en 1581, cet écrit plein d'indignation et de violence qui fourmille d'accusations haineuses et de mensonges perfides (6).

Nous examinerons ici brièvement quelques-uns des points les plus importants du pamphlet verbeux du prince « taciturne ». Il s'adresse à tous les « rois de la chrétienté et autres potentats » et renferme une « juste apologie contre l'outragieuse offense », dont il a été l'objet. Il commence par énumérer les crimes du roi d'Espagne, l'accusant d'avoir « cruellement meurdri sa femme, fille et sœur des rois de France » (7). Le premier mariage de Philippe était, au sens du prince Guillaume, « illégitime et incestueux », le roi ayant déjà épousé auparavant Isabelle de Osorio dont il avait plusieurs enfants (8).

Après avoir cité encore un exemple des extravagances érotiques de Philippe, Guillaume passe à l'accusation principale, reprochant au roi d'avoir « meurdri inhumainement son enfant et son héritier » (9). Il insinue même que le roi n'osait pas « laisser pour héritier celui, qu'il sçavoit, estre nai en mariage illégitime » (10).

L'*Apologie* de Guillaume d'Orange qui fut répandue et lue par toute l'Europe, suscita un grand nombre de pamphlets anti-espagnols écrits en français, en anglais et en allemand, qui gisent maintenant perdus et oubliés dans la poussière des bibliothèques, mais qui constituaient alors, dans tous les pays civilisés, la lecture la plus populaire (11).

Aucun de ces écrits n'a eu cependant une aussi grande importance pour le jugement de la postérité sur Philippe II que l'*Apologie* du prince rebelle. Louis *Aubery*, sieur du Maurier, l'ambassadeur de France en Hollande vers la fin du XVIIe siècle, parle longuement de l'*Apologie* dans ses *Mémoires pour servir à l'histoire de Hollande* (Paris 1680, p. 99-132), et un siècle plus tard nous trouvons traduit un extrait étendu de ce pamphlet dans la *History of the reign of Philip II* de l'auteur écossais, le fervent presbytérien, Robert Watson (1730-1781), et le révolutionnaire marquis de Mirabeau (1748-1791) traduisit en français l'ouvrage de Watson, lui assurant ainsi une longévité qu'il ne méritait pas.

Peu d'années après la publication de l'*Apologie* Philippe II se fit un ennemi plus dangereux encore, si possible, que le prince Guillaume, et cela dans la personne de son propre secrétaire d'Etat *Antoine Pérez* (1539-1611). Cet homme, le seul peut-être auquel le roi eût accordé une confiance pleine et illimitée, ne recula devant aucun moyen, quand il pouvait trahir son roi et son pays et leur être nuisible. Nous ne cherchons pas ici à démêler le réseau de cabales et d'intrigues qui se rattachent au différend de Philippe et de Pérez (12). Nous nous contenterons de mentionner brièvement les écrits où le courtisan plein de talent, mais foncièrement corrompu (13), parvint à stigmatiser, aux yeux de l'Europe, la mémoire de son ancien maître. La première édition des fameuses *Relaciones* parut à Paris en 1592, sous le pseudonyme de *Rafael Peregrino*. La seconde édition (1598), parue après la mort de Philippe et dédiée à Henri IV de France, contient de nouveaux détails aggravants et a été rééditée un nombre considérable de fois (14).

Le livre d'Antoine Pérez eut un succès extraordinaire. Traduit en français, ce fut un des premiers ouvrages espagnols qui acquirent de la popularité en France. Tout le monde lisait Antoine Pérez et ses livres en vinrent à exercer une influence considérable sur la littérature française (15).

C'est dans les *Relaciones* que nous entendons parler, pour la premère fois, des rapports érotiques de Philippe avec la princesse d'Eboli (16). Cette accusation est confirmée par de graves historiens modernes, tels que *Mignet*, en 1845 (17), et *Gachard*, en 1867 (18) ; mais elle est rejetée comme invraisemblable par des auteurs plus modernes encore qui ont traité cette question, après avoir fait des sources un examen spécial (19).

Antoine Pérez ne craint pas non plus d'insinuer que Philippe II donna lui-même l'ordre de décapiter don Carlos (20). Cette accusation, pas plus que les nombreuses accusations postérieures relatives à la conduite de Philippe envers don Carlos, n'a guère besoin d'être réfutée, après les recherches approfondies et consciencieuses dont Gachard a donné les résultats dans son excellent ouvrage : Don Carlos et Philippe II, 2e édit., Paris, 1867 (21).

Les mémoires du secrétaire d'Etat espagnol exilé, écrits avec une élégance artistique inconnue à cette époque, permirent pour la première fois à l'Europe, avide de sensationnel, de jeter un coup d'œil indiscret dans les affaires intérieures de la cour espagnole, et jusque vers le milieu du siècle dernier, ces révélations étaient considérées comme des sources historiques et leur auteur passait pour un martyr politique.

Nous parlerons maintenant d'un petit écrit qui a joué un rôle important et entièrement immérité, même dans les recherches d'historiens modernes sérieux.

Dans une foule d'archives et de bibliothèques, tant en Espagne qu'en dehors de ce pays, j'ai trouvé des exemplaires manuscrits d'un ouvrage qui porte des titres différents : *Histoire de la vie de Philippe II, Vie privée de Philippe II, Petit abrégé de la vie de Philippe II*, etc. A moins que ces manuscrits qui sont toujours rédigés en espagnol, ne soient anonymes, on les attribue respectivement à Antoine *Pérez*, à Pierre *Matthieu* ou à l'abbé de *Saint-Réal* (22).

Plusieurs historiens modernes, entre autres le célèbre américain M. H. *Prescott*, ont cité cet écrit avec prédilection, comme si c'était un document anonyme rare d'une valeur historique considérable, parce qu'il n'existe qu'en un petit nombre d'exemplaires manuscrits (23). Ces historiens ont ignoré que, déjà en 1788, ce petit écrit fut imprimé à Madrid, sous le titre suivant : *Vida interior del Rey D. Felipe II, atribuida comunmente al Abad de Saint-Réal y por algunos al célebre Español Antonio Pérez, su secretario de Estado. Dala á Luz Antonio Valladares de Sotomayor. Madrid, Antonio Espinosa,* 1788, in-8°, 110 p. Mais l'éditeur ne fait aucun effort pour découvrir le véritable auteur.

Il faut donc que nous cherchions à découvrir la paternité par d'autres voies. Qu'Antoine Pérez ne peut pas avoir écrit cette biographie (24) ressort du nombre considérable de fausses indications relatives à des faits de notoriété publique. Celui qui fut pendant de longues années le secrétaire d'Etat du roi, ne se serait guère rendu coupable d'autant d'erreurs notoires (25). Le récit fantastique relatif à une ligue entre don Carlos et les principaux souverains protestants, parmi lesquels le roi de Danemark, dans le but d'élever l'héritier du trône d'Espagne à la dignité d'empereur d'Allemagne (26) (une pensée que nous trouvons d'ailleurs également ébauchée chez Brantôme (27)) ne peut pas se concilier avec la solide connaissance qu'avait Antoine Pérez de la politique européenne et des qualifications du malheureux prince.

Mais ce qui prouve, d'une manière décisive, qu'Antoine Pérez n'est pas l'auteur de cet écrit c'est le récit même des rapports de Philippe avec l'Aragon et Antoine Pérez. La soumission de l'Aragon est citée notamment comme l'une des actions les plus glorieuses du roi (28).

Si on a voulu attribuer cet ouvrage à l'abbé de *Saint-Réal,* c'est une preuve du manque d'examen critique des manuscrits existants, dont les plus anciens datent du commencement du XVIIe siècle, tandis que l'abbé ne vit le jour qu'en 1639. La traduction espagnole de la biographie de don Carlos par Saint-Réal, rappelle, en plusieurs endroits et d'une manière frappante, la biographie de Philippe, pour la seule raison que Saint-Réal a suivi son prédécesseur de très près.

Un examen critique de cette biographie fait supposer qu'elle constitue la traduction d'un ouvrage français, et comme quelques copies citent Pedro *Mateo* (Pierre Matthieu), il faudrait que l'historien consciencieux examinât les écrits de cet auteur, écrits qui ne sont nullement difficiles à se procurer. Même *Gachard*, la première autorité dans toutes les questions historiques se rapportant à ce sujet, déclare, après avoir analysé ce manuscrit dont il ignorait l'impression, qu'il n'est pas en état de résoudre la question qui s'attache à son origine (29).

Et cependant l'explication est très simple pour celui qui a étudié à fond les anciennes productions littéraires espagnoles relatives à Philippe II. Dans la préface de l'intéressant ouvrage de Vander Hammen dont nous parlerons plus loin, on a pu trouver, depuis 1625, la solution de cette énigme que beaucoup d'historiens modernes ont laissée sans réponse. Comme nous recevons en même temps, d'un auteur compétent, une critique de ce document qui a joui d'un honneur aussi immérité, dans les recherches historiques modernes, nous n'hésitons pas à citer le passage en question de cet ouvrage, actuellement très rare et peu apprécié par les historiens. Dans la préface nous lisons ce qui suit :

— Pierre Matthieu, historiographe des rois de France, nonobstant les devoirs que lui imposaient son état et ses fonctions et malgré l'estime que l'Espagne lui avait accordée jusque-là, se laissa entraîner par sa haine innée pour ce pays (comme la plupart des étrangers). Dans son quatrième récit du premier livre qui, à la page 95, commence ainsi : La mort qui est une pièce de l'architecture du monde et de l'ordre de l'univers, etc., et se termine à la page 148, il écrit la biographie de Philippe II (à ce que je crois d'après des sources mensongères qu'un certain Espagnol qui pour des motifs sérieux restés obscurs, avait cherché un asile en ce pays-là, inventa pour justifier ses crimes ou se venger de ses souffrances (30) dans une langue et un style qui s'inspirent habituellement de la rancune et de la bassesse, mais où les injures sont habilement entre-mêlées d'éloges. Et comme un certain colporteur de nouvelles (j'étais sur le point de dire autre chose) a traduit cet écrit du français en notre langue castillane, sans lui attribuer d'autre auteur ou origine (singulière ruse) que celui ou celle que chacun pourra lui donner, se contentant de l'intituler : *Breue Compendio y Elogio de la Vida y muerte de don Filipe Segundo* (Petit abrégé de la vie et de la mort de Philippe II), et comme, sans connaître la matière empoisonnée du livre, beaucoup commençaient à en parler et qu'un grand nombre de ceux qui se croient intelligents et s'appliquent surtout à dire du mal de ce qui mérite l'estime commençaient à y ajouter foi, il s'est montré nécessaire de faire prévaloir de nouveau la vérité, de dévoiler la malice et la supercherie et d'enlever de la place qu'on lui avait donnée d'une façon si imméritée, ce portrait si désavantageux du prince le plus grand et le meilleur que le monde ait connu en de longs siècles.

Le livre de Vander Hammen est donc provoqué directement par ce perfide et tendancieux Compendio dont nous croyons avoir prouvé, par ce qui précède, la non-valeur comme source historique.

Pierre *Matthieu* (1563-1621) obtint, protégé par Henri IV, de devenir historiographe de France. Il s'était fait connaître auparavant comme poète et comme partisan zélé des Guises et de la Ligue. Comme historien, surtout quand il traite de matières étrangères à la France, il est inexact et superficiel. Son *Histoire de France*, dont la biographie de Philippe II mentionnée ici, constitue la 4e « narration » du 1er livre, parut à Paris en 1607.

Le quatrième auteur qui a contribué essentiellement à la peinture de ce faux portrait du roi d'Espagne, est l'abbé et « seigneur » Pierre de *Bourdeille*, généralement connu sous le nom de *Brantôme* (31) (vers 1540-1614). Ce spirituel auteur de mémoires et inventeur d'anecdotes qui avait étudié, de près, la vie privée des princes et des grands de son temps, a raconté dans ses écrits toutes sortes de choses incohérentes sur les hommes et femmes célèbres de son époque, et, grâce à la fraîcheur et à la souplesse de son style, il a conservé, jusqu'à nos jours, la faveur une fois acquise.

Que Brandôme a également été pris au sérieux par des historiens de carrière se voit, par exemple, à une parole d'un homme fort apprécié de son temps, Louis-Pierre *Anquetil* (1723-1808) :

« Brantôme se trouve par-tout. Tout le monde veut l'avoir lu ; mais il faudroit le mettre, sur-tout, entre les mains des princes, afin qu'ils y apprissent qu'ils ne peuvent se cacher ; qu'ils ont pour leurs courtisans une importance qui fait remarquer toutes leurs actions, et que tôt ou tard les plus secretes sont révélées à la postérité (32). »

Telles étaient encore l'autorité et la faveur dont Brantôme jouissait à l'époque des Encyclopédistes. De tous les auteurs de mémoires du XVIe siècle, aucun n'est devenu aussi populaire que cet « abbé », dont la frivolité et le cynisme sont caractéristiques pour la corruption morale qui régnait dans la haute société de la France d'alors, corruption qu'on pourrait bien désigner par la dénomination moderne de « moral insanity ».

C'est dans ses *Vies des grands capitaines estrangers* que Brantôme parle de Philippe II et de don Carlos (33). Parmi les traits dus à l'imagination avide de scandales de ce courtisan corrompu, on peut citer celui relatif à une liaison coupable qui aurait existé entre don Carlos et sa jeune belle-mère, fille de Catherine de Médicis. Quant à la mort de don Carlos, Brantôme nous raconte que ce prince fut étouffé dans un essuie-mains (34).

D'autre part, il ne croit pas aux bruits qui prétendaient que Philippe avait hâté, par le poison, la mort de don Juan d'Autriche (35). Il loue même le roi espagnol pour le zèle qu'il déploie afin de conserver la paix dans ses Etats. Là où il parle des nombreux espions (pensionnaires) que Philippe entretenait en France, il s'exprime de la façon élogieuse suivante :

— Et si l'on me met au devant pourquoy il a tant entretenu de pensionnaires en France, et donne pensions ? je le croy et l'advoue, et en nommerois plusieurs et des plus haults hupés, si je voulois ; mais il les faut blasmer ceux là, car il n'appartient à aucun subject, sans congé du prince, prendre pension d'un estranger. Mais il faut louer le roy d'Espaigne ; car ce n'a jamais esté à mauvaise intention qu'il entretenoit ces pensionnaires non, pour luy ayder à faire la guerre contre leur maistre, mais pour luy persuader toujours à ne la faire point et le tenir en ceste bonne humeur de paix (36).

Parmi les grands historiens du XVIe siècle, Jacques-Auguste *de Thou* (1554-1617) occupe une place remarquable. Dans son *Historiæ sui temporis* il a fait un récit détaillé des événements religieux, politiques et littéraires passés en Europe, durant la période comprise entre 1545 et 1607. Malgré toute la probité personnelle et le grand amour de la vérité qui font de de Thou la contrepartie de Brantôme, il n'a pas réussi à se débarrasser complètement de ses sympathies personnelles qui, comme on sait, le faisaient pencher du côté de la Réforme. Il est généralement considéré comme étant le rédacteur principal de l'Edit de Nantes (37).

De Thou dépeint Philippe II comme l'instrument dévoué de l'inquisition, n'entreprenant jamais rien d'important sans demander conseil et direction à ce tribunal (38).

Il n'hésite même pas à insinuer que la mort de la « reine de la paix » est due au poison, quoique, plus facilement que tout autre, il eût accès aux sources authentiques relatives à cet événement (39).

Parmi les écrivains italiens qui, au XVIe siècle, ont traité de l'histoire de Philippe II, on peut citer le Milanais Natale *Conti* (1520-1582), le Florentin Jean-Baptiste *Adriani* (1511-1579) et César *Campana*, d'Aquillée († 1606). On rencontre chez ces historiens plus d'objectivité et moins d'amour du sensationnel que chez les auteurs français dont nous venons de parler.

Jusqu'en 1673, nous ne rencontrons aucun nouvel ouvrage sur Philippe II ; mais cette année-là parut à Amsterdam un petit livre qui fit un bruit énorme dans tous les pays civilisés. C'était le *Dom Carlos, nouvelle historique* de l'abbé de *Saint-Réal*.

César Vichard de *Saint-Réal* (1639-1692), historien médiocre qui avait obtenu le titre d'historiographe de Savoie, avait écrit un roman sentimental qui devint très populaire et a inspiré des œuvres immortelles à des poètes comme *Otway*, *Campistron*, *Alfieri* et

Schiller. Comme élève d'Antoine *Varillas* (1624-1696), Saint-Réal imita le style et partagea le goût de celui — surtout son amour du piquant et de l'extraordinaire — sans se soucier beaucoup de la vérité. Quoique, déjà en 1677, il s'élevât des objections contre l'authenticité des faits racontés dans ce roman « historique » (40), l'auteur n'en continua pas moins à être considéré, pendant tout le XVIIIe siècle, comme un historien de premier ordre (41).

On ne supposerait guère que, de nos jours, un historien osât invoquer Saint-Réal comme une autorité. Aussi n'est-ce pas sans un grand étonnement que, dans une discussion savante, on voit, en 1868, un membre de l'Académie espagnole s'appuyer sur cet écrivain, sans être contredit, pour étayer ses opinions sur Philippe II. Cayetano *Manrique* raconte, en l'occasion indiquée, que, dans les monceaux de documents poussiéreux de Simancas, il a découvert un manuscrit inconnu et non publié, renfermant l'histoire de don Carlos (42). En comparant les citations longues et détaillées que l'auteur en donne, avec la traduction espagnole du *Don Carlos* de Saint-Réal dont les copies se rencontrent presque tout aussi fréquemment en Espagne et en dehors de ce pays que le compendium de Pierre Matthieu, mentionné plus haut, j'ai pu constater l'absolue identité du manuscrit trouvé par l'académicien espagnol et de l'ouvrage de Saint-Réal. Cayetano Manrique semble ainsi ne pas connaître l'original français de Saint-Réal et il sait encore moins que l'ouvrage « inédit » qu'il croit avoir découvert, fut imprimé à Leipzig, en 1796, comme écrit anonyme, sous le titre de : *Historia del principe don Carlos*, etc.

C'est sur les inventions romanesques de Saint-Réal que Don Cayetano Manrique base son opinion concernant Philippe II, tandis qu'il écarte des ouvrages sérieux et consciencieux comme ceux de Prescott, de Gachard et de Moüy.

Peu d'années après que Saint-Réal eut publié son roman sensationnel, il parut une étude plus considérable et plus positive sur l'histoire de Philippe II. C'était la « Vita del Catolico Re Filippo II », etc. de Grégoire *Leti* (1630-1701). Cet auteur, maintenant presque oublié, a écrit un grand nombre d'ouvrages volumineux qui sont extrêmement intéressants à lire, parce qu'ils satisfont, à un haut degré, au goût populaire pour les anecdotes et les événements étranges. Ce n'est pas sans raison qu'on a appelé Leti le Varillas de l'Italie. Il naquit à Milan et fréquenta l'école des Jésuites ; mais, étant jeune encore, il quitta l'ordre et se rendit à Genève où il embrassa le calvinisme et épousa la fille d'un médecin. Plus tard, nous le trouvons à Londres où le libéral Charles II le reçut avec bienveillance et lui accorda une pension de mille écus. Pendant son séjour en Angleterre, Leti écrivit de gros livres sur la reine Elisabeth et Olivier Cromwell ainsi qu'une histoire d'Angleterre (43). Mais ce dernier ouvrage déplut tellement au roi qu'il le fit confisquer et bannit l'auteur. Grégoire Leti se rendit alors à Amsterdam où il entra en relation d'amitié avec un célèbre polygraphe, le socinien Jean *Le Clerc* (1657-1736), qui épousa une de ses filles.

Chez Grégoire Leti, l'histoire de Philippe II est un magasin de tous ces traits piquants qui sont racontés par les historiens et les pamphlétaires antérieurs ; mais il en ajoute un nombre considérable de sa propre invention, César *Cantù* (1807-1895) rapporte, à propos de Grégoire Leti, une anecdote très significative pour la manière dont les historiens de cette époque considéraient leur œuvre : — La Dauphine lui ayant demandé si les nombreuses méchancetés qu'il avait écrites de Sixte-Quint, de Philippe II, d'Elisabeth, étaient vraies, il répondit qu'une chose bien imaginée plaît autant et plus que la vérité (44).

Malgré la légèreté et le manque de critique dont Leti se rend coupable dans l'utilisation des sources troublées dont il dispose, il faut dire cependant que c'est le premier auteur protestant qui ait fait valoir les qualités bonnes et louables de Philippe II. Il trouve même nécessaire de repousser, dans la préface, l'accusation qui voudrait lui prêter l'intention de glorifier le roi d'Espagne, parce qu'il doit lui reconnaître de grandes et brillantes vertus (45).

Ce n'est qu'en 1777 que la littérature anglaise publia sa première étude sur l'histoire de Philippe II, dans l'ouvrage de Robert Watson, *History of the reign of Philip the Second*, ouvrage qui constitue la suite de l'histoire de Charles-Quint par William *Robertson* (1724-1793). L'œuvre de Watson — dont l'auteur se base surtout sur des sources néerlandaises et n'a pas réussi à se débarrasser de ses préjugés puritains écossais — est tout aussi superficielle et erronée que celle de Robertson — quoique celui-ci manquât de sources espagnoles de première main — est consciencieuse et approfondie. Il traite d'une manière détaillée des rapports de Philippe avec les Pays-Bas, tandis qu'il ne mentionne qu'en passant son œuvre comme roi d'Espagne. Ceux qui désireraient de plus amples renseignements sur le caractère et la vie privée de Philippe, il les renvoie à l'*Apologie* de Guillaume d'Orange, dont il traduit un résumé dans un appendice (!!).

Nous passons maintenant à une série d'œuvres littéraires qui, il est vrai, ne prétendent pas être historiques, mais qui, par suite de leur célébrité et de leur diffusion extraordinaire en sont venues à influencer les masses populaires et à contribuer, par là, à cette fausse conception de la personne de Philippe II qui est devenue commune aux personnes cultivées.

A peine deux générations après sa mort, Philippe II fut représenté sur les scènes étrangères dans *Don Carlos*, drame historique de Thomas Otway (1652-1685). La pièce fut jouée à Londres, en 1676, et valut de la célébrité à son auteur en même temps qu'elle lui attira la jalousie du grand Dryden (46). L'idée et la matière du *Don Carlos* d'Otway et de tous les drames ultérieurs sur le même sujet, mentionnés ci-après, furent empruntées à Saint-Réal.

En France, nous trouvons, neuf ans après, une tragédie de don Carlos par Jean-Galbert de *Campistron* (1656-1722), élève et imitateur de Racine. L'auteur intitula sa pièce *Andronic*, et il nous donne lui-même l'explication de ce pseudonyme cherché si loin :

— Je conçus la première idée de ce sujet sur une Histoire moderne écrite par M. l'Abbé de Saint-Réal, qui a été pendant plusieurs années entre les mains de tout le monde. Mais comme, par des raisons invincibles (47), je ne pouvois pas mettre sur la Scène les personnages de M. de Saint-Réal sous leurs véritables noms, je fus obligé de chercher ailleurs quelque événement qui ressemblât à celui qu'il avoit traité. Je trouvois heureusement ce que je cherchois dans l'*Histoire de Constantinople* ... La seule différence qu'on y trouve, c'est que Callo-Jean ne fit pas mourir son fils ; il se contenta de lui faire crêver les yeux avec du vinaigre brûlant, supplice ordinaire des Princes de l'Empire d'Orient (48).

Le 5 mai 1761, sur le théâtre de Lyon, fut représenté un drame intitulé : « *Don Carlos*, tragédie en cinq actes et en vers. » L'auteur en est le poète français Auguste-Louis marquis de *Ximénès* (1726-1817). Il descendait d'une vieille famille aragonaise, passa sa jeunesse dans l'armée de Louis XV, mais dut se retirer à cause d'une amblyopie. Il était fort lié avec Voltaire et on le cite comme l'amant de Madame de Denis, nièce de ce dernier. Il existe même une édition du drame de *Ximénès* publié à Genève en 1761 et attribué à M. de V....... (Voltaire). Ximénès lui-même nous apprend que sa pièce fut représentée à Paris (sur un théâtre privé) en 1759, à Lyon, en 1761, et à la Haye, en 1763 (49).

Le *Filippo* de Victor *Alfieri* (1749-1803) est plus connu que ces deux drames français. Cette pièce qui constitue les premiers de l'art dramatique moderne en Italie, existait déjà en 1775 en prose française, Alfieri, comme Piémontais, ne possédant pas encore la langue toscane. Plus tard, le poète partit pour Sienne et apprit cette langue, après quoi il traduisit *Filippo* en vers italiens (50).

Dans ce drame, le poète trace un portrait complètement faux des personnages historiques dont il emprunte les noms pour servir ses idées révolutionnaires. Ces personnages nous semblent des êtres abstraits n'appartenant à aucun temps ni à aucun pays ; ils n'agissent que pour allégoriser la haine inextinguible des tyrans. Philippe est dépeint comme un despote accompli, tandis que don

Carlos est paré des vertus les plus éclatantes. La fable des relations érotiques du prince avec sa jeune belle-mère est naturellement conservée par Alfieri, qui fait mourir les deux martyrs sous les yeux du roi et de son ministre Gómez.

A peu près à l'époque où Alfieri publia son *Filippo*, un autre « drame historique » relatif à don Carlos vit le jour à Amsterdam. Ce « Portrait de Philippe II, roi d'Espagne, drame poétique » parut sous l'anonymat, mais fut écrit par Louis-Sébastien *Mercier* (1740-1814), membre de la Convention, sous la République, et de l'Institut, sous Napoléon Ier. Comme introduction au drame, l'auteur donne un « précis historique » qui reproduit toutes les calomnies et toutes les fables infâmes que nous avons vues paraître au cours des temps (51).

Les auteurs dramatiques français se sont occupés même jusqu'à nos jours avec une prédilection prononcée du sujet de Philippe II et don Carlos. A titre de curiosité je vais citer quelques-uns de ces ouvrages dont la plupart se cache aujourd'hui dans l'oubli plus ou moins mérité et ne se trouvent qu'avec difficulté dans les grandes bibliothèques.

Parmi les auteurs dramatiques dont les ouvrages étaient des playdoyers politiques au commencement du siècle passé Marie-Blaise de *Chénier* (1764-1811) fut un des plus heureusement doués. Son « Philippe II » fut reçu déjà en 1803 au Théâtre-Français, mais les événements politiques en empêchèrent la publication jusqu'en 1818. Cette pièce a bien des traits communs avec celles de Schiller et d'Alfieri. Cependant il est à remarquer que Chénier ne laisse pas Philippe II tuer son fils, c'est don Carlos qui choisit lui-même le poison mortel. Néanmoins apprend-on la quintessence de la pièce par la dernière réplique d'Elisabeth :

> Et pourtant soulevés, les peuples à grands cris
> Diront : Voilà le roi qui fit mourir son fils !
> Carlos m'attend. J'accours à sa voix gémissante ;
> Je recueille la mort sur sa bouche innocente,
> Et mon âme, fuyant ton pouvoir odieux,
> A l'époux de mon choix se réjouit dans les cieux (52).

En 1819 un nouveau drame au même sujet vit le jour à Paris. L'auteur était Jean-Baptiste *Daumier* qui jusqu'en 1815 avait exercé son métier de vitrier à Marseille. Le roman de Saint-Réal est la source où le vitrier dramatique avait puisé son sujet, et il avait déjà fini les trois premiers actes sans connaître les pièces de Campistron, de Schiller ou d'Alfieri. Cet ouvrage est en vers et d'une médiocrité qui devrait faire honte même aux anciens confrères du poète-vitrier (53).

L'année suivante on publia une tragédie anonyme : *Don Carlos, infant d'Espagne*. Barbier nous dit que l'auteur en est un certain Charles *Malinas* de Nantes. La pièce est dépourvue de poésie et d'originalité. On remarque seulement que l'aimée de don Carlos, Isabelle, y est représentée comme fille d'un chef protestant, mariée secrètement à l'infant, et le dénouement se fait par le suicide à poignard des deux héros (54).

La même année, le 20 décembre 1820, on vit représenter sur le second Théâtre-Français une tragédie *Don Carlos* en cinq actes et en vers par Pierre-François-Alexandre *Lefèvre* (1741-1813). Cette pièce n'a pas plus d'originalité que toutes les autres déjà mentionnées et se base principalement sur le roman de Saint-Réal (55).

Un autre drame au même sujet quoique le titre fasse croire qu'il soit entièrement national est la tragédie *Elisabeth de France* du fécond dramaturge Alexandre *Soumet* (1788-1845) qui plus d'une fois a essayé d'imiter le grand Schiller. *Elisabeth de France* qui fut représentée pour la première fois le 2 mai 1828 est un drame des plus romantiques où l'inquisition est appelée à juger le crime des deux amants don Carlos et Elisabeth. La dernière scène nous fait voir le chef du tribunal, accompagné du roi et de 4 hommes masqués, qui entrent dans la salle juste au moment où les deux coupables viennent de se jurer l'amour éternel. C'est alors que le roi exclame :

J'ai la preuve du crime, il ne m'en faut pas d'autre.
Mon devoir est rempli, vieillard, faites le vôtre (56).

Une des pièces les plus renommées où entre la figure de Philippe II est *Don Juan d'Autriche*, comédie en cinq actes et en prose par le célèbre Casimir *Delavigne* (1793-1843). Cette comédie fut représentée au Théâtre Français le 17 octobre 1835 et eut un brillant succès. Philippe II y est peint aux traits traditionnels, dévot, sombre, cruel, superstitieux et déréglé dans sa conduite, tandis que le jeune don Juan est revêtu des qualités les plus brillantes (57). « Quoique cette comédie ne nous donne rien d'historiquement vrai, tout y est moralement vraisemblable ; c'est ainsi et non autrement qu'il faut transporter l'histoire au théâtre » — comme nous enseigne un critique réputé à propos de cette comédie (58).

Un des dramaturges les plus féconds du siècle passé était Pierre-Etienne Piestre, dit Eugène *Cormon* (1811-1903) auteur de plus de cent pièces de théâtre. Parmi celles-ci on trouve un drame en cinq actes, en prose « *Philippe II*, imité de Schiller et précédé d'un prologue, l'Etudiant d'Alcalà ». La pièce fut représentée pour la première fois sur le Théâtre de la Gaité à Paris le 14 mai 1846. La scène du prologue se passe dans le jardin du château de Saint-Germain où don Carlos voit pour la première fois la jeune fille de Henri II et s'éprend irrésistiblement d'elle (59).

Les fils de Charles-Quint est le titre d'un drame qui fut représenté à Paris, sur le théâtre de l'Ambigu Comique le 13 février 1864. L'auteur en est Victor *Séjour* (1816-1874), et sa pièce n'est plus original ni plus historique que toutes les autres que nous venons de mentionner. On voit don Carlos, empoisonné, au point de mourir, maudire son père qu'il appelle le Tibère d'Espagne, et il prophétise la décadence ignominieuse de ce pays qui descendra de sa splendeur, et si profondément qu'il faudra un sang nouveau pour la régénérer (60).

Tout dernièrement on a vu sur la scène de Sarah-Bernhardt un drame où est représenté le roi Philippe II. C'est la *Vierge d'Avila* par Catulle *Mendès* (1841-1910) (61). Il serait difficile à l'historien de reconnaître le roi espagnol représenté par le poète français comme un fantôme plus tôt qu'un homme, un fantôme hydrophobe qui déclame de longs monologues philosophiques. La grande scène de Philippe II et de sainte Thérèse qui fut signalée par un critique comme « une des plus parfaitement belles que nous ait jamais données le théâtre en vers » nous montre justement combien le poète est loin d'avoir trouvé la vérité historique de la figure du roi espagnol.

En Belgique plusieurs auteurs dramatiques nous ont donné des drames « historiques » en langue française au sujet de Philippe II et don Carlos. Louis *Labanc*, Paul *Lambinon*, Clément *Michaëlis*, fils (1821-1887), Amadée baron de la *Rousselière* et, last not least, Emile *Verhaeren* (né en 1845) ont fait représenter le roi et l'infant espagnol sur les théâtres de Bruxelles. Le *Philippe II* de Verhaeren (62) obtint un succès solide, il y a une dizaine d'années. L'auteur ne fait pas figurer Elisabeth de France dans sa pièce. L'aimée de don Carlos y est la dame d'honneur de la reine, la comtesse de Clermont. Don Carlos meurt étranglé par les sbires de l'Inquisition.

De tous les drames relatifs à don Carlos, aucun n'a cependant acquis une aussi grande célébrité que le *Dom Karlos* de Jean-Christophe- Frédéric von Schiller (1759-1805). Le poète avait déjà commencé cette œuvre en 1783 ; mais elle ne fut achevée qu'en 1787 (63). Le 8 avril de cette année-là, elle fut jouée, pour la première fois, à Mannheim et, aujourd'hui encore, elle se trouve dans le répertoire des drames classiques de toutes les scènes importantes du monde.

Nous ne nous occuperons pas ici d'une appréciation critique du *Dom Karlos* de Schiller (64). Tous connaissent la pièce et sa tendance, et le poète s'est prononcé lui-même touchant ce qu'elle a de défectueux au point de vue historique (65). Mais ce poème dramatique a eu, pour la mémoire du roi espagnol, une influence plus nuisible que toutes les œuvres historiques et dramatiques antérieures. Pendant plus de cent ans, il a, dans tous les pays civilisés, imprimé aux masses naïves et mal assurées ces fatales idées erronées que Philippe était un tyran sanguinaire, un père dénaturé et un époux méprisable.

Comment donc un historien, quelque savant et consciencieux qu'il soit, pourra-t-il réussir à corriger ou effacer ces fausses conceptions qui ont été admises et universalisées par une autorité aussi élevée que le poète Jean-Christophe-Frédéric von Schiller ? Et Schiller était en même temps historien. Il fut même appelé à occuper une chaire d'histoire à Iéna, en récompense de la publication d'un ouvrage historique qui touche partiellement à notre sujet. Cela se passa comme suit. En l'année 1788 il publia la première partie de son *Histoire du soulèvement des Pays-Bas*, etc. Dans la préface, il dit très sincèrement qu'il a surtout puisé à des sources anglaises, françaises et latines (66), parce que, ne sachant pas le hollandais et l'espagnol (67), il n'a pas été à même d'utiliser des écrits rédigés en ces deux langues. L'œuvre ne fut jamais achevée, mais s'arrête avec l'année 1567. Le portrait que Schiller nous donne de Philippe II nous rappelle également celui que Guillaume d'Orange et Watson en ont tracé ; mais il est retouché par la main géniale du poète (68). Celui qui, comme épigraphe de sa première œuvre, avait écrit : « In Tyrannos », ne pouvait guère réunir les *qualités* requises pour comprendre une nature comme Philippe II.

Après avoir rendu compte ici des ouvrages les plus importants et les plus influents parus durant les deux siècles qui suivirent la mort du roi espagnol, alors que sa mémoire était abandonnée à la crédulité malveillante et aux inventions malignes des historiens et des poètes étrangers, nous passerons maintenant à l'examen d'une série d'historiens modernes.

CHAPITRE II

PHILIPPE II JUGÉ PAR DES HISTORIENS MODERNES EN DEHORS DE L'ESPAGNE

Ce ne fut qu'au commencement du XIXe siècle que la vie et l'œuvre de Philippe II devinrent l'objet d'investigations historiques sérieuses. La critique naissante commença à ébranler beaucoup des fables qu'avaient recueillies des auteurs superficiels, mal renseignés ou malveillants.

Quelque étrange que cela puisse paraître, nous devons citer comme ayant donné l'exemple, sous ce rapport, l'historien espagnol Jean-Antoine *Llorente* (1756-1823) qui, en 1817, publia à Paris son *Histoire de l'Inquisition d'Espagne*, ouvrage en quatre volumes dont l'apparition fut un véritable événement. Ce chanoine espagnol exilé, qui avait été autrefois secrétaire de l'Inquisition à Madrid, est le premier écrivain en dehors de l'Espagne qui, par des preuves irrécusables, réfute les fables de Saint-Réal, de Mercier, de Leti et toutes les autres relatives au procès et à la mort de don Carlos (69). Sur plusieurs autres points, Llorente se laisse cependant entraîner, par ses idées anti-espagnoles et modernes, à des affirmations insoutenables qu'il appuie sur des documents que personne n'a vus avant ni après lui. Pendant toute une génération, il a été considéré néanmoins comme une autorité de premier ordre (70).

En l'année 1822, Louis-Alexis-Lemaître *Dumesnil* (1783-1858) publia à Paris une histoire de Philippe II. Cet ouvrage ne mériterait guère d'être nommé, si ce n'était que, au sens de l'auteur, il constitue la première monographie de Philippe II qui ait paru en français (71). Toutefois, le livre n'offre pas de points de vue nouveaux, quoique l'auteur assure qu'il a puisé à des sources et dans des manuscrits inconnus jusqu'alors. Malheureusement il nous rend le contrôle impossible en omettant de nous dire quels sont les documents précieux qu'il a consultés. Il s'appuie généralement sur Llorente et Watson et il déclare qu'il ne veut pas « justifier Philippe des crimes dont on l'accuse, ni affaiblir l'horreur que doit nécessairement inspirer son humeur sanguinaire » (p. 3).

L'ouvrage de Llorente joua un rôle important, non seulement en corrigeant les données relatives à des faits historiques, mais surtout en indiquant une nouvelle méthode pour les études historiques, savoir : l'examen minutieux de sources manuscrites contemporaines. Ce furent les savants allemands Léopold von *Ranke* (1795-1886) et Frédéric-Louis-Georges von *Raumer* (1781-1873) qui, les premiers, suivirent la voie tracée par Llorente, en s'assurant l'accès aux archives et en compulsant les énormes monceaux de documents officiels qui avaient été négligés pendant des siècles. Ranke qui était alors professeur à Berlin, reçut en 1827, la mission d'entreprendre des recherches dans les archives publiques de Rome, Florence, Venise et Vienne. Le résultat de ces investigations fut, entre autres, la découverte des célèbres *Relations vénitiennes* qui constituent une source inappréciable pour l'étude de l'histoire de l'Europe aux XVIe et XVIIe siècles (72). Le premier livre de Ranke, *Histoire des Osmanlis*, etc. fit grande sensation, surtout parce que, se basant sur les relations des ambassadeurs vénitiens, il put tracer de Philippe II un portrait jusqu'alors inconnu et fort sympathique.

En 1830, un autre professeur berlinois, von *Raumer*, se rendit à Paris où il reçut l'autorisation de compulser, dans la Bibliothèque Nationale (alors « Bibliothèque du Roi »), les manuscrits espagnols qui, pendant les guerres de Napoléon, avaient été enlevés de Simancas et transportés dans la capitale de la France. L'année suivante, il publia à Leipzig ses *Briefe aus Paris* (Lettres de Paris) qui renferment une longue série de documents authentiques extrêmement intéressants touchant l'histoire du XVIe siècle.

D'autres archives françaises, renfermant également de grandes collections concernant l'histoire de l'Espagne, furent compulsées, vers 1840, par le professeur Charles *Weiss* (1812-1864) qui fit paraître, en 1844, un ouvrage sur l'Espagne aux XVIe et XVIIe siècles (73). L'auteur s'attache surtout à la recherche des causes de la décadence de l'Espagne et les trouve dans le despotisme ambitieux de Philippe II et de ses successeurs, ainsi que dans l'influence funeste de l'Inquisition et des Jésuites (74).

De semblables assertions ont été souvent émises et avant et après Ch. Weiss, sans que toutefois personne ait réussi, jusqu'à présent, à produire une preuve décisive de leur exactitude.

Nous devons citer, dans cet ordre d'idées, la très importante collection *Papiers d'Etat de Granvelle* conservée dans la bibliothèque de Besançon et publiée par Ch. Weiss, en neuf grands volumes in-quarto (75).

Enfin, en 1844, les archives espagnoles ouvrirent leurs portes aux investigateurs étrangers, et, depuis ce temps, beaucoup de savants se sont rendus particulièrement au château médiéval et écarté de Simancas, à 10 kilomètres au Sud-Ouest de Valladolid, où, depuis le temps de Philippe II, tous les documents historiques et administratifs sont conservés soigneusement. Le travail que des chercheurs actifs ont exécuté dans ce vieux manoir a jeté une lumière nouvelle sur une longue série d'événements autrefois énigmatiques ou travestis par des récits fabuleux.

Parmi les savants qui ont le mieux mérité de l'histoire de Philippe II, il faut citer en première ligne l'historien et archiviste belge Louis-Prosper *Gachard* (1800-1885) (76). Cet homme qui débuta comme typographe, obtint, par ses grandes qualités et son énergie infatigable, à être nommé, en 1831, à un emploi aux archives de l'Etat à Bruxelles. S'intéressant vivement à l'histoire de sa patrie, il consacra toute sa capacité de travail à l'étude de la situation compliquée où s'étaient trouvés les Pays-Bas, particulièrement au XVIe siècle. La probité et le sérieux que Gachard apporta à ses recherches l'amenèrent à des conclusions peu flatteuses pour l'amour-propre national de la Belgique ; car la publication qu'il fit de la volumineuse correspondance échangée entre les personnages influents de cette époque, jette sur la physionomie de Philippe II un jour nouveau et plus sympathique que celui sous lequel les historiens néerlandais antérieurs s'étaient obstinés à la voir (77).

L'historien français François-Auguste-Marie *Mignet* (1796-1884), remarquable et par son érudition et par son jugement sain, a écrit une étude intéressante sur Philippe II et Antoine Pérez. Mignet qui, de prime abord, semble hostile au roi espagnol, s'appuie essentiellement sur des sources anti-espagnoles (les écrits de Pérez et des mémoires anglais). Il en arrive néanmoins à favoriser Philippe, en faisant connaître Antoine Pérez pour le traître et le faussaire qu'il était.

Dans cet ordre d'idées, faisons remarquer comment Mignet se comporte vis-à-vis d'une source espagnole qu'il cite fréquemment et qu'il regarde comme un document très précieux qu'il a eu le bonheur de découvrir lui-même dans les archives du ministère des affaires étrangères, à Madrid. Cet écrit qui est intitulé : *Proceso criminal que se fulminó contra Antonio Pérez*, etc. était déjà imprimé, en l'année 1788, chez le même Antonio Espinosa qui, cette année-là, imprima la biographie de Philippe II dont j'ai parlé à la p. 22 et que Prescott cite encore comme manuscrite. Ce « Proceso » anonyme semble être devenu très rare ; car un historien aussi sérieux que Martin A. S. *Hume* en parle encore en 1903 comme du « procès de Mignet » (79). Mignet déclare notamment lui-même que ce furent la découverte et l'étude de ce « manuscrit » précieux qui lui donnèrent la première idée de son livre sur Philippe II et Antoine Pérez (80).

En parlant des historiens français du siècle passé qui ont publié des études sérieuses, basées sur des recherches approfondies dans les archives, il faut signaler aussi les travaux d'Armand *Baschet* (1829-1886). Ce littérateur et historien passa cinq années dans la mission d'explorer les archives de Venise et nous a donné un ouvrage très intéressant sur les princes du XVIe siècle, où il trace les portraits de Charles-Quint, de Juan d'Autriche, de Philippe II et de don Carlos d'après les relations vénitiennes.

La littérature anglaise ne posséda, jusqu'en 1855, aucune autre monographie originale de Philippe II que l'ouvrage de Watson dont nous avons parlé (voir p. 30). Cette œuvre médiocre fut, d'un coup, condamnée à un oubli bien mérité, quand l'Américain William Hickling *Prescott* (1796-1859) publia sa *History of the reign of Philip the Second*. C'est une œuvre consciencieuse et approfondie qui est basée sur une étude très détaillée des sources. Un nombre considérable de documents, jusque-là inconnus, furent mis à la disposition de l'auteur par le romaniste Ferdinand *Wolf* (1796-1866) et par le célèbre arabisant Pascal de *Gayangos* (1809-1897).

Ce fut en se basant sur ces excellents moyens auxiliaires que Prescott composa son ouvrage à Boston. Mais il ne nous semble pas très heureux d'écrire l'histoire d'un pays étranger en s'appuyant sur des documents choisis et recueillis par d'autres personnes d'une manière plus ou moins fortuite et cela surtout quand il s'agit d'une époque et d'une culture aussi différentes de celles de l'auteur que dans le présent cas (81). Pour parvenir à comprendre aussi bien que possible la culture d'un pays étranger, il est extrêmement important d'avoir fait des études et des observations personnelles dans le pays lui-même. Cette remarque s'applique surtout aux cas où il est question d'un pays qui, comme l'Espagne, a conservé son cachet propre dans une bien plus grande mesure que les autres Etats. En se familiarisant également de cette manière avec le sujet à traiter, l'investigateur étranger arrive souvent à acquérir quelque-chose de cette intelligence qui s'éloigne des préjugés et se rapproche de l'impartialité.

Malgré tout l'amour de la vérité et tout le savoir dont Prescott fait preuve dans cet ouvrage, il n'a pas réussi cependant à se débarrasser de tous les préjugés. Malheureusement ce savant tenace ne vit pas l'achèvement de son œuvre. Celle-ci s'arrête, en ce qui regarde quelques événements, avec l'année 1568, et avec l'année 1581, en ce qui en regarde certains autres. Cependant les idées puritaines de l'auteur se font jour à plusieurs endroits, et lorsque, par exemple, il reproche à Philippe II et à Pie V une intolérance intransigeante (que leur temps partageait d'ailleurs et qui n'était pas moindre chez les protestants de cette époque), il émet des jugements inconsidérés sur les guerres religieuses et leurs conséquences (82).

Un autre Américain, diplomate et historien, qui s'est appliqué à l'étude de l'histoire du XVIe siècle, John Lothrop *Motley* (1814-1877), publia en 1856, après avoir entrepris des études et des recherches en Angleterre, dans les Pays-Bas et en Allemagne, un ouvrage intitulé : *The Rise of the Dutch Republic* (Fondation des Provinces-Unies) où il se montre admirateur enthousiaste des insurgés hollandais. Chez Motley, la passion puritaine est encore plus violente que la passion républicaine. On voit fréquemment le zèle protestant se faire jour chez ce descendant des exilés qui durent passer l'océan afin de pouvoir servir Dieu à leur gré. C'est pourquoi Philippe II n'est, pour Motley, que l'incarnation de l'esprit espagnol, l'intolérance et l'ambition, et l'auteur ne cherche pas à comprendre, ni moins encore à excuser, le zèle brûlant et la foi inébranlable qui dictaient tous les actes de Philippe (83).

En Allemagne, nous trouvons, environ vingt ans plus tard, une nouvelle monographie de Philippe II, écrite par le Dr Reinhold *Baumstark* (1831-1900). Cet auteur a bien mérité de l'histoire et de la littérature espagnoles (84). Son *Philippe II* donne, en une forme succincte et sans prétentions scientifiques, un portrait de la personne et du caractère du roi espagnol qui est plus fidèle et plus vrai que tout ce que les historiens étrangers ont publié avant lui. Si ce petit écrit s'élève fort au-dessus des productions de la plupart des autres auteurs, cela est dû, en première ligne, à l'étude approfondie et à l'intelligence parfaite des particularités du peuple espagnol dont Baumstark fait preuve (85).

En 1881-82, Henri *Forneron* (1834-1886) publia un grand ouvrage sur Philippe II. Il a étudié avec prédilection tous les ouvrages et tous les documents issus de l'opposition politique et religieuse qu'à rencontrée Philippe II, et il remet sous presse, avec une naïveté rare, toutes les vieilles anecdotes et fables répandues par Guillaume d'Orange, Brantôme, Leti et autres. L'œuvre volumineuse de Forneron qui en impose par l'élégance de son style et son apparat scientifique considérable, sert donc plus à fourvoyer qu'à guider l'opinion des lecteurs libres de toute prévention. En jce qui concerne l'Espagne, la traduction de Forneron a, de nos ours, supplanté les récits historiques antérieurs et est devenue l'ouvrage le plus populaire sur Philippe II.

L'œuvre la plus importante et la plus étendue qui, de nos jours, ait paru sur ce roi espagnol est celle du prélat belge Alexandre-Joseph *Namèche* (1811-1893) intitulée : *Le règne de Philippe II et la lutte religieuse dans les Pays-Bas au* xvie *siècle*. Paris et Louvain 1885-1887, 8 vol. gr. in.-8. Ce savant écrivain qui fut recteur de l'Université de Louvain, a suivi la voie indiquée par Gachard, en donnant un récit documenté des luttes religieuses qui désolèrent sa patrie à la fin du xvie siècle.

Nous trouvons dans l'ouvrage de Namèche une intelligence subtile et profonde des idées, des opinions et des préjugés religieux généralement répandus au xvie siècle ce qui est une condition indispensable pour pouvoir décrire les personnes et les événements de cette époque. C'est par cette voie que l'auteur en est arrivé à devenir l'admirateur zélé et l'apologiste fervent de Philippe II, ne trouvant guère d'autre reproche à faire à sa personne que ce à quoi les ambassadeurs vénitiens trouvaient déjà à redire, à savoir : qu'il était « trop exclusivement espagnol » (86).

L'ouvrage le plus récent que nous connaissions sur Philippe II, est la monographie succincte *Philip II of Spain*, Londres, 1897, du colonel Martin-Andrew-Sharp *Hume*, historien et hispanophile anglais (1847-1910). Cet écrivain savant et consciencieux qui a eu accès aux manuscrits de Madrid, Simancas, Paris et Londres et s'en est servi dans une large mesure, n'hésite pas à reconnaître à Philippe des qualités aimables et attrayantes. La tranquillité ferme et l'impassibilité inébranlable qui caractérisèrent ce roi dans tous les revers de fortune se font expliquer, selon M. Hume, par les lois héréditaires (87).

La seule monographie de Philippe II que nous ayons trouvée dans la littérature danoise, est le « Parrallèle historique » : *Tiberius og Philip II*, qui fut publié en 1852. Elle est écrite par l'Islandais Grimur Thorngrimson *Thomsen* (1820-1896), connu comme diplomate et esthéticien. L'auteur qui est plus poète qu'historien, cite fréquemment les ouvrages des écrivains modernes sur Philippe II, mais en arrive cependant à cette conclusion que l'empereur romain mérite plus de sympathie que le souverain catholique ; car « le païen Tibère était tolérant pour les chrétiens ; le catholique Philippe persécutait les protestants. Celui-là n'était que despote ; celui-ci était despote fanatique » (p. 119). Comme si l'on pouvait comparer, au point de vue politique, les humbles chrétiens de l'église romaine primitive avec les rebelles du XVIe siècle, ennemis acharnés de l'Eglise et du pape !

De l'exposé qui précède, on peut tirer cette conclusion que les opinions sur la personne de Philippe II, émises par les différents auteurs, se trouvent en relation directe avec la connaissance que ceux-ci ont possédée de l'Espagne et de sa culture au XVIe siècle. Plus ils se sont pénétrés de l'esprit national espagnol, tel qu'il se manifestait à cette époque et qu'il s'est incarné en Philippe II d'une manière si typique, plus le portrait qu'ils ont tracé de la personne de ce prince, est flatteur et bienveillant.

Après avoir terminé ici ce petit aperçu sur les auteurs étrangers les plus importants auxquels nous devons nos connaissances touchant Philippe II, faisons une petite excursion dans le domaine de la littérature espagnole et considérons une partie des ouvrages que ses propres concitoyens ont écrits sur lui.

CHAPITRE III

L'HISTOIRE DE PHILIPPE II DANS LA LITTÉRATURE ESPAGNOLE

Celui qui entreprendrait de citer tous les ouvrages de la littérature espagnole dans lesquels il est traité directement ou indirectement de l'histoire de Philippe II, n'obtiendrait pour résultat que de fatiguer ses lecteurs. Rien qu'au XVIe siècle, l'âge d'or de la littérature, il n'y a guère d'auteur espagnol qui, en un endroit ou un autre de ses écrits, ne vous fournisse une étude sur le caractère de ce roi qui, plus que tout autre, fut le propagateur des sciences, le protecteur des lettres et le Mécène des arts. Mais nous nous bornerons à mentionner les œuvres historiques proprement dites, afin d'en arriver aussi vite que possible à la matière principale de notre exposition.

Philippe avait nommé lui-même deux historiographes officiels (« coronistas »), l'un pour le royaume de Castille et l'autre pour l'Aragon. Le premier était le savant cordouan Ambrosio de *Morales* (1513-1591) (88). Immédiatement après sa nomination (1580), il se mit à l'œuvre pour continuer la *Coronica general de España* de Florian de *Ocampo* († 1555). Ocampo était historiographe de Charles-Quint et avait commencé à écrire l'histoire de l'Espagne. Mais comme, suivant un passage de *Josèphe* (37-env. 100) (89), celle-ci remonte jusqu'à Tubal, fils de Japhet, Ocampo n'en était arrivé qu'à la deuxième guerre punique, quand la mort arrêta son travail assidu de compilateur (90).

Morales travailla énergiquement pendant dix ans et réussit à continuer le récit jusqu'à la mort de Bermude III et la première réunion de la Castille et de Léon, en 1037 (91).

Le chroniqueur officiel de l'Aragon était Géronimo de *Çurita* ou *Zurita* (1512-1580), célèbre par ses précieuses *Anales de Aragon* qui traitent de l'histoire de cet Etat depuis son origine jusqu'au temps de Ferdinand le Catholique (92). Les annales de Zurita sont surtout importantes pour tout ce qui regarde le développement de l'organisme constitutionnel dans le royaume d'Aragon (93).

Le premier historien espagnol qui ait écrit sur Philippe II, est Juan Ginés de *Sepúlveda* (1490-1574). C'était un des hommes les plus savants de son époque, également grand comme humaniste, théologien, mathématicien et historien. Il avait fait ses études à Alcalá de Hénarès et à Bologne, sous le célèbre philosophe Pietro *Pomponazzi* (1462-1525). Partisan fanatique de la politique impériale, il entreprit même de défendre les cruautés des Espagnols envers les indigènes de l'Amérique. Il provoqua par là le noble Bartolomé de *Las Casas* (1474-1566) qui écrivit un ouvrage célèbre sur la dévastation des Indes Occidentales par les Espagnols (94). Sepúlveda a composé sur des matières théologiques, philosophiques, politiques et historiques une longue série d'ouvrages latins qui firent l'admiration des savants de son temps. Ainsi *Erasme* (1466-1536) lui-même aurait honoré Sepúlveda du nom de « Tite-Live espagnol ». Néanmoins ses écrits sur Charles-Quint et Philippe II (qui sont restés inachevés et ne traitent que des années 1556-1564) ne furent publiés qu'en 1780, par les soins de l'Académie Royale d'Histoire de Madrid (95).

Le successeur de Morales, le bénédictin Fray Prudencio de *Sandoval* (1560-1621), évêque de Tuy et plus tard de Pampelune, reçut la mission de continuer *La Coronica general*. Il commença par l'histoire de Charles-Quint qu'il parvint à achever et où il raconte quelques épisodes de la vie de Philippe (96). Quant à l'œuvre de Morales, elle fut poursuivie par Estévan de *Garibay y Çamalloa* (1533-env. 1600), qui la mena jusqu'à la prise de Grenade. Nous trouvons plusieurs études intéressantes concernant l'histoire de Philippe dans un des écrits que laissa cet auteur et qui ne fut publié qu'en 1854 sous le titre de *Memorias de Garibay* (97).

Ces historiographes ne nous donnent, comme on le voit, que peu de renseignements sur leur propre temps. Le premier ouvrage historique traitant du règne de Philippe II fut publié en 1601, par Antonio de *Herrera y Tordesillas* (1559-1625) le premier qui fut investi de la charge de « Coronista de las Indias ». Il n'était pas de ces fonctionnaires qui se font attribuer de gros traitements sans rien faire. Outre sa grande *Historia general de las Indias*, il a laissé de volumineuses monographies de personnages et d'événements contemporains (98) et notamment l'importante *Histoire universelle sous le règne de Philippe II*, etc.

Les œuvres de Herrera qui, de nos jours, ne jouissent que de peu de considération chez les historiens, renferment un très grand nombre de détails généralement très exacts, et le jugement qu'il porte sur les personnes et les événements sont d'ordinaire sains et impartiaux.

Si l'on ne considère pas comme littérature historique le nombre considérable d'oraisons funèbres qui furent prononcées et publiées immédiatement après la mort de Philippe (99), nous trouvons la première monographie proprement dite dans le *Filipe Segundo, Rey de España*, etc., publiée, en 1619, par Luis *Cabrera de Córdoba* (1559-1623). Cet ouvrage est d'une importance fondamentale pour le sujet qu'il traite : il est à la fois exact et détaillé. Au cours de son récit, l'auteur nous fournit des renseignements sur sa propre vie. Il naquit à Madrid ; mais sa famille descendait d'une ancienne maison noble de Cordoue. Don Luis, grand-père de l'écrivain, fut l'un des plus habiles capitaines de Charles-Quint. Il trouva la mort dans le mémorable assaut de Saint-Quentin, en 1557 (100). Le fils de don Luis, père de notre historien, servit également dans l'armée, mais abandonna la vie militaire, après la conclusion de la paix avec la France, et obtint à Madrid la charge de « despensero mayor » (fourrier du palais) du roi. Son fils Luis naquit en 1559, l'année où Philippe revint des Pays-Bas.

Déjà en 1594, nous trouvons le jeune don Luis au service de Pedro de *Giron*, duc d'*Osuna* et vice-roi de Naples. L'année suivante Cabrera fut envoyé à Madrid afin de tranquilliser le roi sur les troubles survenus dans le royaume de Naples (101). Quelques années plus tard, nous rencontrons notre historien en Flandre, où il seconda le prince de Parme dans plusieurs missions importantes. Durant les dernières années de la vie de Philippe, Cabrera était attaché à l'administration centrale à Madrid et participa à la conclusion des affaires d'Etat les plus importantes.

Le roi semble avoir été toujours satisfait des services de Luis Cabrera, et l'on ne saurait douter qu'il ne nourrît la pensée de le nommer secrétaire d'Etat. Après la mort de Philippe, Cabrera resta à Madrid comme secrétaire de cabinet de Marguerite d'Autriche (102), femme de Philippe III.

On peut affirmer que peu d'hommes étaient aussi aptes à écrire l'histoire de Philippe que Luis Cabrera. Pendant les quarante ans qu'il fut au service de l'Etat, il avait pris des notes, « comme s'il devait écrire cette histoire » (103). De plus, il avait été témoin oculaire des événements les plus considérables et y avait joué souvent un rôle important. Enfin, la place de confiance qu'il avait occupée, lui avait donné l'occasion d'étudier tous les documents officiels (104).

Cabrera réunissait donc précisément toutes les qualités que Michel de *Montaigne* (1533-1592) requiert d'un bon historien. « Les seules bonnes histoires — dit-il — sont celles qui ont été escriptes par ceulx mesmes qui commandoient aux affaires, ou qui estoient participants à les conduire, ou au moins qui ont eu la fortune d'en conduire d'aultres de mesme sorte. Telles sont quasi toutes les grecques et les romaines » (105).

On a reproché à Cabrera de la partialité et un certain penchant pour la flatterie, parce qu'il ne répète pas les accusations et les inventions que le prince d'Orange avait mises en circulation, ou les anecdotes fantastiques que nous connaissons de Brantôme et de Pierre Matthieu ; mais personne n'a osé mettre en doute sa probité personnelle ni lui contester l'estime que lui avaient voué les hommes les plus éminents de son époque (106). Dans son petit traité *sur l'historiographie*, Cabrera lui-même s'exprime ainsi à propos de la flatterie et de ses suites :

— Il y en a qui considèrent la flatterie dans l'historiographie comme très nuisible, parce qu'elle a occasionné plus de malheurs aux Etats que les armées ennemies. Cela est vrai, quand il s'agit de personnes encore vivantes ; tandis que les éloges décernés aux défunts n'ont jamais été condamnés par les sages, l'auteur n'en pouvant être guidé par l'espoir d'une récompense et le prince ne pouvant s'enorgueillir à leur occasion.

Jusqu'en 1856, on ne connaissait que la première partie de l'histoire de Cabrera s'arrêtant avec l'année 1583, et l'on supposait que le reste en était perdu ou que, pour des raisons ignorées aujourd'hui (108), l'auteur avait terminé son récit à cette époque. Mais il arriva alors que le savant Gachard découvrit à Paris, parmi les manuscrits de la Bibliothèque Nationale, une copie de la seconde et dernière partie de l'œuvre si appréciée de Cabrera. Une dizaine d'années plus tard, le gouvernement espagnol fit copier ce manuscrit et ordonna la publication d'une nouvelle édition complète de l'histoire de Cabrera en quatre volumes in-folio.

L'on ne saurait douter que Cabrera n'ait eu l'intention de publier également la seconde partie de son histoire. Si cela n'eut pas lieu, la raison peut en être cherchée dans les circonstances suivantes. Quand la première partie parut, il y avait, parmi les députés du royaume d'Aragon, quelques hommes qui craignaient que le récit des troubles survenus en cet Etat (1591) ne choquât les sentiments patriotiques de leurs concitoyens. C'est pourquoi ils s'adressèrent au roi Philippe III et lui demandèrent de supprimer les chapitres traitant de cette question épineuse. Le roi semble aussi avoir tenu compte des désirs des représentants aragonais ; car il fit envoyer les chapitres en litige au savant docteur Bartolomé Leonardo de *Argensola* (1565-1631), historiographe officiel de l'Aragon, afin qu'il les corrigeât conformément aux désirs de ses concitoyens (109).

On peut donc supposer que Cabrera n'a pas voulu se soumettre aux corrections de l'historiographe aragonais ou que la mort l'a surpris avant que l'on en fût arrivé à un résultat.

L'ouvrage de Cabrera ne se prêtait pas à une grande diffusion dans la nation. Il était coûteux, volumineux et détaillé, et l'homme du peuple n'avait ni les moyens de l'acheter ni la patience de le lire. C'est pourquoi la curiosité populaire, en ce qui concerne la personne, de Philippe II, trouva un aliment dans la lecture de pièces manuscrites anonymes qui circulaient sous des titres différents et dont nous avons dévoilé l'auteur (p. 25).

Ce fut là ce qui porta Lorenzo *Vander Hammen y León* (1589-1660) à publier en 1625, sa courte biographie populaire du grand roi. Nous n'avons pas trouvé beaucoup de renseignements biographiques concernant cet écrivain. Il descendait d'une famille flamande, mais était né à Madrid et semble s'être distingué comme humaniste, poète (110), et théologien. Il reçut l'ordination en 1625, entra dans le service de l'archevêque de Grenade Pedro González de Mendoza, habitait Madrid pendant de longues années jusqu'en 1634, quand Philippe IV lui donna une capellanie à Grenade, où il mourut très âgé (111). Son frère Juan (1596-1632) acquit une grande célébrité comme peintre de fleurs et portraitiste (112). Une étroite amitié liait ces deux frères à l'esprit le plus éminent de l'époque Franscisco Gómez de *Quevedo y Villegas* (1580-1645), le Voltaire de l'Espagne, et si le livre de don Lorenzo sur Philippe reçut une si grande diffusion, il le dut certainement, pour une grande partie à la lettre élogieuse que le poète permit à son ami de faire imprimer en tête de l'ouvrage (113).

Vander Hammen ne s'attache pas, dans ce livre, à raconter tous les événements politiques, qui se rattachent au règne de Philippe II ; mais il y traite d'une manière assez détaillée de la personnalité et du caractère du roi, comme aussi des actes de son gouvernement en Espagne. Il met surtout en évidence son zèle toujours en éveil pour faire progresser le bien public, sa grande initiative personnelle et sa connaissance surprenante des détails les plus compliqués de l'administration.

Peu d'années après la publication de l'ouvrage de Vander Hammen parut une nouvelle étude sur l'histoire de Philippe, le remarquable recueil *Paroles et actions du Roi Philippe II* de Balthasar *Porreño*, Séville, 1639.

Nous ne possédons pas de connaissances bien détaillées sur cet écrivain. Il ressort de son livre sur Philippe II qu'il était « licencié » et prêtre à Sacedón et à Corcoles, deux petites villes du diocèse de Cuenca. Il y vivait, dans l'isolement de la campagne, loin du tumulte du monde. Mais son oncle, le célèbre architecte Francisco de *Mora* († 1611), faisait partie de la cour de Philippe (114), et l'on peut supposer que c'est à ses récits oraux que Porreño a emprunté une partie des traits qu'il nous raconte.

Nous accorderions peut-être moins de confiance à la véracité de Porreño, si nous ne savions que non seulement il jouissait d'une grande considération pour ses poèmes latins et espagnols (115), mais qu'il a donné, en outre, une preuve éclatante de sa capacité comme historien. En effet, il nous a laissé une monographie de don Juan d'Autriche (1547-1578), dédiée à l'une des filles naturelles de ce prince vivant dans un couvent en Espagne. Cet ouvrage extrêmement intéressant ne fut publié qu'à la fin du siècle dernier, par la Société des Bibliophiles Espagnols (116).

Le modeste livre de Porreño que quelques historiens modernes traitent avec une certaine indifférence dédaigneuse, peut-être parce que d'aucuns ne le connaissent que de seconde main, nous semble être une expression concise du portrait de Philippe II tel qu'il s'était gravé dans l'âme du peuple espagnol, au commencement du XVIIe siècle. C'est un recueil de petits traits et d'anecdotes en 17 chapitres louant les vertus éclatantes du roi et fournissant maint renseignement sur sa vie privée que d'autres auteurs ne nous ont pas transmis (117).

Pendant plus de deux cents ans après la composition du livre de Porreño, nous ne trouvons plus de monographie originale de Philippe II dans la littérature espagnole. Ce n'est que vers 1840, plusieurs années après les travaux initiateurs de Llorente et de Ranke que l'intérêt pour l'histoire du XVIe siècle se réveille.

La première œuvre qu'il nous faut mentionner ici est le *Antonio Pérez, secretario de estado del Rey Felipe II* (118) de Salvador *Bermúdez de Castro*, marquis de Lima, duc de Ripalta (1817-1866). Ces études historiques, écrites en un style élégant et captivant, dépeignent l'ancien favori de Philippe II sous un nouveau jour. L'auteur dévoile toute la corruption et toute la bassesse d'Antonio Pérez qui, jusque-là, avait été considéré notamment comme un martyr de la cruauté et de l'injuste persécution du roi. D'un autre côté, s'appuyant sur des documents jusque-là inconnus renfermés dans les archives espagnoles (119), il nous trace un portrait sympathique du grand solitaire de l'Escurial. Il est regrettable, néanmoins, qu'il ne nous communique pas où il a cherché les manuscrits qu'il utilise dans son récit.

Jusqu'en 1842, les archives espagnoles gardaient leurs riches trésors comme des secrets précieux et inviolables. En cette année-là, une société de savants et d'historiens commença, sous la conduite de Martin *Fernández Navarrete* (1765-1844), Miguel *Salvá* et Pedro *Sainz de Baranda* († 1853), la publication de la monumentale *Colección de Documentos inéditos para la Historia de España*, recueil de matériaux d'une valeur inestimable qui a voué au XVIe siècle un intérêt tout particulier (120).

C'est vers cette époque que la littérature historique espagnole fut augmentée d'un ouvrage volumineux sur Philippe II, écrit par le duc Euaristo de *San Miguel y Valledor* (1785-1862). L'auteur s'était déjà rendu célèbre, pendant la guerre de l'indépendance, comme capitaine et partisan de la liberté et, plus tard, il devint l'un des chefs du libéralisme en Espagne. Il est particulièrement connu comme auteur du célèbre hymne de Riego.

Comme historien, San Miguel n'a rien produit de nouveau. Son histoire de Philippe II est un ouvrage populaire qui ne s'appuie que sur des documents déjà publiés. Il nous assure qu'il veut tracer le portrait du roi avec une véracité absolue ; mais ses préjugés libéraux et démocratiques ne se sont pas toujours tenus passifs quand il cherche à dépeindre le souverain absolu et autocrate, des sentiments personnels duquel il traite d'une façon fort dédaigneuse (121).

Nous ne pouvons pas passer ici, où il est question d'histoire espagnole, un nom comme celui de Modesto *Lafuente* (1806-1866). C'est par la revue historique et satirique *Fray Gerundio* lue à cette époque par toutes les classes de la société, que son nom fut connu et estimé par toute l'Espagne. Après plusieurs années d'études historiques actives et approfondies, il commença à publier, en 1850, son *Historia general de España* l'une des œuvres historiques les plus importantes et les plus étendues que le XIXe siècle ait vues paraître. Des matériaux extrêmement vastes s'y trouvent réunis et coordonnés, et la peinture des événements. des conditions sociales et de l'état de la civilisation y est basée sur les connaissances les plus solides. Là où Lafuente approfondit notre sujet, la sagesse de ses appréciations et la liberté de sa manière de voir sont dignes d'admiration (122). Il reconnaît au roi de grandes et éminentes qualités à l'occasion desquelles il exprime son admiration ; mais il lui refuse de l'amabilité personnelle, tout en faisant remarquer cependant combien la personnalité de Philippe II était élevée au-dessus des autres têtes couronnées de son temps (123).

Après l'ouverture des archives espagnoles, en 1844, une nouvelle animation se manifesta dans les recherches historiques. Plusieurs sociétés savantes et littéraires rivalisèrent de zèle pour mettre les trésors au grand jour, les œuvres des historiens étrangers jouissant de quelque notoriété furent traduites en espagnol et il parut toute une série d'études et de recherches concernant le règne de Philippe II (124).

Parmi les ouvrages de quelque importance qui jettent un nouveau jour sur la personne de Philippe, nous citerons celui de Pedro José Marquis de *Pidal* (1799-1865) : Les troubles de l'Aragon et le règne de Philippe II, et celui de Gaspar *Muro* : Vie de la princesse d'Eboli. Là où l'on ne voyait autrefois qu'une grave violation du droit des gens et une persécution personnelle — dans la conduite de Philippe envers l'Aragon et Antonio Pérez — nous comprenons aujourd'hui sur plusieurs points, grâce à ces ouvrages, les motifs qui inspirèrent le roi.

Plusieurs savants ouvrages traitant particulièrement des entreprises guerrières de Philippe furent publiés par le célèbre académicien Cesáreo *Fernández Duro* (1846-1908) (125).

La dernière monographie espagnole de Philippe II qui est en même temps la plus importante, fut écrite par l'érudit prêtre José *Fernández Montaña* (né en 1842). Plein d'une admiration sans réserve pour le grand roi, cet auteur s'est proposé d'écrire une réfutation générale de toutes les fables, de tous les mensonges et de toutes les calomnies qui, au cours des temps, ont surgi autour de la mémoire de Philippe. Ses volumineux ouvrages constituent un éloge sans restriction qui s'appuie essentiellement sur les écrits et les paroles des saints et des savants du XVIe siècle. Outre le mérite inhérent à la publication de ces intéressants témoignages qui n'avaient pas été produits auparavant, les livres de Fernández Montaña ont celui d'avoir puisé dans les documents historiques des riches collections conservées dans la bibliothèque du chapitre archiépiscopal de Tolède.

L'enthousiasme et la science se donnent la main chez cet auteur dont les œuvres mériteraient d'être lues et connues par tous ceux qui s'intéressent à la civilisation et à l'histoire espagnoles au XVIe siècle. Son intention n'a pas été de donner un aperçu général de l'histoire de Philippe II ; mais, comme catholique pieux, il a voulu défendre son roi catholique contre les ennemis de son pays et de sa religion.

Après avoir mentionné les ouvrages historiques les plus importants sur Philippe II, nous jetterons un coup d'œil sur la littérature dramatique et nous considérerons les œuvres les plus connues qui dépeignent ce roi.

Déjà au XVIe siècle, le drame historique espagnol s'intéressait aux actualités. C'est ainsi que, suivant Nicolas *Fernández de Moratín* (1737–1780), la *Batalla Naval* (Bataille de Lépante) de *Cervantes* (1547-1616) aurait déjà été jouée en 1584 (126).

Aussi ne s'écoula-t-il pas beaucoup d'années après la mort de Philippe avant que ce prince fut représenté sur la scène. A notre avis, cela eut lieu pour la première fois dans *El principe Don Carlos*, pièce qui fut jouée vers 1615. Ce drame est écrit par un poète remarquable et s'élève, par sa correction historique, au-dessus de toutes les autres productions scéniques qui traitent ce sujet (127). L'auteur en est Diego *Jiménez de Enciso* sur la vie duquel il n'est passé à la postérité que de rares renseignements. Il naquit à Séville, en 1585, et, jeune encore, se rendit à Madrid où il remporta de brillants triomphes sur la scène. En 1613 il fut nommé chevalier de Saint-Jacques. Et Cervantes et Lope de Vega parlent élogieusement de lui. Il mourut vers 1634.

Un autre drame historique bien que d'une valeur littéraire secondaire, est *El segundo Séneca de España y el principe Don Carlos* de Juan Pérez de *Montalván* (1602–1638). Montalván était fils du libraire du roi. Dans sa première jeunesse, il s'attira l'attention de Lope de Vega et gagna son amitié, et il n'avait que 17 ans quand il commença à écrire pour la scène. Il se livra en même temps à l'étude de la théologie, se fit ordonner prêtre, en 1625, et fut nommé notaire de l'Inquisition, où son maître et ami paternel, Lope, était également investi d'une charge. Outre environ cent drames, il a écrit plusieurs œuvres religieuses et littéraires. Il était justement occupé à rédiger un ouvrage sur *L'art de bien mourir*

(Arte de bien morir), quand la mort l'enleva dans un âge peu avancé (128).

Nous voyons Philippe II représenté en parfaite conformité avec les exigences historiques (129), dans un drame de Félix *Lope de Vega Carpio* (1562-1635), intitulé *El Alcalde de Zalamea*, et dans la pièce de même nom de Pedro *Caldérón de la Barca, Henao de la Barreda y Riaño* (1600-1681), pièce qui est souvent citée comme l'une des meilleures de cet auteur.

Au siècle dernier, quand l'intérêt pour l'histoire du XVIe siècle se réveilla en Espagne, il parut plusieurs pièces de théâtre relatives à Philippe II; mais la plupart n'ont que peu de valeur au point de vue littéraire et moins encore au point de vue historique. Cependant « *El Haz de Leña* (le Fagot de Bois) (1872), drame relatif à don Carlos par Gaspar *Núñez de Arce* (1834-1903) forme une exception. Cette pièce est considérée comme le meilleur drame historique du XIXe siècle (130). Les événements historiques y sont dépeints avec plus de fidélité que dans des œuvres de n'importe quel autre poète moderne traitant de ce sujet.

Nous voici à la fin de notre aperçu de la littérature concernant Philippe II. Nous souhaitions de donner une idée de sa richesse et de sa variété, et nous osons supposer que ces chapitres préliminaires seront de quelque utilité pour tous ceux qui désireraient connaître, dans une certaine mesure, les travaux littéraires qui ont joué un rôle important pour ce que la postérité sait et pense sur ce roi.

Quant aux documents non imprimés, ils sont si nombreux que nous ne saurions même pas les énumérer sans étendre démesurément le cadre de cet ouvrage. Il n'y a guère d'archives ni de bibliothèque en Europe qui ne possèdent des documents authentiques renfermant des renseignements historiques concernant Philippe et son temps. J'aurai l'occasion de citer, dans ce qui suivra, une partie des manuscrits mis au jour par moi-même en une foule d'endroits.

Je suis arrivé au point principal de mes recherches. Je commencerai par jeter un coup d'œil sur la situation économique et sociale de l'Espagne peu de temps avant le règne de Philippe II.

DEUXIÈME PARTIE

CHAPITRE IV

SITUATION INTÉRIEURE DE L'ESPAGNE VERS LE MILIEU DU XVIe SIÈCLE

Aucun Etat européen n'a eu sans doute, un sort aussi extraordinaire que l'Espagne. Après la formation de la monarchie par la réunion des couronnes de l'Aragon et de la Castille, après la prise de Grenade et la découverte de l'Amérique, ce pays constituait l'Etat le plus puissant du monde. Sous les deux premiers souverains de la maison d'Autriche, il continua son développement comme puissance mondiale. Au XVIIe siècle, il s'affaiblit graduellement et, après le XVIIIe il cessa complètement d'exercer de l'influence sur la politique européenne.

Les « rois catholiques » léguèrent à leur petit-fils un Etat étendu, riche, et florissant. Leur gouvernement plein de fermeté et de sagesse avait assuré la paix à l'intérieur et valu au pays de l'influence et de la considération à l'extérieur. C'était avec raison que Philippe II pouvait dire que les rois d'Espagne devaient tout à Ferdinand et à Isabelle. Ce furent eux qui jetèrent les fondements de la monarchie absolue ; car l'Espagne avait besoin d'une main ferme, et seul un souverain jouissant d'un pouvoir illimité était capable de relier entre eux les éléments hétérogènes constituant cet Etat (131). N'étaient-ce pas précisément l'habileté politique et la fortune des armes qui avaient créé la grandeur de l'Espagne ? Pour rétablir l'ordre intérieur et consolider l'unité d'une foule d'Etats auparavant indépendants, les « rois catholiques » durent briser l'autonomie des grands et des représentations populaires et établir un pouvoir central ferme et respecté. Nous n'examinerons pas ici ces luttes politiques intérieures. Nous nous contenterons de rappeler que certaines provinces comme Naples et la Catalogne, furent le théâtre d'insurrections violentes jusqu'au milieu du XVIIe siècle. On peut même soutenir que l'unité politique n'a jamais été complètement réalisée en Espagne, quand on se rappelle que la Catalogne et la Galice s'efforcent encore toujours d'obtenir une autonomie partielle.

Néanmoins, la puissance royale devint très populaire dans la plus grande partie du peuple qui ne vit pas sans intérêt restreindre les droits féodaux des grands (132).

Sous Charles-Quint, l'Espagne n'arriva jamais à la suprématie absolue dans la politique européenne, le centre de gravité de la puissance se trouvait dans la réunion de l'Empire et des vastes provinces espagnoles de l'Europe et de l'Amérique, où le souverain puisait les ressources nécessaires à ses guerres incessantes en Allemagne, en France et en Italie.

Celui qui, dans la première moitié du XVIe siècle, traversait l'Espagne, en venant de France ou d'Italie, n'avait pas l'impression de se trouver dans l'Etat le plus puissant du monde (133).

Les villes n'étaient ni aussi peuplées ni aussi bien bâties qu'en France ou, à plus forte raison, qu'en Italie. La plupart des maisons étaient faites d'argile et ne formaient que rarement des rues régulières, mais elles se trouvaient isolées et étaient souvent fortifiées. Séville, Saragosse, Valladolid et Barcelone étaient les seules cités qui, outre des églises, des couvents et des palais, possédassent quelques maisons en pierres et quelques belles rues. Toutefois, le pavage était inconnu, de sorte que, en été, les rues se remplissaient d'épais nuages de poussière, tandis que, en hiver, elles se transformaient en des bourbiers nauséabonds.

Le grand essor économique qui s'était produit sous le gouvernement sage et prudent des « rois catholiques », se ralentit rapidement sous Charles-Quint. La cause de l'état lamentable dans lequel se trouva l'Espagne durant la plus grande partie du règne de ce prince, doit être cherchée surtout dans l'influence pernicieuse des étrangers qui se fit alors valoir pour la première fois dans l'histoire de cet Etat et eut des conséquences d'une si grande portée. Le jeune « Carlos de Gante », commença par exciter un mécontentement bien justifié en s'entourant de courtisans flamands qui, peu à peu, s'emparèrent de toutes les charges les plus lucratives, afin d'acquérir, aussi rapidement que possible, des richesses qu'ils transportèrent ensuite en Flandre.

Guillaume de *Croy*, seigneur de *Chièvre* (1468-1521), et son neveu de même nom (1498-1521) s'étaient arrogé une influence particulièrement grande. Le premier qui avait été précepteur de Charles, acquit un pouvoir funeste sur le jeune et faible prince (134). Après la mort du noble et loyal *Jiménez de Cisneros* (1436-1517), il devint chancelier de l'Etat, tandis que son neveu qui n'était âgé que de 19 ans, fut nommé archevêque de Tolède. Avec ces deux hommes à leur tête, les Flamands commencèrent alors le pillage systématique de l'Espagne et envoyèrent en Flandre tout l'or monnayé qu'ils purent se procurer (135). On a même prétendu que le jeune archevêque fut l'un des premiers qui obtinrent le privilège de faire la traite des esclaves noirs.

Ce furent des abus de ce genre qui froissèrent le peuple espagnol et augmentèrent le mécontentement qu'excitait le jeune souverain, en attendant qu'en 1520 les révoltes ouvertes éclatassent — « las Comunidades », à Tolède, et « las Germanías », à Valence et dans l'île de Majorque. On sait avec quelle sévérité ces insurrections furent réprimées, et, pendant le reste du règne de Charles-Quint, l'Espagne fut le plus opprimé de tous les pays de la monarchie.

Ces guerres civiles exercèrent l'influence la plus funeste sur la situation économique du pays. L'agriculture et l'industrie dépérirent ; car la jeunesse du royaume préférait chercher aventure dans l'Eldorado du Nouveau Monde ou se faire enrôler dans les invincibles « Tercios » qui exerçaient le métier hasardeux de la guerre dans toutes les contrées de l'Europe, « Iglesia, ó Mar, ó Casa Real » (L'Eglise ou la mer ou le service du Roi) tel était le précepte aphoristique auquel se conformait tout jeune homme qui voulait faire son chemin dans le monde (136). Les seules professions qui fussent encore florissantes sous Charles-Quint, étaient la production de la laine, la pêche et le commerce. Ce dernier se concentrait à Séville (137) et à Cadix, pour ce qui regardait le Nouveau Monde, et à Medina del Campo, pour ce qui concernait l'Espagne même. La marine marchande espagnole comptait à cette époque environ un millier de navires.

Dès le commencement du XVIe siècle, des marchands, des industriels et des artisans étrangers — particulièrement des Gênois, des Français et des Allemands — affluèrent en Espagne, attirés par l'or du Nouveau Monde. Comme autrefois les Juifs, ils acquirent peu à peu par leur énergie et leur activité, une suprématie économique qui dut blesser l'amour propre national des Espagnols. C'est ainsi qu'en 1528, Cortès se plaignirent de ce que les Gênois sont les maîtres absolus du haut négoce, surtout des industries du savon et des soieries, et qu'ils en profitent pour exercer l'influence la plus arbitraire sur le marché monétaire. Déjà, en 1524, une famille princière de négociants, les *Fugger* d'Augsbourg, banquiers de Charles-Quint, avaient reçu la concession des mines de mercure d'Almaden et des mines d'argent de Guadalcanal (138).

On peut comprendre que les Espagnols d'alors qui avaient vaincu, dans le pays même, les ennemis du christianisme, découvert et conquis un nouveau monde, devaient être animés d'un orgueil national qui dégénérait en une vraie manie des grandeurs, parce qu'il les portait à se considérer comme le peuple élu de Dieu, supérieur à toutes les autres nations. C'est dans des idées de ce genre et dans les nombreuses conséquences qui en découlent que l'on peut coercher le germe de la misère sociale et économique de l'Espagne qui commença déjà sous le règne de Charles-Quint, s'arrêta durant la plus grande partie de celui de Philippe II, mais reprit son cours dès la fin du xvie siècle. Tandis que la noblesse et le clergé ne cessaient de voir grossir leurs rangs, les classes inférieures furent saisies de cette singulière peur du travail qui frappait si vivement les étrangers. Les esclaves (139) et les Morisques (140) étaient les seuls qui s'occupassent aux travaux agricoles, tandis que les « vieux chrétiens », fiers de la pureté de leur sang et se parant de leur élection, n'aspiraient qu'aux charges de l'Eglise et de l'Etat. S'ils n'y parvenaient pas, ils s'adonnaient à la paresse (141) où allaient augmenter le nombre des mendiants, des vagabonds et des bandits.

Pour nous faire une idée plus exacte de la situation intérieure de l'Espagne à cette époque, nous jetterons un coup d'œil sur les différentes classes de la société. Comme le caractère national espagnol s'était formé par huit cents ans de combats pour des biens d'ordre religieux, le sentiment religieux lui-même et l'unité de la foi devaient en constituer l'élément de beaucoup le plus important. Depuis la conversion des Wisigoths, le clergé catholique avait acquis, en vertu de ce même sentiment religieux, une autorité si étendue et une puissance temporelle si grande, que le trône dut souvent s'appuyer sur lui quand il s'agissait d'écraser les ennemis intérieurs de la religion, que ce fussent les Juifs, les Maures ou les Protestants. La société des Maures et les combats qu'il avait fallu leur livrer, avaient développé, notamment, deux des côtés les plus saillants de la conscience religieuse des Espagnols : le mysticisme et le fanatisme. « Le mysticisme », dit un auteur espagnol moderne, « nous montre la sensualité africaine, drapée de la sanctification chrétienne, et le fanatisme était la continuation de la fureur religieuse accumulée pendant huit siècles de combats » (142).

C'est juste à l'époque où les luttes religieuses du xvie siècle étaient arrivées à leur apogée, lorsqu'il s'agissait de vaincre le dernier ennemi, l'hérésie du Nord, que nous voyons la vie intellectuelle en Espagne produire ses fruits les plus précieux. La philosophie et la métaphysique qui, chez les autres nations, paraissaient comme les productions les plus excellentes de l'esprit humain, étaient représentées en Espagne par les écrits des grands mystiques qui conserveront, à travers les âges, leur influence sur les gens du peuple comme sur les savants. Ce n'est pas à tort qu'on a vu dans le mysticisme espagnol la source de l'énergie sans pareille déployée par l'Espagne au XVIe siècle (143).

Rien d'étonnant, par conséquent, à ce qu'en Espagne, l'Eglise eût obtenu des privilèges plus étendus et plus magnifiques que dans tout autre pays chrétien. Le célèbre code d'Alphonse le Savant (1221-1284) appelé « Las Siete Partidas » (d'après les sept lettres du nom Alfonso) qui est considéré comme l'un des ouvrages de droit les plus parfaits du monde, exempte tous les prêtres et réguliers de toute taxe au profit de l'Etat. La dîme donnait d'énormes revenus et était perçue avec une grande sévérité. Les richesses de l'Eglise s'accroissaient, en outre, d'année en année, par des dons et de nouvelles fondations, des hôpitaux, des collèges et des confréries, de sorte que le roi devait souvent demander au pape de pouvoir employer au profit de l'Etat une certaine partie de cette immense fortune, comme subside en vue des guerres contre les Turcs et les hérétiques. C'est ainsi que Charles-Quint obtint le droit de disposer d'une partie des ressources créées par la célèbre bulle sur les croisades « la Cruzada », en vertu de laquelle il se pratiquait un trafic en grand d'indulgences au profit de la guerre contre les infidèles (144). D'autre part, il y avait beaucoup de prélats zélés et désintéressés qui mettaient leurs immenses revenus à la disposition du souverain pour qu'il les employât à la défense du pays et à la guerre contre les hérétiques.

Aucun nom ne brille, dans l'histoire ecclésiastique espagnole d'un éclat plus grand que celui du cardinal *Jiménez de Cisneros*. Comme homme d'Etat et réformateur, il contribua plus que tout autre aux progrès considérables que fit la civilisation en Espagne, au temps des « rois catholiques ». Ce saint sous le froc franciscain (145) qui dirigea l'Espagne pendant plusieurs années, réunissait en sa personne le pouvoir spirituel et temporel suprême. Il fut le premier à être à la fois primat de l'Eglise espagnole, comme archevêque de Tolède, et inquisiteur général (1507-1517).

C'est ainsi que le nom de Jiménez a été rattaché à l'inquisition, institution qui, plus que tout autre cause peut-être, a contribué à rendre la nation espagnole et sa politique méprisables aux yeux de l'Europe. Il ne faut pas oublier néanmoins que ce tribunal fut fondé et se développa en concordance parfaite avec les désirs du peuple, et que, pendant plus d'un siècle, il conserva une popularité incontestable, mêlée au respect le plus profond (146). La cruauté inhumaine supposée de l'inquisition espagnole a fourni la matière d'une foule d'œuvres sensationnelles; mais on semble perdre de vue qu'à Rome et qu'à Venise l'inquisition agissait avec bien plus de sévérité encore qu'en Espagne. On pourrait même dire, dans cet ordre d'idées, que certains crimes, comme la sorcellerie et la magie, étaient punis bien plus rigoureusement par les autorités *protestantes* que par l'inquisition espagnole elle-même (147).

Les utiles réformes, que Jiménez introduisit dans tous les domaines ne furent pas de longue durée. La corruption qui se répandit, avec l'influence des Flamands, dans l'administration de l'Etat, gagna également l'Eglise et s'y propagea à tous les degrés de la hiérarchie. L'Eglise devint le grand asile de tous ceux qui aspiraient à une vie commode dans un bien-être fastueux, et les grandes charges ne se donnaient plus à des personnes dignes et capables, mais aux créatures du gouvernement. Le nombre des religieux des deux sexes s'accrut à un degré inquiétant (148), et de ceux dont la vie semblait consacrée à la piété et à la discipline, l'immoralité et l'ignorance se répandirent dans le peuple. L'on possède de ce temps une série d'écrits où des ecclésiastiques pieux et zélés dévoilent impitoyablement la corruption du clergé. Si l'inquisition ne réprimait pas les livres de ce genre, c'est qu'elle cherchait à entraver le mal qui avait sa source, non dans des erreurs dogmatiques, mais dans des erreurs morales (149).

Si nous considérons ensuite la seconde classe privilégiée, la noblesse, nous trouvons au début du XVIe siècle l'origine d'une véritable hiérarchie nobiliaire. Encore sous « les rois catholiques », il existait dans la noblesse une aristocratie « los Ricos Homes », (150), les grands propriétaires auxquels le roi seul pouvait accorder ce titre. Après 1520, ce nom disparaît et est remplacé par la dénomination plus distinguée de « Grandes de España» dont le nombre fut limité, à l'origine, à 25, mais fut augmenté considérablement plus tard (151). Mais les nouveaux grands furent exclus des droits féodaux de leurs ancêtres et formèrent une aristocratie de cour que l'on investissait de préférence des hautes charges de l'Etat. Ils possédaient des privilèges particuliers qui leur étaient garantis par les lois compliquées de l'étiquette de la cour. En présence du roi, ils restaient couverts et pouvaient s'asseoir, et quand ils entraient chez la reine, elle se levait pour les recevoir (152).

Les seconds en dignité étaient « los Caballeros », membres des quatre ordres semi-religieux des chevaliers d'Alcántara (fondés en 1156), de Calatrava (fondés en 1158), de Santiago (de la espada) (153) (fondés en 1170) et de Montesa (fondés en 1317). Au temps des « rois catholiques », les trois premiers « possédaient » ensemble, en Castille, un million d'âmes, soit environ un tiers de toute la population (154). Ces ordres militaires avec leurs nombreux privilèges et leur administration indépendante formèrent un Etat dans l'Etat jusqu'à la fin du XVIe siècle. Plus tard, le gouvernement parvint à contrôler, jusqu'à un certain point, leurs énormes revenus qui ne constituaient pas des titres à des droits ou à une influence politiques. C'est ainsi que Charles-Quint se fit accorder par *Adrien VI* (Adrien Florent van Trusen, 1450-1523), son ancien professeur et gouverneur, une bulle datée du 4 mai 1523, en vertu de laquelle la dignité de grand-maître des trois premiers de ces ordres fut attachée héréditairement à la personne du roi. De cette façon, environ un tiers de leurs revenus put être employé au profit de la Couronne.

Mais la plus grande partie de la noblesse était constituée par « los hijosdalgo » ou « hidalgos » qui, à partir du règne de Charles, devinrent de plus en plus nombreux ; car, au XVIe siècle, la course à la noblesse et au blason prit, en Espagne, le caractère d'une épidémie nationale. « Somos hidalgos como el rey — dineros menos » (nous sommes tout aussi nobles que le roi — à part l'argent) était une locution commune parmi les Espagnols de cette époque qui se sentaient plus distingués que toutes les autres nations. Certaines villes (155) et même des provinces entières — comme celle de Guipúzcoa, par exemple — prétendaient être nobles.

L'abus sans cesse croissant de l'érection des majorats était également en relation avec cette soif de noblesse et de distinctions (156). Un privilège royal fut d'abord nécessaire pour fonder un majorat ; mais bientôt quiconque possédait quelques centaines de ducats, put acquérir une pièce de terre qu'il avait le droit de rendre indépendante pour lui et ses descendants (157). C'est ainsi que s'accrût la multitude des hidalgos oisifs, fiers de leur noblesse, aventuriers, endettés, affamés, et remplis des romans en vogue à cette époque, romans qui glorifiaient les aventures héroïques et galantes du chevalier errant qui devint bientôt le type, dominant de l'époque et dont la littérature n'hésita pas à s'emparer pour le ridiculiser.

En ce qui regarde la troisième classe, la bourgeoisie, il s'opéra également des changements radicaux au XVIe siècle. Pendant tout le Moyen Age, les villes espagnoles avaient joué un rôle important comme centres politiques. Dans les combats contre les Maures, les villes étaient les points fortifiés et leurs contingents comptaient parmi les meilleurs détachements des armées. Il n'était donc que juste que les rois accordassent aux villes des privilèges étendus en retour de leur précieux concours à la guerre. C'est ainsi qu'une ville était convertie en commune autonome, dès qu'on l'avait arrachée aux Maures. Les constitutions municipales espagnoles les plus anciennes (fueros) datent du commencement du XIe siècle, de sorte que, au point de vue de l'autonomie communale, l'Espagne devança la plupart des autres pays de l'Europe. Bientôt aussi les bourgeois furent admis aux Cortès. Tout un siècle avant que les villes fussent représentées au parlement anglais (158), les Cortès de Castille avaient admis les députés (procuradores) des communes.

Les rois ne tardèrent pas néanmoins à intervenir dans l'administration communale. Alphonse XI (le Justicier, 1310-1350) commença par nommer des *corregidores* appelés à présider le conseil municipal (*ayuntamiento*). Sous Ferdinand et Isabelle, l'influence de la royauté s'accrût encore ; car ces princes s'assurèrent le droit de nommer tous les fonctionnaires supérieurs municipaux et, dans les « Ordenanzas Reales de Montalvo » (159), il est dit formellement que le roi jouit de l'autorité suprême dans toutes les villes et tous les bourgs et qu'il a le droit de nommer des alcades et des juges.

C'est sous Charles-Quint, surtout après la répression des « Comunidades » et des « Germanías », que disparurent les derniers restes des privilèges et de l'autonomie des villes. A partir de cette époque se généralisa également l'usage de vendre les charges communales au plus offrant, ce qui procurait des ressources aux caisses de l'Etat au grand détriment du développement économique des villes.

Au fur et à mesure que le commerce et l'industrie enrichissaient les villes, il se forma une bourgeoisie aisée, une aristocratie de finance, dont l'ambition suprême était de s'élever au rang des hidalgos, ce qui, comme nous l'avons vu, pouvait se faire en fondant des majorats. C'était surtout de cette classe de la société que sortaient les personnes à formation académique qui acquirent, peu à peu, une grande influence, parce que les charges publiques leur étaient accessibles. Ces lettrés prirent l'habitude de s'intituler « Don » et de porter l'épée, quoique ce fussent là deux prérogatives des hidalgos.

Les relations intimes et suivies avec l'Italie avaient amené de bonne heure, en Espagne, les propagateurs et les idées de la Renaissance qui y furent reçus avec la plus grande faveur. Des étudiants espagnols, avides de savoir, se rendirent à Rome, Florence et Bologne (160) pour y entendre des savants jouissant d'une réputation universelle. Mais, en Espagne également, grands et petits se livraient aux études avec ardeur et de nouvelles écoles étaient créées, parmi lesquelles l'université d'Alcalá, fondée par Jiménez de Cisneros, sur le modèle de celle de Paris, devait acquérir une réputation européenne (161). C'est ainsi que l'on voyait poindre l'âge d'or de la littérature qui constitue l'époque la plus intéressante de l'histoire de la civilisation espagnole. Et comme les souverains portaient un amour particulier aux arts et aux sciences, l'Espagne devint, au XVIe siècle, la terre promise de tous les artistes, architectes et inventeurs (162).

La quatrième classe, « los plebeyos », dépendaient totalement au point de vue économique, des seigneurs ecclésiastiques ou nobles, sur les terres desquels ils vivaient comme fermiers ou comme ouvriers. Ils ne formaient pas une classe nombreuse de la population ; car c'étaient surtout les esclaves et les Morisques qui se livraient aux travaux agricoles. Mais, en revanche, ils fournissaient un contingent considérable à la multitude des vagabonds et des mendiants.

L'influence étrangère se fit surtout sentir dans l'amour sans cesse croissant du luxe et de la bonne chère. A la cour de Charles-Quint qui était organisée à la bourguignonne, avec de nombreux fonctionnaires et serviteurs, régnaient une prodigalité et une magnificence jusque-là inconnues en Espagne. Ainsi, sous les « rois catholiques », la cour coûtait journellement de douze à quinze mille maravedis (163), tandis que, sous Charles-Quint ces dépenses furent plus que décuplées (164). Il s'introduisit, en même temps, des modes allemandes et flamandes dans l'habillement, et elles trouvèrent des partisans zélés parmi les Espagnols vaniteux et amateurs du luxe qui se montrèrent inventeurs ingénieux de costumes coquets et frivoles, confectionnés avec une somptueuse magnificence, en soie, en velours ou en étoffe brochée d'or et d'argent. Pendant tout le XVIe siècle, nous voyons le gouvernement attentif à contrecarrer et à limiter ce luxe funeste par une série de lois et d'arrêtés (165) déterminant, jusque dans les moindres détails les étoffes et objets d'équipement que les habitants du pays pouvaient porter.

Ce fut également au temps de Charles-Quint que l'usage de carrosses (166) se répandit en Espagne. Marguerite d'Autriche (1480-1530), mariée avec le prince Juan (1479-1497), de mars à octobre 1497, avait déjà amené de Flandre (167) un carrosse à quatre roues. Mais cette princesse, devenue veuve, retourna en Flandre et ces véhicules de luxe ne devinrent communs que lorsque les Flamands vinrent en Espagne pour la seconde fois sous Charles-Quint (168). On se plaignait, au début, des nombreux accidents occasionnés par la circulation inconsidérée des voitures et l'on était scandalisé, à juste titre, de ce que les véhicules ne s'arrêtaient pas toujours à la rencontre des prêtres avec « la Divina Magestad » (la sainte hostie). En 1555, les Cortès de Valladolid prièrent même Charles-Quint de défendre complètement l'usage des carrosses, ce dont le gouvernement ne tint cependant aucun compte.

Si nous jetons un coup d'œil sur la vie journalière durant la période dont nous nous occupons ici, nous rencontrons une licence et une brutalité qui forment un contraste singulier avec le sentiment religieux si vif et l'humble soumission extérieure à la discipline de l'Eglise. La propension innée au désœuvrement, les traditions belliqueuses des longs siècles de combats contre les infidèles, les querelles et les conflits incessants entre les « vieux chrétiens » (169) et les descendants de la race méprisée développèrent chez les premiers toutes les qualités caractéristiques des vagabonds et des spadassins. Il faut ajouter à tout cela une fausse conception de l'honneur (*el pundonor*) et une susceptibilité personnelle exagérée au point d'exiger une satisfaction sanglante pour la moindre offense (170).

Au XVIe siècle, la situation morale laissait beaucoup à désirer en Espagne. Ce n'était pas sans s'en ressentir que, durant 800 ans, les Espagnols avaient vécu avec la race sémitique, imbue de ses idées de polygamie et de sa conception tout orientale de la situation de la femme dans la société. La femme espagnole était tenue étroitement à la maison ou placée de bonne heure dans un couvent, et son éducation ne visait généralement qu'à lui inculquer les connaissances nécessaires à une épouse et à une mère. L'on mentionne bien, dans les classes élevées de la société, des femmes savantes, comme Beatriz *Galindo* (née en 1475), appelée « la Latina », maîtresse d'Isabelle la Catholique, qui a écrit de savants commentaires sur Aristote ; Francisca de *Nebrija*, qui était à même de remplacer son illustre père Antonio de *Nebrija* (1444-1522), et Luisa *Sigea* (morte en 1569), surnommée, « Minerve » ; mais ce n'étaient là que quelques rares exceptions (171).

En Espagne, la situation dépendante de la femme ainsi que l'enthousiasme romanesque et une certaine courtoisie chez l'homme donnèrent une teinte de galanterie aux aventures de la légèreté et créèrent le type immortel de don Juan Tenorio.

Jusque bien en avant dans le XVIe siècle, la péninsule hispanique fut influencée considérablement par l'Italie où les progrès de la Renaissance étaient accompagnés d'une corruption morale profonde dans toutes les classes de la société. Toutefois, en Espagne, la situation morale n'atteignit jamais le degré d'effronterie et de licence auquel elle était arrivée dans les villes italiennes. De Rome où l'argent avait raison de tout (172), le luxe de la démoralisation et l'ignominie de la prostitution se communiquèrent à toutes les villes d'Italie (173).

Aussi, à partir de ce temps, entend-on parler beaucoup de la terrible maladie qu'on appelait communément *morbus gallicus* et que l'on supposait généralement introduite d'Amérique en Europe par les marins de Colomb (174). En certaines années, comme en 1507, 1529, 1530 et 1558, elle apparut, en Catalogne, sous forme d'une véritable épidémie et occasionna la mort de milliers de personnes. Les galères, les bâtiments de commerce et les soldats espagnols répandirent bientôt ce mal affreux par toute l'Europe (175).

Parmi les péchés mignons qui régnaient surtout en Espagne, il faut citer la passion du jeu et le blasphème, deux vices qui caractérisent encore de nos jours la race latine. Cependant ni le gouvernement ni l'inquisition ne se désintéressaient de la situation morale, et l'on n'entend pas parler en Espagne, de ces droits scandaleux que, en Italie, le clergé n'avait pas honte de prélever sur les maisons publiques de jeu et de tolérance (176).

Si — pour autant que le peu de documents sur la matière nous permet de le faire — nous considérons le chiffre de la population espagnole, nous constaterons que, du commencement du XVIe siècle jusqu'en 1541, ce chiffre diminua considérablement — par endroits, de moitié environ, tandis qu'il s'accrût de nouveau durant la seconde moitié du siècle, de manière que, en 1591, il atteignit le même point que cent ans auparavant (177).

Ce qui, durant tout le XVIe siècle, donna à l'Espagne une supériorité décidée sur toutes les autres nations, ce furent en dernier ressort, outre le fanatisme religieux et l'évolution intérieure pacifique, les richesses inépuisables du Nouveau Monde. Les revenus des mines d'or du Pérou qui, sous Charles-Quint, s'élevaient à un million de ducats (178) par an, atteignirent, au temps de son successeur, le double de cette somme. L'Espagne voyait également affluer vers elle l'or des Pays-Bas qui, vers le milieu de ce siècle, étaient précisément arrivés à l'apogée de leur prospérité.

Il faut nous borner à ce court aperçu de la situation de l'Espagne pendant la première moitié du XVIe siècle. Il n'entre pas dans le cadre de ces recherches de nous étendre sur les productions de la vie intellectuelle. Nous nous occuperons plus tard des changements, améliorations et réformes dus au gouvernement sage et éclairé de Philippe II. Mais nous considérerons d'abord brièvement ce qui regarde la personne de ce prince et nous chercherons à nous faire une idée des particularités de son caractère.

CHAPITRE V

PHILIPPE II D'ESPAGNE. — L'HOMME ET LE ROI

§ 1. — *Enfance.*

« Cette première éducation, donnée par une mère tendre et vertueuse, a toujours autant d'influence sur notre avenir que les qualités naturelles les plus précieuses. »

NAPOLÉON III, *Histoire de Jules César.*

(Paris, Plon, 1865), I, p. 255.

Au mois de mars 1526 fut célébré à Séville le mariage de l'empereur Charles-Quint avec la jeune princesse portugaise Isabelle fille d'Emmanuel le Fortuné (1469-1521) et de Marie (1482-1517), fille des « rois catholiques ». Jamais la capitale de l'Andalousie n'avait été le théâtre de fêtes aussi brillantes que celles qui accompagnèrent cet heureux événement, dont les chroniqueurs contemporains parlent avec respect et enthousiasme. Le jeune couple princier passa sa lune de miel à Grenade et se rendit ensuite à Valladolid (179), la plus belle ville de la vieille Castille, où Charles transférait souvent sa résidence de Tolède (180), la capitale officielle.

Le mardi 21 mai 1527, vers le coucher du soleil, l'impératrice donna le jour à un fils dans l'antique château royal de Valladolid. A la cour et dans le peuple tout entier, la joie ne connut plus de bornes quand se répandit la nouvelle de la naissance d'un héritier du trône. L'on se mit en toute hâte à préparer de grandes fêtes ;

combats de taureaux, tournois, feux d'artifices et illuminations. Mais le lendemain arriva l'alarmante nouvelle que, le 6 mai, le duc Charles de Bourbon (le connétable, 1489-1527) avait pris d'assaut et pillé la capitale de la chrétienté et que le Saint Père était prisonnier au château Saint-Ange (181). Quoique l'empereur eût voulu punir le pape de sa politique intrigante, il n'aurait cependant jamais permis qu'un tel outrage fût infligé au vicaire du Christ. C'est pourquoi, saisi d'une vive douleur, il contremanda toutes les fêtes et implora aussitôt son pardon en écrivant au pape une longue lettre pleine de regrets et d'excuses.

L'héritier du trône fut baptisé, le 5 juin, à Valladolid, dans l'église San-Pablo, par l'archevêque de Tolède, don Alfonso de Fonseca (1476-1534) (182), qui donna à l'enfant le nom de « Felipe » qu'avait porté le père de l'empereur, Philippe le Beau d'Autriche. Cette cérémonie ne donna pas lieu non plus à des réjouissances publiques importantes (183).

Dès le 19 avril de l'année suivante, les Cortès de Castille prêtèrent le serment de fidélité au prince Philippe. La cérémonie eut lieu à Madrid et, cette fois, l'événement put être célébré par de joyeuses fêtes dans toutes les villes importantes d'Espagne.

Durant les premières années de sa vie, Philippe fut soigné et protégé par sa pieuse mère et la dame d'honneur de celle-ci, Leonor de *Mascarenhas* († 1584), qui était issue d'une famille noble portugaise. En 1528, il eut une sœur, Marie, qui partagea avec lui la tendre sollicitude de ces deux grandes dames. Déjà au commencement de 1529, l'empereur dut quitter l'Espagne pour se rendre en Italie et il ne revit ses enfants que plusieurs années après.

Cette première éducation sous la surveillance de sa mère et d'autres dames pieuses produisit les meilleurs résultats dans l'âme tendre et impressionnable de l'enfant. Le caractère doux et affectueux de l'impératrice ne manqua pas de se communiquer au petit prince qui se fit remarquer, de bonne heure, par son obéissance, sa docilité et une gravité surprenante. Mais il faut avouer que le cérémonial qui l'entourait, n'était pas de nature non plus à exciter la gaîté et le plaisir de vivre. Sa mère lui inculqua, dès sa plus tendre enfance, l'idée de la dignité pour laquelle il était né, et elle exigeait qu'il fût traité avec tous les égards dus à l'héritier du « plus grand empereur que la chrétienté eût jamais vu (184). »

Lorsque Philippe eut atteint sa septième année, l'empereur crut le moment venu de lui composer une maison personnelle (185) et de lui faire donner une instruction suivie. L'on sait que Charles avait jeté les yeux sur un Flamand, le célèbre humaniste et jurisconsulte *Viglius* ab *Aytta Zuichemus* (1507-1577) pour en faire le professeur d'humanités de Philippe, mais que, par modestie, ce savant déclina cette offre honorable. On prétend que, plus tard, Philippe exprima son regret de ne pas avoir eu Viglius pour professeur (186).

La mission d'instruire le prince dans les branches ordinaires d'enseignement fut confiée à Juan *Martínez Siliceo* (1497-1557) (187) qui, à cette époque, était professeur à Salamanque. Siliceo était un homme pieux et très instruit pour ce temps, mais ne se distinguait pas par une intelligence supérieure.

Les facultés de Philippe semblaient ne se développer qu'avec une certaine lenteur ; mais il faisait preuve d'une rare ténacité et son esprit fut dominé de bonne heure par un sentiment profond du devoir. Rarement un maître eut un élève plus obéissant. plus consciencieux et plus docile. Son amour de l'exactitude lui donnait des dispositions particulières pour les mathématiques et l'architecture et il se montrait en possession d'un talent artistique peu commun. Il apprit à écrire le latin avec élégance et correction grâce aux progrès considérables qu'il fit dans la grammaire de cette langue. Il comprenait le français et l'italien, mais n'apprit jamais à parler ces idiomes couramment. Quant à l'espagnol et au portugais, les langues de sa mère, il les aimait par-dessus toutes les autres ; mais il ne parvint, néanmoins, jamais à s'exprimer avec éloquence, même en celles-là. Il parlait toujours lentement, correctement et avec beaucoup de réflexion et, dès son enfance, il manifesta une prédilection particulière pour la parole écrite (188).

On a reproché à Siliceo d'avoir été trop complaisant envers son royal élève en ne réagissant pas contre la gravité mélancolique qui pesait sur l'esprit du prince. Siliceo gagna la confiance et l'affection de Philippe au point d'être trouvé digne des plus hautes charges ecclésiastiques. Dès 1545, et quoiqu'il n'eût que 48 ans, il fut nommé archevêque de Tolède et, en 1557, il reçut le chapeau de cardinal.

Le second professeur et gouverneur de Philippe fut don Juan de *Zúñiga*, « comendador mayor » de Castille, qui appartenait à l'une des plus anciennes familles de la haute noblesse castillane. Cet homme supérieurement doué et d'une culture intellectuelle raffinée réunissait toutes les qualités requises pour inculquer au prince les connaissances étendues qu'exigeait sa haute dignité. Zúñiga était un homme de mœurs austères et d'un attachement profond à l'Eglise ; il s'attacha particulièrement à combattre ce qui, de bonne heure, se manifesta de sombre et de taciturne dans le caractère de Philippe. C'est sous la conduite de cet excellent maître que le prince s'exerça dans le maniement des armes, à la chasse et à d'autres pratiques de chevalier, qu'il apprit à se connaître lui-même avec ses forces physiques, et que d'un enfant frêle, timide et même chétif, il se développa au point de devenir un jeune homme sain, courtois et conscient de lui-même.

L'enfance du prince Philippe s'écoula, sous la surveillance de ces deux maîtres, dans l'atmosphère de contrainte et de froideur de l'étiquette de la cour (189). Parmi les enfants de la haute noblesse qui, comme pages, partageaient l'éducation du prince, se trouvait le Portugais Ruy *Gómez de Silva* (1522-1578) avec qui Philippe se lia, pour la vie, d'une étroite amitié, et qui joua plus tard un rôle si important (190). Nous ne possédons pas beaucoup de renseignements sur ces années d'étude. Nous savons que le prince se distinguait par une intelligence calme et réfléchie, une manière d'être douce et prévenante, une grande énergie et un empire extraordinaire sur lui-même qui se convertit en une fermeté de caractère et un équilibre que rien ne put ébranler plus tard (191).

A l'âge de 12 ans le prince reçut une leçon brutale de la fragilité de cette vie. Sa pieuse et tendre mère (192) mourut à Tolède, le 1er mai 1539, après avoir donné le jour à un enfant qui expira presque au même instant qu'elle. Le lendemain sortit de Tolède, avec Philippe à sa tête, un cortège funèbre immense qui prit le chemin de Grenade pour aller inhumer l'impératrice dans le superbe caveau des « rois catholiques ». L'empereur Charles-Quint se retira dans un couvent, sis en dehors de la ville, où, pendant huit semaines, il pleura la perte de son épouse chérie (193).

C'est à ces funérailles que plusieurs historiens (194) rattachent l'émouvant récit de la conversion du fier et ambitieux marquis de *Lombay* (1510-1572), plus tard duc de Gandie, événement qui donna un saint à l'Eglise et un général à l'ordre des Jésuites. On raconte que, lorsque le cortège arriva à Grenade et que l'on ouvrit le cercueil, le visage de l'impératrice autrefois si belle avait pris un aspect si hideux et si horrible qu'il était devenu méconnaissable. Le marquis de Lombay qui, conjointement avec d'autres grands, avait reçu la mission de déposer le cadavre dans sa dernière demeure, n'osa pas jurer que c'était là le corps inanimé de sa souveraine adorée. Il fut tellement saisi par ce spectacle de la corruptibilité qu'il résolut de renoncer à sa brillante situation à la cour, de dire adieu au monde et de consacrer désormais sa vie au service de l'Eglise. Plus tard, il entra dans la « Compagnie de Jésus » de Loyola, prit le nom de François de Borgia et mourut troisième général des Jésuites (1572). Cent ans plus tard, il fut canonisé par Clément X.

*
* *

L'empereur s'était réservé à lui-même l'éducation politique et diplomatique de Philippe. Il commença de bonne heure à initier l'héritier du trône à la situation politique compliquée de l'époque et à lui inculquer les principes fondamentaux du grand art de gouverner. Le prince reçut une impression profonde de l'éminente sagesse politique de son père, et il chercha avec son énergie tenace, à s'approprier les fruits de la grande expérience de l'empereur.

Peu de temps après la mort de l'impératrice, Charles dut de nouveau quitter l'Espagne pour réprimer une insurrection qui venait d'éclater à Gand, sa ville natale. De là, il se rendit à Ratisbonne pour y assister aux longues négociations religieuses qui prouvaient l'influence croissante des Protestants et qui lui arrachèrent plus tard le fameux *Interim*.

C'est de ces années que datent les revers politiques de l'empereur. En même temps, des corsaires africains commencèrent à ravager les îles et les côtes de la Méditerranée occidentale et l'empereur résolut, malgré les conseils d'André *Doria* (1466-1560), d'entreprendre une expédition pour châtier et conquérir Alger. Mais la tempête et les Turcs dispersèrent la flotte espagnole et, exténué de fatigue et plongé dans le découragement, l'empereur débarqua à Carthagène, en décembre 1541 (195).

Une lettre écrite de la main même de Philippe lui apporta du soulagement dans sa douleur. Par des paroles dignes et éloquentes, le fils y cherche à consoler le père en lui faisant considérer la volonté souveraine de Dieu dans ces événements. Quoique l'on trouve la teneur de cette lettre dans Cabrera (196), certains historiens modernes en ont néanmoins contesté l'authenticité (197). Mais ceux qui connaissent le caractère sérieux de Philippe et l'intimité dans laquelle il vivait avec son père, ne trouvent aucune raison décisive pour en rejeter l'authenticité.

L'année 1542 fut très importante pour la formation du prince Philippe ; car l'empereur la passa en Espagne et continua l'éducation politique de son fils. Souvent il se sentait fatigué et soucieux et sa santé était loin d'être toujours satisfaisante (198). On prétend que ce fut déjà à cette époque qu'il sentit naître le désir de renoncer au trône et de se retirer dans un couvent (199). Aussi rien ne lui tenait-il tant au cœur que la question de la succession au trône, et c'était avec une joie profonde qu'il voyait les dispositions de son fils se développer précisément dans le sens qu'il désirait.

La même année, nous voyons Philippe participer, pour la première fois, à une expédition guerrière. Jusque-là son éducation militaire n'avait été que théorique ; mais il eut alors l'occasion de marcher contre les ennemis héréditaires de son pays, les Français. Une armée française, forte de 40.000 hommes et ayant à sa tête le jeune dauphin Henri (1519-1559), avait attaqué Perpignan, et l'empereur avait confié à son fils ainsi qu'au duc d'Albe la mission de chasser l'ennemi. Mais cette campagne s'accomplit sans coup férir ; car, lorsque les Français apprirent qu'Albe s'approchait, ils levèrent précipitamment le siège de Perpignan et évacuèrent le Roussillon (200).

A son retour de cette expédition, Philippe fut reçu avec un enthousiasme indescriptible ; c'était la première fois qu'il se révélait au public et le peuple considérait le succès de sa mission comme un heureux présage pour son règne. Et l'on put dès lors considérer la popularité de Philippe comme solidement établie en Espagne. Comme la situation était différente 25 ans auparavant, lorsque Charles-Quint arriva en Espagne et eut de la peine à se faire reconnaître ! . .

Au mois d'août de la même année, les Cortès d'Aragon prêtèrent, à Monzón (201), le serment de fidélité à Philippe et le reconnurent solennellement comme héritier présomptif d'Aragon, de la Catalogne et de Valence. Enfin, le 21 octobre dans « la Seo » (202) ou cathédrale de Saragosse, le prince prêta serment de fidélité aux anciens « fueros » du royaume.

*
* *

Il nous reste à tracer le portrait de l'extérieur de Philippe. C'est maintenant un adolescent de près de 16 ans qui ressemble beaucoup à son père. Tous les écrivains contemporains et même les ambassadeurs vénitiens s'accordent à dépeindre son aspect comme à la fois affable et attrayant, quoique majestueux et digne. Il était d'une complexion délicate, petit, mais très bien proportionné. Son visage était d'une beauté régulière, et si son grand-père, l'archiduc d'Autriche, n'avait pas déjà été surnommé « le Beau », il y aurait eu suffisamment de raisons pour appliquer cette épithète au fils de Charles-Quint. Il avait les yeux grands et bleus, la barbe et les cheveux blonds et le nez droit. La bouche était la partie la moins attrayante de ce sympathique visage. Les lèvres étaient trop épaisses, et l'inférieure portait (203) la marque sensible de l'origine habsbourgeoise de Philippe, quoique la mâchoire inférieure de celui-ci fût moins saillante que celle de son père et de ses descendants. Il y eut même un auteur contemporain qui trouvait cette irrégularité très avantageuse pour Philippe (204). Son teint était frais et un peu pâle.

Le prince s'habillait avec une certaine simplicité distinguée, toujours d'une manière fort élégante, presque recherchée et, après 1568, invariablement en noir — « avec un goût et un soin que l'on pourrait difficilement imaginer plus parfaits », comme s'exprime un ambassadeur vénitien (205).

En ce qui regardait son extérieur, le jeune Philippe était fort peu espagnol. Mais sa manière d'agir était empreinte du sentiment de sa dignité et son caractère sérieux et réservé faisait de lui, pour les Espagnols, l'idéal d'un souverain.

C'est à tort néanmoins que l'on a dépeint ce prince comme un sombre mélancolique qui jamais ne souriait (206) ni ne se montrait jovial. Il était d'une humeur très égale qui ne se laissait jamais entraîner à des propos amers ou inconsidérés (207), et lorsqu'il se trouvait parmi les siens au sein de sa famille, il savait se défaire complètement de cette enveloppe de gravité et d'étiquette dans laquelle sa haute dignité le tenait enfermé (208).

Nous ne connaissons pas de portrait de Philippe comme enfant (209); mais nous mentionnons ici les portraits les plus importants qui sont encore conservés au musée de Prado, à Madrid.

Titien pinx. *Galleria Pitti No. 200.*

LE PRINCE PHILIPPE A L'AGE DE 23 ANS

Du Flamand Antonis Mor (Antonio Moro, 1512-1578), il existe un portrait à l'âge de 30 ans. Du Titien (Tiziano Vecellio 1477-1576) nous possédons un portrait en pied et de grandeur naturelle. Il représente le jeune prince revêtu d'une armure légère, richement ciselée. La main gauche repose sur la poignée de l'épée, tandis que la droite s'appuie sur le casque. L'espagnol Juan Pantoja de la Cruz (1551-1610) a peint Philippe à un âge plus avancé. Il est représenté revêtu d'un manteau noir, d'une fraise blanche et d'un chapeau haut de forme de soie noire (sombrero de rizo).

---

§ 2. — *Philippe est préparé à la dignité royale.*

> « Etre de bonne heure homme ne consiste pas à croire qu'on l'est ou à souhaiter de l'être ni à être grand de corps, mais uniquement à posséder assez de jugement et de raison pour faire les œuvres de l'homme bon, intelligent et honnête. »
>
> Charles-Quint à Philippe, 1543.

Déjà en mai 1543, Charles-Quint dut de nouveau quitter la péninsule; mais Philippe était alors assez âgé pour remplir les fonctions de régent en Espagne. La connaissance de la politique que l'enseignement consciencieux de son père lui avait inculquée, devait désormais être mise en pratique. Il connaissait ses devoirs et il savait combien de travail l'attendait. L'empereur mit à ses côtés comme conseillers, trois des hommes les plus éminents du pays : le cardinal archevêque Juan *Tavera* († 1545), le secrétaire d'Etat Francisco de los *Cobos* (210) († 1547) et Fernando de *Valdes* († 1568), plus tard archevêque de Séville et grand inquisiteur. Devaient également exercer une certaine influence sur les affaires de l'Etat : le duc d'Albe (Fernando Álvarez de Toledo, duque de

Alba (211), (1508-1582), nommé peu auparavant, généralissime de Castille et d'Aragon ; le cardinal archevêque de Séville *García de Loaysa* (1479-1546), ainsi que les deux précepteurs de Philippe mentionnés plus haut, Siliceo et Zúñiga.

Au moment de quitter l'Espagne, l'empereur envoya à Philippe deux lettres ou instructions autographes secrètes (212), documents extrêmement importants pour l'intelligence de la situation et des hommes de cette époque. Dans ces deux écrits détaillés, Charles caractérise, avec une grande sagacité psychologique les bonnes qualités et les défauts personnels des conseillers précités et dévoile aux yeux d'un prince de 16 ans les replis les plus secrets du cœur de ces hommes d'Etat âgés et expérimentés. Philippe doit se tenir en garde contre tous, afin qu'aucun d'entre eux n'acquière une influence politique trop grande (213).

Dans la première instruction, l'empereur s'étend également sur ce qui regarde Philippe personnellement : il souhaite le voir bientôt marié, afin que la succession au trône puisse être assurée et il veut que Juan de Zúñiga (214) exerce une espèce de surveillance sur sa vie conjugale, pour qu'il n'en arrive pas avec Philippe comme avec le prince don Juan — « après qui je devins l'héritier de ces royaumes » (215).

Charles avait déjà nourri, pendant une couple d'années, des plans relatifs au mariage de Philippe. Il aurait bien voulu une union qui consolidât la politique de l'Espagne à l'étranger et affermît ou étendît les possessions territoriales du pays. Il pensa et à *Marguerite* († 1574), fille de François Ier) et à Jeanne d'*Albret* (1528-1572), héritière du Béarn et de la Navarre ; mais ces plans se montrèrent irréalisables et l'empereur résolut enfin que Philippe irait chercher sa fiancée en Portugal, dans la famille royale et étroitement apparentée à la sienne. Jean III (1502-1557) était le frère de la mère de Philippe et il était marié avec la sœur cadette de Charles, Catalina (1507-1578). Leur fille *Marie Manuela* (1527-1545) qui était ainsi à double titre cousine de Philippe, fut choisie pour sa fiancée et le jeune prince approuva ce plan avec enthousiasme. Les médecins et les moralistes de cette époque n'objectaient rien à l'union de deux individus d'une parenté aussi proche, petits-enfants tous deux de Jeanne la Folle (Juana la Loca 1479-1554). Aussi leur fils don Carlos fut-il un triste exemple de la dégénérescence de la race.

En novembre 1543, Philippe et Marie célébrèrent leurs noces à Salamanque avec une grande magnificence (216).

Après de nombreux jours de réjouissances dans l'antique et aristocratique cité universitaire, les nouveaux mariés se mirent en route pour Valladolid et furent partout l'objet de marques particulières d'honneur et de transports d'enthousiasme de la part des populations. A Tordesillas, le couple princier visita sa grand'mère commune, et la vieille reine douairière qui était née pour porter la couronne d'Espagne, mais qui, pendant bientôt 40 ans, avait vécu là oubliée du monde, se réjouit fort à la vue de ses petits-enfants (217).

Le bonheur conjugal de Philippe ne fut que de courte durée. Il aimait sincèrement sa douce et pieuse cousine ; mais leur union ne dura qu'un an et demi ; car après que doña Maria eut donné le jour à un fils, le 8 juillet 1545, sa force vitale se trouva épuisée et elle mourut quatre jours plus tard (218).

Pour pleurer cette perte douloureuse, Philippe se retira pendant quelques jours, dans le petit couvent d'Abrojo, près de Valladolid. Environ deux mois après, il reçut de l'empereur une affectueuse lettre de consolation qui lui recommandait de porter sa douleur avec la même résignation chrétienne dont lui, l'empereur, avait fait preuve quand il perdit la pieuse mère de Philippe.

Peu de temps après mourut le cardinal Tavera, et, quelque deux ans plus tard, Francisco de los Cobos. Albe avait dû courir au secours de l'empereur en Allemagne, de manière que Philippe fut obligé de ne compter que sur lui-même. En l'année 1546, l'empereur l'investit du duché de Milan, à quoi son frère Ferdinand, roi de Bohême et de Hongrie, donna son consentement formel à Rastibonne (219). En même temps, Charles commença ses efforts en vue de faire reconnaître Philippe comme son successeur à la dignité impériale et se rendit compte de la nécessité de le faire venir en Allemagne, afin d'augmenter ses chances auprès des princes électeurs, et aux Pays-Bas, afin qu'il apprît à connaître ses futurs sujets. Depuis leur séparation, en 1543, le père et le fils avaient entretenu une correspondance autographe nourrie qui, peu à peu, avait initié Philippe à tous les secrets les plus profonds de la diplomatie européenne, et lui avait donné des conseils et des instructions fort sages touchant la régence de l'Espagne.

Pendant l'été de 1548, l'on commenca en Espagne à faire des préparatifs en vue du grand voyage du prince régent. Sur ces entrefaites, Charles et Ferdinand avaient négocié le mariage de leurs enfants, Marie (1528-1603) et Maximilien (1527–1576). Leurs noces furent célébrées à Valladolid, le 17 septembre 1548, et les nouveaux mariés furent chargés, en même temps, de la régence de l'Espagne pendant l'absence de Philippe.

Quand Albe revint en Espagne pour chercher Philippe, il était porteur d'un document politique, important pour celui-ci, un « Aviso ó Instrucción », daté d'Augsbourg, 18 janvier 1548. Ce long mémoire politique est une nouvelle preuve du génie de Charles-Quint comme homme d'État. C'est une récapitulation de conseils et d'instructions pour un souverain, un aperçu de la situation diplomatique de l'Europe et de l'attitude des grandes puissances vis-à-vis de l'Espagne. L'histoire n'offre pas souvent des documents qui donnent une image aussi claire et aussi objective d'une époque et qui dévoilent en même temps les pensées et les sentiments les plus intimes de leur auteur (220).

Il n'entre pas dans le cadre que nous nous sommes tracé, de nous étendre sur les particularités de ce document. Qu'il nous suffise de dire que Philippe se pénétra, avec son énergie habituelle de son esprit et de sa lettre et que, dans la suite, il exerça une influence considérable sur ses actions politiques.

Parmi les instructions qu'Albe rapporta de la part de l'empereur, il y en avait une qui était de nature à exciter quelque mécontentement chez les Espagnols et chez Philippe lui-même. Charles commandait notamment au prince de réformer le cérémonial de la cour et d'organiser celle-ci « á la borgoñona » — à la bourguignonne (221). L'antique simplicité castillane fut donc remplacée par un cérémonial compliqué avec une foule de nouvelles charges qui furent surtout confiées aux grands et à d'autres membres de la haute noblesse. De cette manière, Philippe fut lié personnellement aux hommes les plus importants du royaume qui tous recherchaient à l'envi son amitié et sa faveur. Quoique le prince constamment fidèle aux conseils et aux instructions de son père, fût sur ses gardes pour qu'aucun fonctionnaire n'exerçât une trop grande influence sur lui-même ou sur le gouvernement, il se forma, néanmoins, à la cour deux partis dont la rivalité fut parfois très vive.

A la tête de l'un des partis se trouvait le duc d'Albe lui-même (222) qui, à cause de son âge, de son autorité auprès de l'empereur et de ses qualités militaires, se sentait appelé à jouer un rôle politique. L'autre parti se groupait autour de Ruy Gómez de Silva qui, comme nous l'avons vu, était l'ami intime de Philippe depuis leur enfance (223).

Le 1er octobre Philippe quitta Valladolid pour commencer son premier grand voyage à l'étranger, voyage qui fut d'une importance capitale pour sa formation intellectuelle et politique. Jusque-là, il n'avait été entouré que d'Espagnols et maintenant aussi sa nombreuse suite ne se composait que de grands d'Espagne et de hauts fonctionnaires de la cour à la tête desquels se trouvaient Albe et Ruy Gómez. Par Barcelone, Gênes, Milan, le Tyrol, Munich et Heidelberg, les illustres voyageurs se rendirent, en six mois de temps, de Valladolid à Bruxelles. Nous ne nous attarderons pas ici à relater tous les honneurs et toutes les fêtes dont fut l'objet « le futur héritier du monde », « l'espoir du siècle » et autres titres d'un loyalisme exagéré dont les sujets de l'empereur saluaient le prince dans les villes de l'Italie et de l'Allemagne du Sud. Ce voyage, a été décrit si souvent et d'une manière si détaillée

— aussi par des historiens modernes — que nous ne croyons pas devoir en mentionner ici les particularités (224).

Cependant, pour Philippe personnellement, ce voyage triomphal à travers ses propres Etats et ceux de son père ne fut guère une source d'encouragement et de joie. Il est vrai qu'il participait aux fêtes avec un intérêt apparent ; mais son entourage remarqua bientôt qu'il ne le faisait que par devoir et parce que sa situation l'exigeait. Arrivé à Bruxelles, où son père l'attendait avec impatience, il dut se disposer à de nouveaux sacrifices. Le temps était venu, en effet, où il devait être présenté à toute la noblesse flamande et aux représentants des Etats. Mais Philippe n'avait pas eu l'occasion d'apprendre le flamand et ne parlait même que difficilement le français. Il lui était également fort difficile de modifier ses habitudes espagnoles. Bref, malgré sa jeunesse, il était d'un espagnol tellement stéréotypé qu'il fut pris d'une cuisante nostalgie (225). Il sentait une aversion profonde pour l'amour des plaisirs et les mœurs déréglées des Flamands, et il lui était impossible de se montrer affable et, à plus forte raison, familier envers les grands seigneurs de ce peuple. Le contraste entre le caractère de Charles et celui de Philippe ne se montra jamais d'une manière aussi claire et aussi tranchante que dans cet entourage flamand. Dans les occasions où il parut en public, Philippe se montra tout aussi raide, taciturne et gêné que Charles savait être affable et familier (226).

Lorsque, au printemps de 1550, Charles se rendit avec Philippe à Augsbourg dans l'espoir de le faire reconnaître comme roi des Romains par les princes électeurs et par son frère Ferdinand, il n'obtint d'autre résultat que d'affaiblir sa propre autorité et de faire détester la domination espagnole encore plus qu'elle ne l'avait été jusque-là.

La vie parmi les seigneurs allemands dut choquer la nature froide et modérée de Philippe à un plus haut degré encore que ce n'avait été le cas en Flandre. Les bâfrées et les orgies étaient à l'ordre du jour (227) et quoique, à la prière de l'empereur, le prince se forçât de boire le double de ce à quoi il était habitué et qu'il pouvait supporter, il fut néanmoins taxé de fierté et de suffisance.

Avec la visite d'Augsbourg, le programme du voyage de Philippe se trouvait réalisé. L'empereur avait réussi à amener le roi Ferdinand à reconnaître, d'une manière privée, le prince comme son successeur à la dignité impériale, malgré que l'on pût prévoir que les princes électeurs ne consentiraient jamais à cette combinaison. Sur ces entrefaites, l'archiduc Maximilien était revenu d'Espagne et Philippe demanda à son père l'autorisation de partir, afin de reprendre le gouvernement de son propre pays.

Le 12 juillet, le prince débarqua à Barcelone et se rendit aussitôt à Valladolid. En ce qui regarde Philippe, le meilleur résultat du voyage consistait dans le temps qu'il avait passé auprès de l'empereur qui, journellement, avait consacré plusieurs heures à continuer en particulier l'instruction de son fils dans l'art de gouverner. Durant les trois années suivantes, tandis que Charles essuyait des revers et des défaites, Philippe gouverna l'Espagne avec tant d'habileté qu'il put même envoyer des troupes et de l'argent à son père.

Lorsqu'en Angleterre, Edouard VI (1537-1553) mourut inopinément (6 juillet), les grands projets politiques de l'empereur prirent une autre direction. Il s'ouvrait là des possibilités d'importantes combinaisons, réalisables par une union avec Marie la Catholique (1516-1558) qui était d'ailleurs fille de Catherine d'Aragon (1485-1536), tante de l'empereur. Vers ce temps, Philippe avait jeté les yeux sur l'infante portugaise Marie, fille de son grand-père Emmanuel le Fortuné et de sa tante Eléonore (1499-1558) (228) ; mais quand il comprit qu'il pouvait favoriser davantage les intérêts de l'Eglise et de l'Etat par une alliance avec l'Angleterre, il se montra aussitôt disposé à ce dernier parti. Il ne pouvait guère se figurer de mission plus élevée que la collaboration au retour dans le giron de l'Eglise de la schismatique Angleterre.

Après que le projet de mariage eût été mûri par de longues négociations et que la princesse Jeanne (1535-1573) eût été chargée de la régence de l'Espagne, Philippe put quitter la Corogne, le 13 juillet (229), avec une flotte de plus de 100 voiles (230). L'empereur avait auparavant instruit Philippe d'une manière minutieuse de la façon de se conduire vis-à-vis des Anglais qu'il s'agissait de gagner par son affabilité personnelle (231). Il devait s'efforcer de se faire des amis dans la noblesse et se montrer souvent au peuple. Il ressort des précautions que l'empereur jugea nécessaires, qu'on n'était pas sûr d'une réception bienveillante dans ce pays où l'hérésie avait fait de si grands progrès. Il convenait que Philippe et sa suite portassent une armure sous leurs vêtements, et les navires devaient jeter l'ancre aussi près que possible du port. Il fut également recommandé au prince d'apprendre un peu d'anglais, afin d'être à même d'employer, en tout cas, les formules ordinaires de la politesse (232).

Nous ne pouvons pas décrire les faits particuliers de ce voyage ; qu'il nous suffise de dire que Philippe produisit une impression autrement avantageuse sur les Anglais qu'il ne l'avait fait autrefois sur les Flamands et les Allemands. Il était l'amabilité même (233). C'était surtout vis-à-vis des dames qu'il était cordial et, dans les présentations, il les baisait toutes « les jeunes filles comme les matrones, afin de ne pas violer les coutumes du pays », comme dit une relation espagnole contemporaine (234). Les noces de Philippe et de Marie furent célébrées à Winchester, le 25 juillet, fête de saint Jacques, patron de l'Espagne. A cette occasion, l'empereur avait investi son fils du royaume de Naples.

Les versions relatives aux rapports de Philippe et de son épouse anglaise sont fort contradictoires. Le Vénitien Federico *Badoero* affirme que les deux époux se haïssaient mutuellement (235). Cette déclaration est en opposition formelle avec une lettre, écrite par un personnage de la suite de Philippe à un ami d'Espagne et où l'auteur fait ressortir, par les expressions les plus énergiques, combien est vif l'amour qu'ils se portent. Et cela l'étonne d'autant plus, en ce qui concerne Philippe, que, comme il l'ajoute, la reine « n'est nullement belle, étant petite, plutôt maigre que grasse, très pâle, fort blonde et sans sourcils, et s'habille très mal » (236).

On ne peut guère supposer que Philippe ait été particulièrement épris de la cousine de son père laquelle était déjà sur l'âge ; mais on ne peut pas douter non plus qu'il ne se soit conduit envers elle avec intelligence, prudence et correction. Il ne fit aucun effort non plus pour acquérir de l'influence sur le gouvernement du pays et il s'abstint complètement de se mêler de ces persécutions sanglantes qui ont valu à la reine Marie son surnom historique exécré. Nous savons qu'au contraire il s'efforça de diminuer les cruautés en intercédant pour plusieurs personnes (237). Il fit preuve, en même temps, d'une grande munificence et déploya un éclat qui était bien de nature à produire une profonde impression sur les Anglais.

Mais Philippe témoigna un vif intérêt au retour de l'Angleterre au catholicisme, et les ecclésiastiques espagnols de sa suite se livrèrent avec zèle à la propagande (238). Déjà à la fin de novembre 1554, le cardinal Reginald *Pole* (1500-1558) put recevoir de nouveau le peuple anglais dans le giron de l'église romaine.

Le second but de Philippe en contractant cette union avec la reine d'Angleterre était d'assurer la succession au trône d'une dynastie hispano-anglaise. Peut-être qu'à cette époque déjà, il nourrissait des pressentiments pleins d'angoisse pour l'avenir de don Carlos ; tandis qu'un prince issu de lui et de Marie devait écarter du trône la protestante Elisabeth et assurer ainsi la suprématie du catholicisme en Europe. Mais ces espérances furent déçues et la politique de l'empereur dut compter de nouveau avec la possibilité de bouleversements en Angleterre.

Sur ces entrefaites, la situation sur le continent était devenue si difficile, la santé (239) de Charles était tellement ébranlée et son humeur si déprimée, qu'il croyait le temps venu de laisser à son fils le fardeau du gouvernement. Il sentait que la fortune l'avait abandonné, « parce que » — comme il aurait dit en plaisantant — « c'est une femme qui n'aime que les jeunes » (240).

Le 10 septembre 1555, le roi Philippe arriva à Bruxelles, où il fut reçu avec une joie débordante par son père découragé qui vit enfin le temps venu de mettre à exécution le dessein héroïque qu'il avait nourri pendant des années.

La première dignité à laquelle l'empereur renonça fut celle du grand maître de la Toison d'Or. Cet ordre extrêmement distingué, institué, en 1429, par le duc de Bourgogne Philippe le Bon, à l'occasion de son mariage avec Isabelle de Portugal, ne comptait pour membres que des princes et des personnages de la plus haute noblesse. La dignité de grand-maître était possédée par droit d'hérédité, de la maison de Bourgogne à Charles-Quint et resta, depuis, inhérente à la royauté espagnole (241).

Charles avait fixé au 25 octobre la cérémonie de son abdication. Il pouvait, en toute sécurité, confier à un fils de près de 29 ans les charges qu'il ne se sentait plus capable de porter lui-même. Il l'avait instruit, pendant de longues années, de l'art compliqué de la politique et, comme nous l'avons vu, il avait résumé, en plusieurs occasions, ses conseils et ses instructions dans des documents remarquables qui, n'étant pas destinés à la publicité, possèdent une si haute valeur historique et psychologique.

Dans la matinée de ce vendredi d'octobre, Charles eut une conférence de plusieurs heures avec son successeur. Ce fut dans cette circonstance qu'il lui donna verbalement sa dernière instruction, destinée à servir de guide au jeune roi dans l'art de gouverner. Cette instruction est un des « documents humains » les plus précieux de l'histoire ; elle est marquée au coin d'un génie politique admirable. Malheureusement le texte espagnol en semble perdu ; je l'ai cherché en vain dans les archives espagnoles, italiennes et françaises. Mais ce document fut bientôt en grande faveur parmi les princes, les diplomates et les historiens ; on en a une preuve dans le nombre considérable de copies, surtout italiennes, qui, au XVIe et XVII siècle, étaient répandues dans leur milieu et dont une partie se conserve encore dans plusieurs bibliothèques (242).

En l'année 1699, le huguenot français Antoine *Teissier* (1632-1715), qui était protégé par le prince électeur Frédéric III, en publia une traduction française, d'après une copie italienne ayant appartenu à *Christine*, reine de Suède (1626-1689) (243), et, il y a quelques années, Bruno *Stübel* (244) en a fait paraître une traduction allemande datant d'autour de 1575.

Il ne faut pas confondre cette instruction avec celle qui se trouve dans l'ouvrage du financier de Brunswick-Wolfenbüttel Georges Engelhard *Löhneyss* (1552-1622). *Aulico-Politica*, etc. (Remlingen, 1624), et qui est intitulée : *Keyser Caroli des Fünfften Lehren, die er seinem Sohne Philippo vor seinem Ende gegeben, jungen Herrn sehr nötig zu wissen.* Celle-ci est, en effet, entièrement apocryphe (245).

Le 25 octobre, à 3 heures de l'après-midi, une assemblée très distinguée et fort représentative remplissait la grande salle du palais de Bruxelles. De la famille de l'empereur étaient présents : ses deux sœurs, Eléonore, reine douairière de France, et Marie (1505-1558), reine douairière de Hongrie et gouvernante des Pays-Bas; la belle princesse danoise Christine (1529-1591), fille de Christian II, laquelle vivait à la cour impériale comme veuve du duc François de Lorraine (1518-1546), et le duc Emmanuel-Philibert de Savoie (1528-1580) dont la mère Béatrice de Portugal (1504-1538) était sœur de l'impératrice Isabelle. L'assemblée était constituée par les chevaliers de la Toison d'Or, les hauts fonctionnaires du gouvernement, les ambassadeurs étrangers et les représentants des Etats et de la bourgeoisie.

L'empereur occupait un trône, entouré de sa famille, et Emmanuel-Philibert, comme président du conseil de Flandre, ouvrit la séance par un long discours français, d'une forme très soignée, dans lequel il énumérait les motifs qui avaient porté l'empereur à prendre la résolution qu'il était sur le point d'exécuter. Après cela, Charles se leva avec une difficulté visible et, s'appuyant de la main gauche sur l'épaule de son protégé Guillaume d'Orange, et, de la main droite, sur un bâton, il prit la parole en ces termes :

— Mes amis, quoique Philibert vous ait communiqué les raisons qui m'ont porté à renoncer à ces pays et à en céder le gouvernement et la conduite à mon fils, je désire néanmoins faire personnellement quelques remarques. Vous vous rappelez encore que, le 5 février, il y avait 40 ans qu'en ce même lieu, mon grand-père l'empereur Maximilien m'affranchit de tutelle et me déclara majeur à l'âge de 15 ans.

Après avoir ensuite passé en revue les événements les plus importants de sa vie, l'empereur en résuma le résultat par ces paroles célèbres que peut-être aucun autre souverain au monde n'a pu prononcer :

— J'ai été neuf fois en Allemagne, six fois en Espagne, sept fois en Italie ; je suis venu dix fois ici en Flandre ; j'ai pénétré, en temps de paix et en temps de guerre, quatre fois en France, deux fois en Angleterre et deux fois en Afrique : ce qui fait en tout quarante expéditions, sans compter les voyages moins longs que j'ai effectués pour visiter mes différents pays. J'ai traversé huit fois la Méditerranée, et trois fois l'Océan, et maintenant ce sera la quatrième fois, quand je me rendrai en Espagne pour y chercher mon tombeau.

Charles continua à s'étendre longtemps encore sur sa carrière politique et il exprima le regret de devoir renoncer à son œuvre avant d'avoir établi dans ses Etats la paix pour laquelle il avait combattu toute sa vie. Il déclara ensuite que, s'il avait lésé ou offensé quelqu'un de ses vassaux ou de ses sujets, c'était contre son gré, et il en demandait pardon à tous.

Enfin, se tournant vers Philippe, il lui dit d'une voix entrecoupée de sanglots :

— Honorez la religion d'une manière constante ; raffermissez la foi catholique dans toute sa pureté : considérez les lois du pays comme sacrées et inviolables et n'essayez pas d'enfreindre les droits et les privilèges de vos sujets. Et si jamais vous désiriez, plus tard, chercher, comme moi, le repos dans la vie privée, puissiez-vous avoir un fils qui mérite que vous lui tendiez le sceptre avec autant de joie que je le fais aujourd'hui.

Après ce discours, l'empereur s'affaissa, exténué, sur son trône.

et Philippe qui s'était jeté à genoux à ses pieds, lui couvrit les mains de baisers et de larmes.

— Ce discours dit l'historien flamand Pontus *Heuterus* (1535-1602) produisit une impression profonde sur tous les assistants. La plupart pleuraient, et quelques-uns sanglotaient si haut que l'empereur et la reine Marie ne purent eux-mêmes retenir leurs larmes, et les pleurs inondèrent également tout mon visage (246).

Lorsque ensuite le bourgmestre d'Anvers, Jacques *Maas* († 1569) eut répondu, au nom des Etats, au discours de l'empereur, Philippe se leva et, se tournant vers les représentants des Etats, il prononça, avec une vive émotion, ces paroles en français :

— Je souhaiterais avoir appris à parler le français suffisamment pour pouvoir exprimer aux Etats et aux peuples des Pays-Bas tout l'intérêt et tout l'amour que je leur porte. Comme il ne m'est pas possible de le faire en français ni moins encore en flamand, l'évêque d'Arras qui connaît mes sentiments et mes pensées, le fera à ma place : c'est pourquoi je vous prie de l'écouter comme vous m'écouteriez moi-même.

Là-dessus Antoine *Perrenot de Granvelle* (1517-1586) se leva, exprima d'une voix éloquente les sentiments du roi Philippe pour les Flamands et promit d'observer les lois du pays et de gouverner dans le même esprit que l'empereur.

La sœur de Charles, la reine Marie de Hongrie qui, pendant près de 25 ans, avait occupé le poste de gouvernante, prit la parole en dernier lieu. Elle renonçait à la dignité dont elle avait été revêtue, pour suivre son impérial frère et chercher la paix de l'âme dans sa chère Espagne.

C'est ainsi que se termina l'une des scènes les plus poignantes et les plus dramatiques dont l'histoire moderne fasse mention (247).

Le 16 janvier 1556, l'empereur renonça aux royaumes de Castille et d'Aragon et à toutes les provinces qui en dépendaient. Tout le printemps et tout l'été se passèrent à l'accomplissement des formalités nécessaires à la transmission du gouvernement. Ce ne fut que le 13 septembre que Charles put s'embarquer à Flessingue pour se rendre en sa chère Espagne, dans la solitude de Yuste (248) où l'attiraient le calme et la paix, la douceur du climat et la société de moines pieux et savants.

Philippe brûlait également du désir de s'en retourner chez lui, mais la situation dans les Pays-Bas n'était nullement rassurante. La France désirait la guerre, et quand enfin Paul IV (Giovanni Pietro *Caraffa*, (1476–1559), fort de l'alliance des Français, déclara le roi d'Espagne déchu du trône de Naples (249), Philippe dut, quoique à regret, prendre les armes. Il envoya Albe contre le pape et marcha lui-même contre la France avec son cousin Emmanuel Philibert de Savoie. Nous savons que la fortune favorisa les armes de Philippe, mais qu'il ne profita pas des avantages et des chances qu'elle lui offrait. Son idéal politique était de défendre et de conserver.

Au printemps de 1558, Philippe reçut des nouvelles fort inquiétantes de l'Espagne. On avait découvert qu'à Séville et à Valladolid il s'était formé des communautés luthériennes qui comptaient parmi leurs membres quelques-uns des noms les plus illustres du pays, tant ecclésiastiques que laïcs (250). Comme le prouve la correspondance échangée entre l'empereur fixé à Yuste, et la gouvernante doña Juana, cette découverte produisit la plus grande consternation. On n'avait jamais pensé que les choses pussent en venir là ; car l'Inquisition avait travaillé avec zèle et, en Espagne, il n'y avait pas de terrain pour les sectaires ennemis de l'Eglise. La plupart des jeunes Espagnols infestés des idées hérétiques et révolutionnaires de l'époque vivaient en exil à Londres, à Genève ou à Anvers. Les hommes de l'Eglise et du gouvernement ne pouvaient se défendre d'un sentiment de crainte et d'inquiétude à la pensée que ces exilés avaient entretenu, pendant longtemps, des relations secrètes avec leurs coreligionnaires de Valladolid et de Séville et leur avaient envoyé clandestinement des monceaux de livres hérétiques dans des fûts de vin à double fond.

Aux yeux de la politique de l'époque, il n'existait certainement qu'un remède contre ce mal : c'était de l'étouffer dès sa naissance. Les recherches consciencieuses de plusieurs savants ont démontré que, en Espagne, la Réforme n'a jamais pénétré dans le peuple et n'a jamais compté un grand nombre d'adhérents (251). La façon sommaire dont l'Inquisition procéda, en cette occasion, et les versions sensationnelles et mensongères qui s'en répandirent rapidement dans l'Europe protestante, ont contribué, plus que toute autre chose, à faire naître de fausses idées touchant la nature de l'Inquisition et l'importance du rôle que cette institution à joué en Espagne (252). De nos jours encore, l'Inquisition espagnole est une *materia controversiae* fort en vogue dans les polémiques relatives au protestantisme et au catholicisme :

Les nouvelles d'Espagne étaient également fort mauvaises sous d'autres rapports. Le pays était sur le point de succomber sous le fardeau des entreprises militaires de Philippe en France et en Italie. Nous lisons dans les lettres de la princesse Juana à son frère à quels expédients on avait recours pour se procurer l'argent à envoyer en dehors du pays (253). Au printemps de 1558, les Cortès se réunirent pour la première fois à Valladolid au nom du roi Philippe, et les Castillans y énoncèrent sans équivoque leur manière d'envisager la situation. Les représentants du peuple exigèrent énergiquement que le roi retournât et résidât en Espagne.

Philippe fut saisi d'une profonde douleur en apprenant les nouvelles de Valladolid et de Séville. Il ne soupirait plus qu'après le moment où il pourrait retourner en Espagne, et il cherchait à terminer la guerre avec la France aussitôt que possible. La reine d'Angleterre, femme de Philippe, mourut au mois de novembre de la même année, et lorque Elisabeth et la réaction protestante lui eurent succédé, le roi d'Espagne se sentit de plus en plus étranger et exposé dans ces pays du Nord où les passions désordonnées de la discorde et de l'hérésie semblaient s'enflammer chaque jour davantage.

Philippe avait déjà conclu, en 1557, la paix avec le pape, et, au printemps de 1559, la France dut signer, à Cateau-Cambrésis, un traité humiliant par lequel elle perdit tout ce qu'elle avait conquis durant les dernières années de Charles-Quint.

Pendant les trois ans et demi que Philippe avait passés en Flandre depuis l'abdication de Charles-Quint, il ne s'était pas rapproché du peuple. Il s'entourait presque exclusivement d'Espagnols ou de Flamands parlant l'espagnol, et lui-même n'avait pas appris la langue flamande. Lorsqu'il s'agit de pourvoir au gouvernement de ces pays, Philippe se décida, après quelque hésitation (254), à choisir sa sœur consanguine Marguerite (1522-1586), duchesse de Parme (255), qui était née et élevée aux Pays-Bas et qui possédait beaucoup des meilleures qualités de son père. Comme conseillers principaux de la gouvernante furent désignés Viglius, le comte Charles de Barlaimont († 1586) et l'évêque d'Arras Antoine Perrenot de Granvelle. Il n'y avait, comme on le voit, aucun Espagnol parmi eux.

Ce fut avec des pressentiments pleins d'angoisse que Philippe quitta la Flandre ; il prévoyait que les menées des hérétiques nécessiteraient bientôt une intervention énergique ; mais il était bien résolu à ne pas céder, et on raconte que, comme un de ses fonctionnaires lui conseillait, un jour, de faire quelques concessions, il répondit qu'il préférerait perdre ses Etats que de régner sur des hérétiques (256). Peu de temps avant son départ, au mois d'août, il convoqua les Etats-Généraux à Gand et y fit connaître, par l'intermédiaire de Granvelle, qu'il reviendrait en Flandre dans quelques années ou qu'il enverrait son fils don Carlos comme son représentant.

Le 20 août, Philippe partit de Flessingue avec une flotte nombreuse qui, entre autres, emportait tous les trésors d'art que l'empereur avait rassemblés.

§ 3. — *Philippe comme roi d'Espagne.*

Notre intention et notre mission principale doivent être de travailler pour le peuple.

(PHILIPPE II, 1559.)

Après quelques jours de voyage avec un vent favorable, la flotte arriva dans le golfe de Gascogne ; mais là surgit une tempête qui empêcha le débarquement pendant plusieurs jours et anéantit ou dispersa une partie des navires, de manière que ce ne fut qu'avec peine que le roi put se sauver à terre dans une barque. Ce fut dans cette circonstance que la plupart des trésors artistisques de l'empereur devinrent la proie des flots (257).

Philippe se rendit aussitôt à Valladolid, où sa sœur l'attendait avec impatience. Le peuple loyal qui, pendant 5 ans, avait été privé de son prince, le reçut avec des arcs de triomphe et un apparat de fête. On sentait que l'Espagne serait désormais l'objet de la sollicitude spéciale du monarque. Peu après son retour, nous voyons Philippe se rendre au dernier grand autodafé de luthériens que l'Inquisition avait fixé au 8 octobre (258). En cette circonstance, 14 hérétiques furent « relaxés, » 14 « réconciliés » et 2 « pénitenciés » (259). Presque tous les biographes de Philippe racontent, après *Cabrera* (260), *Porreño*, *Colmenares* et autres, qu'en cette circonstance, le roi dit à l'un des condamnés à mort : Si mon fils était aussi méchant que toi, je porterais moi-même du bois à son bûcher. Cette parole est une preuve éclatante du zèle du roi pour la religion ; mais il n'est pas probable qu'elle ait étonné son époque au même degré que les temps qui l'ont suivie ; car nous en connaissons une analogue de François Ier (1494-1547). Ce fut à Paris, 1535, que, prononçant un discours contre les hérétiques, il déclare, entre autres choses : « Quant à moi, si mon bras était gangrené, je me ferais couper mon bras droit, et si mes fils, qui m'entendent, étaient assez malheureux pour se laisser séduire par ces détestables nouveautés, je serais leur premier dénonciateur. » (261). D'ailleurs les poursuites contre les hérétiques ne semblent nullement avoir été plus sévères en Espagne qu'en France. Ainsi, en 1542, il fut brûlé 14 protestants à Meaux et, en 1552 et les années suivantes, des bûchers d'hérétiques flambèrent à Toulon, Lyon et Toulouse (262).

Se basant sur un passage de Cabrera (263), plusieurs historiens (264) ont cru pouvoir raconter que Philippe assista personnellement à l'exécution de la peine, au lieu même où s'élevaient les bûchers (el quemadero). Nous regardons néanmoins comme fort douteux que Philippe ait poussé le zèle jusqu'à vouloir contrôler l'exécution de ses propres yeux, d'autant plus que le lieu en était situé en dehors de la ville. Gregorio Leti représente le roi contemplant le bûcher de ses fenêtres et écoutant, avec une joie marquée, les cris de douleur des victimes (265). Mais dans aucun des nombreux récits contemporains de ce célèbre autodafé, nous ne trouvons une allusion à la présence du roi sur les lieux de l'exécution. S'il y avait été, la chose eût été remarquée par l'un ou l'autre dans la foule considérable qui entoura le bûcher jusqu'à une heure bien avancée de la nuit (266).

Jusqu'à présent, nous avons suivi la chronologie dans notre exposition de la vie de Philippe. Mais comme il n'est pas dans notre intention d'écrire l'histoire politique de ce prince, nous pouvons, dans la suite, passer sous silence un grand nombre des événements qui ont fait de son règne l'un des plus agités de l'histoire moderne.

Considérons maintenant les actes de Philippe comme roi d'Espagne, recherchons les principes qui dirigèrent son administration et voyons comment il veillait à ce que sa volonté fût exécutée.

Le premier acte important que Philippe posa, fut de transférer sa cour et sa résidence à Madrid, « parce que », dit Cabrera (267), « il n'était que juste qu'une monarchie si étendue eût une ville qui pût fonctionner comme cœur et qui fût située au milieu

du corps, afin de pouvoir exercer son action d'une manière égale de tous les côtés, en temps de guerre aussi bien qu'en temps de paix ». On est porté à croire que la situation presque mathématiquement centrale de Madrid a plu particulièrement au sens prononcé de Philippe pour les choses exactes ; mais il n'est pas probable cependant que cette considération ait été la cause déterminante ; car Tolède, l'antique capitale des Wisigoths, ne se trouve qu'à 80 kilomètres au Sud de Madrid et à 60 kilomètres, à peine, du centre géométrique de la péninsule (268). Mais cette ville au cachet mauresque prononcé, foyer de « los Comuneros » et théâtre de la mort de l'impératrice, ne pouvait affecter que péniblement les sentiments religieux, politiques et personnels de Philippe. Au contraire, et Charles-Quint et Philippe s'étaient senti, de bonne heure, une certaine prédilection pour la petite ville florissante près du Manzanares, entourée de forêts étendues et célèbre pour la bonne qualité de son eau et la salubrité de son climat (269).

Mais ni Madrid, ni Tolède, ni Valladolid n'offraient à Philippe une résidence selon son cœur. Il lui manquait un château où il pût demeurer dans la solitude, afin de s'adonner entièrement au travail, et où, pendant la saison chaude, il eût un accès facile à l'air pur et rafraîchissant ; un monastère où il pût passer la semaine sainte et autres fêtes de l'Eglise dans des exercices religieux que rien ne vînt troubler ; un lieu, enfin, où il pût créer un mausolée pour la nouvelle dynastie que son père avait fondée. Philippe voulait réunir tout cela dans un seul monument, plan gigantesque qui fut réalisé dans le « monastère royal de Saint-Laurent de l'Escurial » (270). Dans l'unique combat auquel il prit une part active, l'assaut de Saint-Quentin, le jour de saint Laurent 1557, il avait dû détruire un petit couvent, placé sous le vocable du saint du jour. Ce fut pour expier ce sacrilège qu'il promit de construire, en Espagne, un monastère plus vaste et plus beau en l'honneur de saint Laurent (271). A peine de retour dans son pays, il nomma une commission, chargée de trouver un emplacement convenable pour le palais, et lorsque, au printemps de 1561, il se fut décidé pour un endroit en dehors du misérable village Escorial, il ne douta plus du lieu où il devait établir sa résidence, et il la fixa à Madrid, ville distante de 50 kilomètres seulement. Ce fut le 23 avril 1563 que fut posée la première pierre de ce palais gigantesque que l'époque contemporaine et les âges suivants ont décrit et chanté, non sans raison, comme la huitième merveille du monde (272).

Il n'est pas facile de donner au lecteur une idée claire et complète de l'Escurial qui est à la fois église, palais et monastère, université, bibliothèque, mausolée et musée et qui renferme des trésors inappréciables d'art et de science. Il n'existe guère de monument historique dont on puisse dire, à plus juste titre, que l'œuvre loue le maître. Aussi la manière d'apprécier et de comprendre cet ensemble de constructions unique au monde est-elle presque aussi différente que celle qui s'applique à son auteur, « el santo fundador », comme les moines hiéronymites, gardiens de l'Escurial, continuent à l'appeler. Comme ce fut *son* génie qui le créa, ce monument restera, à travers les âges, l'expression la plus caractéristique et la plus détaillée des tendances de son esprit.

La première impression qui s'empare du spectateur, lorsque, de loin, il aperçoit cet immense palais d'un jaune grisâtre qui semble taillé dans les rochers de l'arrière-plan, est un sentiment de gravité froide et solennelle et d'exactitude géométrique sévère, sans un seul élément poétique flatteur, sauf, peut-être, le dôme imposant et les deux flèches, de dimensions moindres, qui surmontent l'église. Plus on s'approche, et plus on est saisi de la grandeur de ce monument colossal, et celui qui veut en faire le tour, doit parcourir environ 3.000 pieds. Le plan en est à peu près carré avec une petite saillie du côté de l'Est. Il en résulte la forme d'un gril, instrument sur lequel le diacre espagnol Laurent subit le martyre, à Rome, le 10 août 258, sous la persécution de l'empereur Valérien.

Philippe avait choisi, pour conduire les travaux, le célèbre architecte et sculpteur Juan Bautista de *Toledo* († 1575). Après la mort de celui-ci, son disciple Juan de *Herrera* (1530-1597) prit la direction des travaux. Toutefois, ce fut Philippe II, qui fut l'architecte proprement dit, car il donnait souvent lui-même des esquisses et toujours il parcourait les plans jusque dans leurs moindres détails. Pendant les vingt années que dura la construction de ce monument encyclopédique, Philippe passa dans le voisinage de celui-ci tout le temps que lui laissaient les affaires. A quelques kilomètres au Sud du palais, on montre encore aujourd'hui la place taillée dans le roc et portant le nom de « Siège du Roi », où Philippe s'asseyait souvent pour embrasser d'un coup d'œil, les progrès des travaux.

Tous les plus grands et les plus célèbres artistes de l'époque, sans distinction de nationalité, ont contribué à la décoration intérieure de l'Escurial. Par toute l'Europe, Philippe faisait engager, par ses ambassadeurs, les sculpteurs et les peintres les plus capables qui tous accouraient à l'Escurial, où le roi leur confiait des missions suivant leur talent et les récompensait magnifiquement. Plusieurs de ces artistes étrangers se fixèrent en Espagne à titre permanent et exercèrent une influence considérable sur l'industrie et l'art espagnols.

Les bâtiments intérieurs et leurs nombreuses salles qui toutes, et suivant leur destination, montrent une richesse exubérante de détails artistiques, forment un contraste frappant avec les façades froides, nues et sévères qui, au point de vue de l'art, ne produisent qu'une impression peu favorable.

L'église dont la noblesse et la magnificence ont été reconnues, même par les critiques les plus sévères, mérite surtout d'attirer l'attention. Le marbre aux nuances nombreuses y règne en maître, et seuls les plafonds et la coupole en sont ornés de magnifiques fresques italiennes. Les deux groupes de statues à genoux (appelés « Entierros », tombeaux royaux), de chaque côté du maître-autel, produisent une impression étrange et profonde. Des figures de 4 mètres de haut, en bronze doré, représentent, à droite, Charles-Quint avec sa femme et sa fille Marie, ainsi que ses deux sœurs Eléonore et Marie, et à gauche, Philippe avec sa première, sa troisième et sa quatrième femme, ainsi que don Carlos. Ces dix statues colossales sont dues au Milanais Pompeo *Leoni* († 1610) qui les acheva en 1597.

Après l'église, c'est la bibliothèque qui témoigne le plus de l'intérêt du fondateur. C'est une salle de 52 mètres de long dont les murs et les voûtes sont ornés des fresques splendides de Pellegrino *Tibaldi* (1532-1598) et de Bartolomeo *Carducci* (1560-1608). On y conserve, conjointement avec la bibliothèque du savant théologien et philologue Benito *Arias Montano* (1527-1598) (273), les trésors littéraires que Philippe faisait recueillir dans tous les pays. On remarque que tous ces volumes, reliés en maroquin et ornés d'une tranche dorée, ont le dos tourné du côté du mur et portent le titre sur la tranche dorée, tournée vers l'extérieur. Cette disposition aurait été adoptée par Arias Montano, comme propre à favoriser la conservation de ses livres, et, dans la suite, on a rangé tous les autres d'après le même système.

Nous ne pouvons pas nous étendre sur la description détaillée de la magnificence et des richesses de l'Escurial. Aucune plume ne pourra remplir cette mission d'une manière satisfaisante. La meilleure description est une admiration « muette », comme s'exprime un auteur moderne (274). Mais nous ne pouvons pas quitter cette imposante demeure royale sans jeter un coup d'œil dans « el aposento de Felipe II », le propre appartement de Philippe, d'où ce monarque solitaire gouverna le monde pendant 25 ans, et où il se retira pour mourir, quand il sentit que le temps était arrivé.

Ces trois petites pièces qui mesurent ensemble 33 pieds de côté, se trouvent à gauche du maître-autel de l'église et à la même hauteur que celui-ci. La première constitue le cabinet de travail de Philippe (despacho). On y voit encore son pupitre, sa table de travail et son fauteuil, le tout en noyer. Les murs étaient ornés de quelques images de saints et d'un rayon contenant spécialement des livres de piété, et des légendes hagiographiques (275). La pièce intérieure était la chambre à coucher de Philippe. Du lit,

L'ESCURIAL ; LA BIBLIOTHÈQUE

placé dans une alcôve, il pouvait voir, par une fenêtre, jusqu'au maître-autel de l'église.

C'était dans ces modestes chambres, au milieu de tous les trésors de l'art et de la richesse, que vivait le souverain le plus puissant de la terre. Comme un moine qui a renoncé au monde, il y trouvait la paix et le soulagement en se livrant alternativement au travail et aux exercices de piété.

L'époque du transfert de la résidence à Madrid divise les anciens historiens beaucoup plus qu'on ne s'y attendrait, vu l'importance et les conséquences nombreuses de cet événement (276). Mais il faut se rappeler que, jusque-là, le transfert d'une ville à une autre de la cour et du gouvernement avait été une chose assez ordinaire. Aussi ce dernier changement ne fut-il accompagné d'aucune solennité, ni d'aucun document officiel. Il avait le même cachet provisoire que tous les précédents (277). Néanmoins, pour la nouvelle résidence, le transfert du gouvernement fut, cette fois, d'une importance plus considérable que dans les autres cas. La ville s'accrût d'une manière rapide, et, même si l'on ne saurait guère croire Géronimo de Quintana (m. en 1644) qui en fait monter le nombre des habitants de 12 à 15.000 à 300.000 et plus (!!) sous le règne de Philippe (278), il est certain que, à la fin du xvie siècle, Madrid s'agrandit dans des proportions plus considérables que n'importe quelle autre capitale européenne. Toutefois, la littérature de l'époque prouve clairement que cet accroissement ne constituait pas un progrès social, mais était dû surtout à l'immigration de quémandeurs d'emplois, de retraités, de vétérans, de faiseurs de projets, de bandits et de libertines (279).

Longtemps avant son achèvement (1584), l'Escurial devint, après le palais de Madrid, la résidence préférée du roi. Cependant il se rendait fréquemment au château de chasse « El Pardo » et à la riante et riche Aranjuez (280). De temps en temps, il visitait également des régions plus éloignées. C'est ainsi qu'on le voit souvent à Tolède et qu'on le trouve à Barcelone (1564), à Cordoue, Grenade et Alméria (1570), à Lisbonne (1582-1583), à

Saragosse, Barcelone et Valence (1585) et à Tarazona, à 95 kilomètres au Nord-Ouest de Saragosse (1592).

Voulant décrire maintenant la personne et le caractère de Philippe, nous commencerons par ses rapports avec Dieu.

Dans l'opinion populaire, ce roi est encore considéré comme le type de la bigoterie et de l'hypocrisie dans sa forme la plus abominable, et plusieurs historiens ont abusé de leur autorité pour graver cette manière de voir dans l'esprit des masses (281). D'autres l'ont dépeint comme un fanatique ambitieux pour qui les idées et les institutions religieuses n'étaient que des instruments au service de projets purement séculiers et politiques (282). C'est de cette manière que, par exemple, on envisage communément ses rapports avec l'Inquisition (283).

La piété de Philippe qui, pour beaucoup de personnes de notre époque, semble être une religiosité exagérée et presque maladive, doit plutôt être considérée comme une expression de la même tendance au mysticisme qui, en ce siècle-là, trouva un terrain si propice en Espagne et y produisit des personnalités comme Louis de *Grenade* (1504-1582), *Thérèse de Jésus* (1515-1582) Louis *Ponce de Léon* (1527-1591) et Jean de la *Croix* (1542-1591) (284). Le même désir de la vie contemplative, le même souci du salut de son âme qui conduisit Charles à Yuste, lia Philippe à l'Escurial où, comme un simple moine, il participait, aussi souvent que possible, aux pieux exercices des frères (285). C'était dans le service divin, la prière et l'état presque extatique où il entrait souvent devant un crucifix, une image de la Vierge ou d'un saint, que Philippe cherchait et trouvait le renouvellement et la force de porter les peines et les malheurs qui venaient s'ajouter en si grand nombre aux cuisants soucis du gouvernement. Souvent il passait des heures entières à genoux devant un tableau du Titien représentant le Sauveur sur le chemin du Golgotha (286).

Les écrits des saints mystiques constituaient sa lecture de prédilection et il entretenait une correspondance suivie et des rapports

Phot.

L'ESCURIAL. L'APPARTEMENT DE PHILIPPE II

familiers avec tous les grands mystiques et les saints personnages dont l'apparition au XVIe siècle contraste d'une manière si singulière avec la brutale Réforme venue du Nord. Il était lié d'une amitié particulière avec Charles *Borromée* (287) (1538-1584), cardinal et archevêque de Milan, qui, par sa science, son zèle, sa piété et ses qualités d'homme d'Etat a rendu des services inappréciables à l'Eglise et à l'Espagne.

Philippe nourrissait un respect sans bornes pour les églises, les couvents, les prêtres, les images religieuses et les reliques. On raconte que, quand il rencontrait un prêtre portant le Saint Viatique à un malade, il se joignait toujours à sa suite et l'accompagnait jusqu'à destination (288). En 1596, paralysé par la goutte, il se rendait un jour en voiture auprès de sa sœur, l'impératrice douairière Marie, qui vivait dans un couvent de Madrid, lorsqu'il rencontra le Saint-Sacrement dans la rue. Il pria son fils Philippe, assis à côté de lui, de descendre et de suivre les prêtres, ajoutant qu'il l'aurait fait lui-même, s'il avait pu se servir de ses jambes (289).

L'on sait également que le respect de Philippe pour les ecclésiastiques comme représentants de Dieu allait si loin que jamais il ne voulut permettre qu'un prêtre lui baisât la main (290).

La piété personnelle de Philippe était la source de son zèle pour tout ce qui regardait le bien et le gouvernement de l'Eglise. On connaît les efforts énergiques qu'il déploya pour faire continuer et mener à bonne fin les travaux du Concile de Trente, et ce fut lui qui rétablit en Espagne les synodes provinciaux qui n'avaient pas été convoqués depuis le temps de Jiménez de Cisneros. Il veillait avec un soin jaloux à ce que les charges ecclésiastiques fussent confiées à des hommes dignes et capables, et l'on peut affirmer que, sous aucun roi, la protection ne se montra aussi impuissante que sous Philippe II.

Il voyait aussi mieux que tout autre la profonde corruption qui régnait dans le clergé et surtout dans les ordres monastiques dont le nombre et celui de leurs membres croissaient d'une façon inquiétante (291). C'étaient particulièrement les moines mendiants, « los Minimos » (292), qui, par leur vie déréglée, causaient souvent des scandales publics (293). Il les bannit de la Castille et demanda que l'Inquisition se montrât sévère pour eux.

Sur un point particulier. Philippe fit preuve d'une supériorité intellectuelle devançant de beaucoup son siècle : il n'était pas superstitieux et il méprisait les prophéties et les augures des astrologues (294).

Les versions les plus fantastiques ont cours sur les rapports de Philippe avec l'Inquisition. Elles font mêmes de lui le fondateur de cette institution et l'inventeur des autodafés (295).

Mais nous savons que, en protégeant et en secondant sérieusement l'Inquisition, il ne faisait que suivre, sur ce point aussi, les instructions de son père. Il faut également reconnaître que ce tribunal agissait avec un grand zèle et une humanité alors peu commune et que, sous bien des rapports, sa procédure était supérieure à celle des tribunaux séculiers (296). On n'a pas manqué non plus d'attribuer à Philippe de grands efforts en vue d'introduire l'Inquisition, sous sa forme espagnole, à Naples, à Milan et en Flandre. D'une lettre écrite par Philippe au duc d'Albe, en 1565, à l'occasion de quelques troubles provoqués par des sectaires, il résulte qu'elle n'a pas été introduite à Naples. Albe proposait d'introduire l'Inquisition espagnole ; mais Philippe écrivit que telle n'avait jamais été son intention et qu'il fallait régler cette question conformément à la pratique en vigueur dans le royaume (297).

On a également reproché à Philippe l'introduction de l'Inquisition dans les flottes espagnoles (298). Mais en lisant l'instruction que l'inquisiteur général, le cardinal Gaspar de *Quiroga* († 1594) donna à l'inquisiteur maritime nouvellement nommé, on reçoit incontestablement une autre impression de la sévérité supposée de cette mesure (299). Sa mission principale semble être, en effet, de veiller à ce que les soldats et les galériens, soient bien traités et bien entretenus ; il doit visiter assidument les pauvres et les malades et s'informer s'ils reçoivent ce qui est nécessaire à leur entretien, et il est investi de la haute surveillance de la moralité des infirmières.

Le trait le plus saillant du caractère du roi Philippe était son amour de la justice ; il ne faisait pas acception de personnes. Son implacable sévérité se tournait sans distinction contre les grands et les petits, les riches et les pauvres. Souvent il montrait une dureté extrême envers les grands et les gens de condition, ce qui lui attira la haine de beaucoup et le fit craindre de ceux qui avaient quelque chose à cacher ; car Philippe avait en abomination toute astuce et tout mensonge.

On peut, avec raison, reprocher à ce prince la difficulté avec laquelle il oubliait une offense ou pardonnait un délit, lors même que, par prudence, il remettait souvent le jour du châtiment à une époque favorable. Ce sera sans doute ce défaut qu'aura irrité particulièrement ses ennemis et qui l'aura fait passer pour astucieux (300), et cruel.

Les rapports de Philippe avec son fils don Carlos jettent également une ombre sur sa mémoire. Il est vrai que les recherches approfondies de certains historiens modernes ont prouvé, depuis longtemps, que, dans cette affaire, Philippe ne peut pas être mis en parallèle avec Constantin le Grand, le roi Wisigoth Léovigilde (301), Jean II de Navarre et d'Aragon ou le tzar Pierre le Grand qui, pour des motifs politiques ou religieux persécutèrent leurs fils et hâtèrent leur mort. Mais les circonstances particulières qui accompagnèrent le dénouement de ce conflit tragique entre Philippe et don Carlos, sont si compliquées que l'histoire n'est pas encore arrivée à en élucider complètement tous les points.

Nous savons maintenant que ni Philippe ni l'Inquisition ne participèrent directement à la mort de don Carlos, et nous savons également qu'il existait des raisons graves et décisives d'incarcérer le prince et de l'empêcher de nuire. Don Carlos était un sujet rabougri au physique et au moral, un exemplaire type de dégénérescence, hors d'état de réprimer ses instincts et ses passions et, partant, absolument incapable de gouverner un empire mondial, comme souverain absolu. Philippe aurait commis une faute irréparable, s'il avait laissé ce malheureux jeune homme prendre une part directe au gouvernement de l'Etat (302).

Chez don Carlos, le développement de la folie était fatal. Néanmoins Philippe ne crut son intervention inévitablement nécessaire que lorsque cette maladie se traduisit par des attentats contre sa vie et par des préparatifs en vue d'une expédition aux Pays-Bas, où le prince voulait se créer une situation indépendante. En 1567, la veille de Noël, don Juan d'Autriche qui n'avait alors que 20 ans et qui possédait la confiance du prince, vint annoncer au roi, son frère consanguin, le danger qui menaçait sa personne en même temps que l'Etat. Philippe qui passait la solennité dans son cher Escurial, se donna largement le temps de méditer les mesures à prendre, et jamais père ne vécut sans doute des jours plus amers. Enfin, le 17 janvier, il quitta l'Escurial pour procéder à l'exécution de sa pénible résolution.

Le lendemain, à 11 heures du soir, le roi se rendit dans la chambre de don Carlos avec quelques familiers et une escorte armée et déclara le prince arrêté. Dans son désespoir, celui-ci voulut se suicider ; mais il en fut empêché à temps.

A partir de ce jour, don Carlos fut mort au monde, personne ne le revit, sauf le roi, Ruy Gómez, le médecin Santiago Diego *Olivares*, le confesseur Diego de *Chaves* (1504-1595) et quelques autres familiers.

Don Carlos termina sa triste existence le 24 juillet 1568 ; mais l'histoire ne peut se prononcer avec précision relativement à la manière dont il mourut. Sa mort fut attribuée officiellement à sa folle imprudence. Tantôt il refusait toute nourriture pendant plusieurs jours, et tantôt il mangeait et buvait avec excès. Il s'adonnait surtout, pendant la saison chaude, à l'usage immodéré de l'eau glacée. Il est très probable qu'il aura contracté, de cette façon une maladie mortelle, mais l'on ne saurait néanmoins, reconnaître libres de tout reproche ceux qui étaient chargés de le soigner.

Il y a à peine une génération qu'un historien catalan a encore cherché à prouver que le prince mourut après avoir pris le poison que le médecin Olivares lui tendit sur l'ordre de Philippe (Voir la note 21).

Il n'est au pouvoir d'aucun homme de déterminer lequel des deux, le roi ou le prince, a enfreint le plus grièvement les lois divines et humaines, ou lequel des deux a dû expier son crime par le plus de souffrances et de malheurs. Il faut les considérer tous deux comme les victimes et les martyrs des intérêts les plus élevés, les destinées de l'Eglise et de l'Etat. Tous ceux qui connaissent la tendresse paternelle de Philippe et les sentiments profonds qui l'attachaient à sa famille, comprendront à quel prix il réalisa ses desseins politiques et dans quelle douleur sans bornes il dut se sentir plongé (303).

Dans cet ordre d'idées, nous pouvons mentionner une autre « affaire » où l'on ne saurait que difficilement disculper Philippe de l'accusation de duplicité et d'astuce. Nous voulons parler de l'incarcération et de l'exécution du baron flamand Montigny (304). Florès de *Montmorency* (1528-1570), baron de Montigny et chevalier de la Toison d'Or, était le frère de Philippe de Montmorency, comte de Hornes, qui fut décapité à Bruxelles, en 1568. Il appartenait à la plus haute noblesse flamande et occupait le poste de gouverneur de Tournai. Pendant l'été de 1566, il partit pour l'Espagne, avec Jean de Glymes, marquis de Berghes, afin de présenter au roi les réclamations et les vœux de la noblesse flamande. Ces deux Flamands de distinction furent reçus par Philippe avec beaucoup de déférence et d'amabilité. Le roi semblait tout disposé à traiter avec eux et à se rendre à leurs désirs.

Entre temps, Albe avait découvert la conspiration de la noblesse flamande et en avait poursuivi les auteurs avec une grande sévérité. Comme il se montra que Berghes et Montigny était de connivence avec les rebelles, Albe n'hésita pas à les accuser, quoique absents, du crime de lèse-majesté et à les condamner à mort. Le marquis de Berghes tomba malade et mourut bientôt après, tandis que Montigny fut emprisonné à Ségovie.

Lorsque Philippe reçut l'arrêt de mort, prononcé, le 18 mars 1570, par Albe contre Montigny, l'affaire fut traitée dans une séance du conseil d'Etat. « Pour ne pas augmenter le mécontentement parmi les Flamands qui habitent ici, » il y fut décidé, à l'unanimité, que l'exécution n'aurait pas lieu publiquement. La plupart opinaient pour qu'il lui fût donné une « bouchée », de façon qu'il pût mourir lentement et avoir le temps, pendant sa maladie, de préparer son âme. Mais le roi pensait que la justice ne serait pas satisfaite de cette manière, et qu'il valait mieux lui mettre l'anneau de fer (el garrote) en prison, et cela si secrètement qu'on n'en saurait jamais rien sinon qu'il était mort de mort naturelle (305).

Conformément à cet ordre du roi, Montigny fut conduit à la forteresse de Simancas, dont le commandant était un homme de confiance. Le 15 août 1570, à 3 heures du matin, la sentence de mort y fut exécutée, dans une chambre de tour appelée « Cubo del Obispo », après que le malheureux baron eût confessé sa foi catholique et reçu les consolations de la religion. « Selon toute apparence », dit le commandant, dans son rapport au roi, « il mourut d'une manière si catholique qu'on peut nourrir le meilleur espoir touchant son salut ». Après cela, il fut revêtu d'un froc de franciscain, de façon que toute trace du genre de sa mort fût effacée, et ceux-mêmes qui l'ensevelirent, croyaient qu'il était décédé de mort naturelle.

Philippe envoya ensuite à Albe le rapport sur l'exécution de Montigny et l'engagea, en même temps, à répandre le bruit de sa mort naturelle.

La responsabilité de l'exécution de Montigny nous semble peser surtout sur le duc d'Albe qui, avec la connaissance qu'il avait de la situation en Flandre, considérait le baron comme un ennemi politique aussi dangereux qu'Egmont (1522-1568), Hornes et Guillaume d'Orange. Philippe et les membres du conseil d'Etat ont certainement eu de graves raisons de partager cette manière de voir et la prudence politique a parfaitement pu dicter au roi cette manière d'agir qui produit une si vive répulsion, quand on la considère à la lumière des idées morales modernes.

Nous savons qu'au XVIe siècle, le souverain était considéré comme maître absolu de la vie et de la mort de ses sujets. Si un fonctionnaire ou un vassal semblait dangereux pour l'Etat ou l'autorité du prince, on pouvait le faire disparaître sans autre forme de procès. Machiavel (1469-1527) dont le « Principe » devint un évangile pour les princes du XVIe siècle (306), dit quelque part que le souverain ne doit pas manquer de prendre la vie de ses sujets, quand il y a des motifs convenables de le faire ; mais qu'il ne doit pas les léser dans leurs biens, « parce que les hommes oublient plus facilement la mort de leur père que la perte de leur héritage » (307).

Philippe était un grand connaisseur d'hommes et il était rare qu'il se trompât dans son jugement sur quelqu'un, ne lui eût-il parlé qu'une seule fois. Dans les audiences, il avait l'habitude de regarder fixement les personnes qu'il recevait, et il arrivait souvent que celles-ci se troublaient et devenaient nerveuses, ce qui obligeait le roi à les tranquilliser par un « Sosegaos » (Soyez tranquille). Après cela, il les écoutait généralement avec la plus grande patience et sans les interrompre, et ses réponses étaient toujours faites dans la forme la plus polie et la plus affable.

Dans le domaine du gouvernement séculier, Philippe introduisit une série de réformes très urgentes. Il abolit la pratique, commune jusque-là, de distribuer arbitrairement ou même de vendre la plupart des emplois. Après qu'il eut pris cette mesure, personne ne put plus être revêtu d'une charge publique sans avoir obtenu ses grades universitaires. Philippe lisait avec une patience et un soin extrêmes toutes les requêtes relatives aux charges élevées, et, par ses nombreux agents secrets, il se renseignait exactement touchant la capacité et les qualités personnelles des candidats. Par « la provision real » de 1564, il fut établi un contrôle sévère des officiers de justice, et souvent l'on vit le roi rédiger des instructions détaillées à l'usage de fonctionnaires nouvellement nommés (308). Au dire du nonce Antonio *Clementino*, son intérêt pour les employés de l'Etat allait si loin qu'il connaissait le régime alimentaire et l'emploi du temps de chacun de ses fonctionnaires établis à Madrid (309). L'ambassadeur florentin Bongiano *Gianfigliazzi* est frappé du calme et de l'ordre qui règnent à Madrid, « où des gens de tant de nations différentes se coudoient, où tous portent des armes et où le grand nombre de libertines pourrait cependant occasionner des querelles et des meurtres » (310).

Philippe considérait la corruption, de quelque nature qu'elle fût, comme un motif suffisant de destituer immédiatement le coupable (311). On se rappellera que le procès d'Antonio Pérez débuta précisément par une enquête qui prouva « les énormes revenus privés » du secrétaire d'Etat, revenus qu'il tirait de Giannandrea *Doria* (1539-1606) et des princes italiens « afin de prévenir leurs désirs » (312).

Mais le roi Philippe n'était pas seulement très exigeant envers ses fonctionnaires et serviteurs : il accomplit lui-même, pendant un demi-siècle, un travail personnel que l'on considérerait comme impossible, si des quintaux de documents, renfermés dans les archives d'une foule de pays, n'en constituaient des témoignages tracés de sa propre main. Les communications les plus ordinaires et les plus insignifiantes aussi bien que les affaires d'Etat les plus graves captivaient son intérêt et il voulait tout examiner et peser par lui-même. Il répondait à tout ou pourvoyait tout de ses minutieuses et interminables remarques et corrections qui souvent, il est vrai, n'avaient trait qu'à la forme ou à l'orthographe. On raconte qu'il estimait beaucoup ce travail de la plume et qu'il disait souvent qu'il aurait suffi à l'enrichir, s'il avait été homme privé (313). On peut estimer, sans crainte de se tromper, que Philippe passait journellement 8 ou 9 heures la plume à la main. En voyage, ne pouvant pas écrire, il emportait généralement des livres et des documents qu'il lisait en voiture.

Après les intérêts de l'Eglise et de l'Etat c'était l'art que Philippe affectionnait le plus, et on peut le considérer comme le plus grand Mécène de son siècle. Il possédait de solides connaissances en architecture et dans les arts plastiques, et son sens critique reposait sur des études approfondies. Francisco *Pacheco* (1571-1654) (314) et Antonio *Palomino de Castro y Velasco* (1653-1726) (315), biographes et peintres, assurent qu'il maniait lui-même le pinceau et la palette. Dès 1557, Federico *Badoero* l'affirme également et raconte que le roi s'entend fort bien en peinture et en sculpture et qu'il prend plaisir à s'adonner de temps en temps à ces arts (316). Toutefois, on ne connaît ni peinture ni sculpture que l'on puisse attribuer à la main de Philippe. Mais qu'on peut considérer comme certain qu'il a exécuté personnellement une foule de dessins de monuments et de leur décoration intérieure, c'est ce qu'atteste l'artiste estimé Antonio *Campo* (vers 1550-1599) dans son histoire de Crémone de 1585 (317).

Depuis le temps de Philippe le Bon (1396-1467), il était de tradition, à la cour bourguignonne, d'attacher des artistes gagés au service direct du prince, au même titre que d'autres fonctionnaires (318). C'est ainsi que Philippe II engagea, entre autres, Juan *Pantoja de la Cruz*, le Zeuxis de l'Espagne, comme peintre et valet de chambre (pintor y ayuda de Cámara) (319).

C'était dans « la Casa del Tesoro » qui se trouvait en communication directe avec le palais de Madrid, que le roi avait installé ses artistes, troupe bigarrée des premières célébrités du temps. Philippe n'a guère eu d'admirateurs plus ardents ni d'amis plus sincères que ces peintres, sculpteurs et architectes qu'il rétribuait généreusement et qu'il fréquentait avec plus de familiarité que les grands d'Espagne mêmes (320).

On raconte que le roi Philippe employait même l'art au service de la justice. On lit, en effet, dans François de *Belleforest* (1530-1583)qui appelle le roi d'Espagne « le miroir des princes de son temps » (321), que Philippe fit peindre un grand nombre de portraits du gentilhomme Juan *Tacon* qui s'était enfui, et que celui-ci fut reconnu et arrêté au moment où il voulait s'embarquer dans un port des Asturies (322).

Le seul genre d'art pour lequel le roi Philippe ne nourrît point d'intérêt et qu'il n'encourageât point, c'était l'art dramatique. Peut-être qu'il se soit dégoûté par l'intérêt trop prononcé que son fils malheureux, don Carlos, manifestait aux représentations théâtrales. On sait que l'ami intime du jeune prince était l'acteur Antonio *Cisneros* († 1579). On n'entend pas que le roi assistât à des représentations théâtrales ou que des divertissements de ce genre fissent partie des fêtes de la cour. L'austérité des sentiments religieux de Philippe n'aura sans doute pas pu se faire à l'esprit frivole qui régnait dans les théâtres et parmi les artistes dramatiques. *Lope de Vega* raconte également dans son discours célèbre intitulé : *De la nouvelle manière de faire aujourd'hui les comédies* que le roi n'aimait pas que des personnes princières fussent représentées sur la scène (323).

On voit, par une ordonnance de 1597 fixant des bornes aux tendances libertines des spectacles, que Philippe cherchait à endiguer le penchant pour les représentations théâtrales, lesquelles étaient souvent accompagnées de danses provocantes et s'introduisaient dans les monastères et les églises. Cependant il ne fut introduit aucune censure proprement dite. Lorsque, sur l'invitation du roi, les théologiens eux-mêmes se furent prononcés et eurent déclaré que les spectacles constituaient pour le peuple un divertissement permis et utile, l'art dramatique gagna encore en popularité, jusqu'à ce qu'une nouvelle ordonnance du 2 mai 1598 défendit tous les spectacles. Mais, pour autant qu'on puisse s'en rendre compte, cette mesure ne s'appliquait qu'à Madrid. Cette fois ce furent les théologiens qui prirent l'initiative de la défense, parce que les restrictions ordonnées n'avaient pas été respectées, et l'interdiction resta en vigueur un an et demi après la mort de Philippe (324).

L'intérêt de Philippe pour les sciences étaient presque tout aussi vif que pour les arts plastiques. Toujours riche en initiative et plein de zèle pour les réformes, il intervient personnellement dans tous les domaines de la vie intellectuelle. Avec le sens de l'ordre et de l'exactitude qui lui était propre, il jeta la base des grandes et précieuses collections scientifiques que l'Espagne put étaler avant tout autre pays européen (325). Nous pensons ici spécialement aux archives générales de Simancas, à l'excellente bibliothèque de l'Escurial et aux archives espagnoles de Rome (326).

Les universités, collèges, séminaires et écoles qui doivent à Philippe leurs création ou leur réorganisation, forment une série presque sans fin. Mais nous ne pouvons pas entrer ici dans les détails pour démontrer le rôle important que Philippe a joué dans la civilisation espagnole du xvie siècle (327). Soulignons toutefois que ce rôle n'a pas été suffisamment apprécié par les auteurs étrangers dont l'attention a été attirée surtout par la décadence économique du pays durant les dix dernières années de ce siècle.

Si nous nous tournons vers le domaine financier de l'administration, nous trouvons que, là aussi, Philippe était animé de la meilleure volonté relativement aux réformes à introduire. Tout le règne de Charles-Quint avait été une crise financière ininterrompue, et les causes qui, au temps de l'empereur, éloignaient l'argent de l'Espagne, continuèrent à agir, avec une recrudescence de force, particulièrement durant la seconde moitié du règne de Philippe.

Les efforts de Philippe tendirent surtout à rendre plus rigoureux le contrôle (328) des fonctionnaires chargés de l'administration des revenus de l'Etat. En même temps, il réduisit les dépenses de la cour et contrecarra le luxe et la mollesse (329). Mais il ne réussit pas à accroître les revenus de l'Etat par d'autres moyens que l'établissement de nouveaux impôts et une augmentation des droits de douane. Il ne vit pas plus que les autres hommes politiques de cette époque, que c'était l'agriculture et l'industrie, sources de la richesse publique, qu'il fallait relever au lieu de les gêner par les interventions réitérées et mesquines de l'Etat.

Malgré son grand respect pour l'Eglise, le roi trouvait tout naturel que ses immenses richesses servissent à diminuer les difficultés financières de l'Etat, et l'on voit le pape consentir à ce que celui-ci se vît attribuer une partie considérable des revenus du clergé (330).

Nous ne pouvons pas esquisser le gouvernement séculier de Philippe sans mentionner son action dans une entreprise qui devait s'étendre bien au delà de son temps. Nous voulons parler du plan gigantesque qu'il conçut de recueillir les matériaux d'une description historique, statistique et géographique de toute l'Espagne jusque et y compris les villages les plus misérables. Dans ce but, il envoya, dans toutes les villes et tous les villages de Castille et d'Aragon, des questionnaires schématiques contenant 59 rubriques à remplir par l'autorité locale, ou d'autres personnes compétentes. Le résultat, que j'ai eu l'occasion de voir, consiste en 15 énormes in-folio (331) qui ne contiennent cependant des renseignements que sur une partie du pays. Ce plan gigantesque échoua par suite du peu de zèle des autorités subalternes pour sa réalisation et du manque absolu d'intérêt de la part du public.

Après avoir considéré la vie publique de Philippe, jetons un coup d'œil sur sa vie privée et commençons par ses rapports avec les femmes.

Ses relations en dehors du mariage constituent un point qui restera, sans doute, à jamais enveloppé d'un voile impénétrable. Malgré les investigations énergiques entreprises dans les temps modernes par beaucoup d'historiens, on n'a pas réussi à mettre à jour des preuves authentiques à ce sujet. Cependant les bruits et les anecdotes n'ont pas fait défaut, et une partie en est conservée, soit dans l'*Apologie* de Guillaume d'Orange (voir p. 20), soit dans les *Relaciones* d'Antonio Pérez (p. 21) et les *Relazioni* des ambassadeurs vénitiens (332), soit enfin dans Gregorio *Leti* (333). C'est de là que ces récits se sont propagés chez les historiens et dans le public, pour qui Philippe est un incorrigible libertin qui profitait de toutes les occasions pour obtenir la faveur des femmes (334). Toutefois, il est digne de remarque que Brantôme, spécialiste cependant dans le domaine du piquant, ne communique aucun de ces bruits.

Nous n'approfondirons pas cette question qui, pour Philippe, n'était que d'une importance secondaire et ne joua jamais de rôle décisif, soit personnel, soit politique. Nous ne contribuerons pas non plus à élucider davantage la question de ses rapports avec la belle et intelligente doña Ana de *Mendoza*, princesse d'Eboli (1540-1592). Nous savons que Philippe possédait toutes les qualités chevaleresques d'un gentilhomme espagnol de bonne éducation et qu'il n'était aucunement misogyne. Mais nous savons également qu'il vivait une vie de famille très heureuse et que ses proches féminins habitaient toujours dans son voisinage immédiat. Les quelques courtes heures qu'il s'accordait comme récréation ou délassement, il les passait habituellement au sein de sa famille.

S'il est possible que, de temps à autre, ce roi ait contracté quelque liaison, il a réussi à la tenir si secrète que, jusqu'à présent, on n'en a pas découvert des preuves irréfutables (335). On pourrait dire de sa conduite sous ce rapport : *Si non caste, saltem caute* (Si elle n'est pas chaste, elle est discrète).

Les années heureuses de Philippe furent indubitablement celles de son mariage avec la noble et pieuse Elisabeth de Valois (1545-1568), la reine de la paix (la reina de la paz), comme l'appelait le peuple (336). Elle fut soustraite de bonne heure à l'atmosphère corrompue de la cour de France et n'était guère qu'une enfant (elle avait à peine 15 ans) quand elle se rendit en Espagne. Elle savait mieux que tout autre se conformer aux vues de son royal époux, et, dans ses lettres autographes (337) et les rapports secrets des ambassadeurs français (338), nous possédons les preuves les moins équivoques de son parfait bonheur. Aussi les deux infantes qu'elle laissa, Isabel Clara Eugénia (1566-1633) et Catalina Francisca (1567-1597), furent-elles, de la part de Philippe, l'objet de toute la tendresse et de tout l'amour qu'un père peut nourrir pour ses enfants. On ne voit nulle part mieux que dans ses rapports avec les gens de sa maison, que Philippe possédait un cœur bon et charitable, quand il déposait toute sa dignité officielle. Il semble avoir porté l'intérêt le plus minutieux à tous ses serviteurs, et il s'entretenait avec eux de la façon la plus familière. Jusqu'à un âge avancé, il savait s'amuser des plaisanteries parfois assez crues (339) des fous de la cour et, quelques mois avant sa mort, on le vit arranger un bal masqué à l'occasion de la reconnaissance d'Isabelle-Claire-Eugénie et de l'archiduc Albert (1559-1621) comme souverains des Pays-Bas (340).

Dans la correspondance extrêmement volumineuse signée de la main de Philippe et publiée au cours des dernières générations, se trouve une petite collection de 34 lettres qui, par leur contenu, sont de nature complètement privée et familière. Ces lettres furent publiées, en 1884 par Gachard qui les avait découvertes à Turin dans les archives de l'Etat (341). Elles firent un bruit extraordinaire, dans tous les milieux où l'on s'occupait d'histoire ; car elles confirmaient beaucoup des preuves — connues autrefois, mais méconnues par les historiens modernes — des rares qualités personnelles du roi Philippe, et elles désarmaient d'un coup les malignes accusations de dureté et d'insensibilité, inventées, au cours de trois siècles, par les ennemis religieux et politiques de ce roi, et répétées si souvent qu'il passera encore plusieurs générations avant que les personnes cultivées se fassent une idée exacte de sa personnalité.

Il n'y a rien de bien intéressant à dire sur la vie journalière du roi ; car elle se passait avec la plus grande régularité (342). Tandis que, à un âge moins avancé, il entreprenait de longs voyages et se livrait assez fréquemment au plaisir de la chasse, il resta de plus en plus enfermé durant les dernières années de sa

L'ESCURIAL : POMPEO LEONI : « LE TOMBEAU ROYAL « GROUPE EN BRONZE REPRÉSENTA
PHILIPPE, ANNE, ELISABETH, MARIE (DE PORTUGAL) ET DON CARLOS

vie, et cela de préférence dans son cher Escurial. D'une façon générale, il jouissait d'une bonne santé, quoique, comme tous ses contemporains, il fût souvent atteint de la fièvre (343). Dans sa vieillesse, il eut également à souffrir beaucoup de la goutte (344) et des rhumatismes. Cette dernière maladie était surtout gênante quand elle s'attaquait à sa main droite et empêchait Philippe d'écrire. Il vivait en conformité avec les théories alimentaires de l'époque qui considéraient la viande comme la seule nourriture rationnelle et méprisaient le poisson et les fruits. Il avait obtenu du pape l'autorisation de faire gras le vendredi et il n'observait les règles du jeûne que le vendredi saint.

Nous ne décrirons pas ici la dernière maladie grave de Philippe (345) que ses ennemis considérèrent comme le juste châtiment de ses longues années de crimes, mais qu'il regardait lui-même comme une purification et une épreuve, destinées à lui apprendre, à lui l'homme le plus puissant de la terre, que tout ici-bas n'est que vanité (346), et que le salut de l'âme est l'unique chose nécessaire. Ce fut avec une constance invincible et une force d'âme inébranlable que, pendant 56 jours, il supporta les souffrances les plus atroces et les tourments les plus ignominieux sans que jamais une plainte effleurât ses lèvres. Un jour, après que Philippe avait subi une opération douloureuse dans la jambe, l'un des moines qui le soignaient, lui demanda s'il avait beaucoup souffert, ce à quoi il répondit avec calme et humilité : Mes péchés me causent une douleur bien plus vive (347). L'un des derniers jours de sa vie, il appela son fils Philippe auprès de son lit et commença ses recommandations en ces termes : « Je vous ai appelé auprès de moi, afin que vous voyiez à quoi tout aboutit en ce monde (348). »

Il régla avec le plus grand soin tout ce qui le regardait personnellement — jusqu'à sa mise dans le cercueil de plomb où il rendit l'esprit (349).

Ses dernières paroles furent qu'il mourait, comme il avait vécu, dans la foi de la sainte église catholique (350). Le vieux roi expira le dimanche matin, 13 septembre 1598, juste au moment du lever du soleil. « Nous avons pleuré sa mort avec des torrents de larmes, et cependant nous n'en avons versé que peu en comparaison de la grandeur de cette perte. Et les pleurs de beaucoup ne sont pas encore séchés ; mais leurs yeux continueront à en verser jusqu'au dernier soupir ». C'est ainsi que s'exprime, sept ans après, le pieux José de Sigüenza (351).

Philippe doit être jugé différemment suivant qu'on le considère comme homme ou comme roi. Nous avons vu que tous ceux qui avaient eu le moindre rapport personnel avec lui, n'avaient que des éloges à son adresse et qu'il possédait des qualités rares et captivantes. Il était naturellement timide, modeste (352) et réservé, et il préférait la solitude et les occupations intellectuelles à la participation à la vie publique. Le nonce papal Filippo *Sega* dit quelque part que tous les hommes aimeraient Philippe, s'ils avaient des rapports directs avec lui et comprenaient son vrai caractère et ses intentions (353).

La constance et le calme apparent avec lesquels il recevait toutes mauvaises nouvelles et supportait tous les malheurs, n'étaient que le résultat d'un violent effort de volonté. Dans les dernières années de sa vie, il arrivait souvent qu'il tombait malade à la réception de nouvelles décourageantes (354).

Mais le soin et la lenteur avec lesquels il examinait toutes choses, ainsi que son irrésolution dans les affaires importantes et les questions critiques étaient cause de grands retards d'expédition, ce qui assurait des avantages considérables à ses ennemis.

Un autre trait saillant du caractère de Philippe, c'était le pessimisme qui, de bonne heure, lui inspira de la défiance envers tout le monde. Il voulait inspecter et contrôler de ses propres yeux les choses les plus insignifiantes comme les affaires les plus graves. Mais le soin et la ténacité qu'il mit à conformer en tout son administration aux règles qu'il s'était une fois tracées, son sens politique et son attention toujours en éveil semblent absolument justifier le surnom de « El Prudente » — le Prudent — dont ses contemporains l'ont honoré.

Si l'on considère les différents portraits de Philippe à un âge avancé, ce visage pâle comme la cire qui trahit une gravité glaciale et une mélancolie presque douloureuse, on sent spontanément que l'on se trouve en présence d'un homme que les malheurs et les revers les plus grands ont frappé ; d'un homme solitaire que l'adversité a endurci mais jamais abattu, parce qu'il avait conscience de sa mission et du but qu'il poursuivait. Il luttait pour son idéal avec une force d'âme inébranlable, et rien ne pouvait diminuer les exigences inexorables que lui imposait le Dieu dont il se sentait le représentant immédiat.

Il n'y a eu guère de souverain, sans doute, qui ait senti la responsabilité et le fardeau de la royauté au même degré que Philippe II. Lorsque, au cours des années, il vit échouer et s'évanouir beaucoup de ses plans et de ses rêves grandioses ; lorsque les malheurs, les épreuves et les humiliations s'abattirent sur lui, il trouva la force de les supporter dans la certitude qu'il combattait pour des intérêts plus élevés que ceux qui se rattachent aux biens de ce monde, et qu'il avait défendu et secondé la gloire de Dieu et le bien de l'Eglise. « Dieu m'est témoin », écrit-il aux membres des Cortès, à l'occasion de l'expédition contre l'Angleterre en 1588, « que ce n'est pas le désir de gagner de nouveaux royaumes qui m'a guidé, mais le zèle pour son service et l'espoir de glorifier sa sainte foi ; j'ai tout risqué : mon patrimoine, la cause de Dieu, l'honneur de l'Etat et mon propre honneur » (voir appendice n° 9).

Vus sous ce jour, le « fanatisme » de Philippe se transforme en zèle religieux ; son « despotisme » en énergique volonté de souverain, et sa « cruauté », en justice ne faisant point acception de personnes. Mais lui-même devient le martyr de son idéal élevé, dans un temps où l'évolution politique et religieuse de l'Europe centrale se frayait de nouvelles voies dont il ne comprenait ni les moyens, ni le but, et qu'il devait considérer, par conséquent, comme opposées à l'Eglise et subversives de l'ordre social.

Dans un dernier chapitre nous mentionnerons brièvement de quelle importance le règne de Philippe II a été pour l'Espagne.

CHAPITRE VI

CE QUE L'ESPAGNE DOIT A PHILIPPE II

§ 1. — *L'unité religieuse. — Le combat contre l'islamisme et l'hérésie.*

« Vous les connaîtrez à leurs fruits. »
(S. MATTH., VII, 16.)

Durant la plus grande partie du XVIe siècle, les Turcs étaient les ennemis les plus dangereux et les plus redoutés des Etats chrétiens. Ce fut justement en ce siècle, sous le règne de *Soliman* II le Grand (Suleiman El-Kanani, 1494-1566), que leur marine se développa au point d'être la plus puissante du monde. Elle fut organisée par *Khaïr-Ed-Din Barbarossa* (1477-1547), *Dragut* († 1565) et *Oulouch Ali* (El Euldj-Ali, le Renégat, 1508-1587) dont le nom seul inspirait de la terreur aux chrétiens. Ces hommes qui débutèrent comme de vulgaires pirates ou aventuriers et moururent comme vice-rois (pacha, beylerbey) d'Alger et chefs de la flotte du sultan, dominèrent sur la Méditerranée et ravagèrent ses îles et ses côtes jusqu'à ce que, dans la célèbre bataille de Lépante (1571), les flottes chrétiennes sous don *Juan d'Autriche*, Marc Antonio *Colonna* (1536-1584) et Giannandrea *Doria* brisèrent l'orgueil des Turcs et leur enlevèrent l'hégémonie (355). Pie V (Michele Ghislieri, 1504-1572) et Philippe II ont le mérite immortel d'avoir organisé « la Sainte Ligue », la dernière croisade victorieuse contre les fanatiques fils de l'Islam qui avaient fait de si grands progrès à la faveur de la tiédeur religieuse des Etats chrétiens et de leur manque de cohésion politique.

Les incursions victorieuses des Turcs sur le territoire des Etats chrétiens ne manquèrent pas d'avoir leur écho parmi leurs coreligionnaires de la péninsule hispanique. Déjà sous Charles-Quint, la question des Morisques était devenue d'une grande importance pour la paix intérieure de l'Espagne. En 1525, l'empereur donna aux Maures de Valence le choix entre le baptême et l'exil. Ils choisirent l'exil et portèrent leurs compatriotes des autres provinces à faire cause commune avec eux. Ils fixèrent le 31 janvier 1526 comme jour de leur départ. Mais comme le gouvernement s'aperçut que cette mesure priverait le royaume d'un million de ses meilleurs agriculteurs et industriels, il recula par crainte des conséquences qui en résulteraient et défendit l'émigration. Ce furent surtout les grands propriétaires de l'ancien royaume de Valence qui s'opposèrent à la persécution des Morisques. Là les intérêts économiques de la noblesse étaient liés presque exclusivement au nombre plus ou moins considérable des Morisques qui cultivaient ses terres et il y était passé en proverbe que « celui qui avait des Maures, avait de l'or » (quien tiene Moro, tiene oro). Mais les rapports entre la race sémitique et les chrétiens n'en devinrent que plus tendus dans les autres régions du pays. L'Inquisition se montra particulièrement sévère durant les années qui suivirent jusqu'à ce que l'inquisiteur général Alonso *Manrique de Lara* († 1538), archevêque de Séville, amena par son intervention l'accord du 21 mai 1528. Par cette convention, l'Inquisition, renonça à procéder contre les Morisques pendant 40 ans et il leur était accordé, en outre, certains adoucissements (356).

C'est de cet accord que résulta la situation qui, durant le reste du siècle, valut au gouvernement d'innombrables difficultés. En effet, les Maures et les Morisques se sentant forts et privilégiés ne tardèrent pas à donner libre cours à leurs rancunes religieuses et nationales. C'est ainsi qu'ils refusèrent d'apprendre l'espagnol et de renoncer à l'alphabet arabe (357) et qu'ils conservèrent opiniâtrément leurs mœurs et leurs costumes orientaux. Aussi le gouvernement dut-il dénoncer, en 1546, la convention de 1528 et dicter des mesures sévères contre les Morisques. Il en résulta une animosité qui se traduisit par la révolte d'Alpujarras (358) et la sanglante guerre civile qui la suivit (1568-1570).

Ainsi donc, en Espagne aussi, Philippe dut faire la guerre à ses propres sujets. Dans la peinture qu'ils ont faite de cette situation, beaucoup d'historiens modernes ont accordé leur sympathie aux restes persécutés de la noble race mauresque et représenté la conduite de Philippe comme dictée par une fanatique manie de persécution, inspirée par l'Inquisition. Mais une étude approfondie fait découvrir que ni Philippe ni l'Inquisition n'ont poursuivi la race étrangère avec plus de dureté que ne l'exigeait le bien de l'Etat et de l'Eglise. Même quand la guerre fut terminée par l'heureuse campagne de don Juan, le roi omit d'employer le seul moyen pratique de résoudre la question, savoir : l'expulsion complète des vaincus. Ce fut peut-être à cause des projets de vengeance des Turcs et parce que, sous l'impression de la révolte des Pays-Bas, Philippe n'osa pas envisager les suites d'une telle mesure. Il est certain que l'on se contenta d'interdire aux vaincus le séjour de l'Andalousie et de les reléguer dans d'autres régions du pays, dans l'espoir qu'ils embrasseraient le Christianisme et finiraient par devenir des citoyens soumis.

Mais cet espoir fut déçu et, pendant tout le reste du règne de Philippe, nous voyons la question des Morisques rester une cause permanente de troubles et d'inquiétudes. L'on se servit tour à tour de la sévérité et de la douceur ; mais, quoique les Morisques se soumissent extérieurement aux lois de l'Etat et aux cérémonies de l'Eglise, vers la fin du siècle il devint évident pour les hommes politiques les plus clairvoyants qu'il n'y avait d'autre moyen d'assurer définitivement la paix que l'éloignement complet de l'élément sémitique ennemi du christianisme.

Néanmoins nous voyons Philippe faire preuve d'une longanimité étrange sur ce point. L'on entendit même le clergé blâmer publiquement, du haut de la chaire, la tolérance dont il usait envers les Morisques (359). Lui qui, en beaucoup d'autres cas, ne reculait pas devant les moyens les plus sévères, quand il s'agissait du bien de l'Église et de l'Etat, ne voulait pas faire le pas décisif contre les ennemis mortels du christianisme. Philippe aura sans doute compris qu'en prenant une telle mesure l'Espagne assurerait certainement sa paix intérieure, mais qu'en même temps elle se ruinerait au point de vue économique et qu'elle courrait grand risque d'être attaquée par les Turcs, les Anglais et ses autres nombreux ennemis. Nous trouvons cette considération émise en plusieurs circonstances, mais particulièrement en 1582 dans une proposition du roi au conseil d'Etat (360).

Philippe caressait l'idée de voir les restes sémitiques absorbés par l'élément chrétien ; c'est à cela que tendaient toutes ses ordonnances et toutes les mesures qu'il prenait. Mais il exagérait la puissance du christianisme sur ces enfants endurcis de la nature. Ce fut en vain qu'il publia « édit de grâce » sur « édit de grâce » (361) où il les engageait à reconnaître leurs erreurs et à embrasser la doctrine de l'Eglise. Des prêtres et des religieux zélés prêchaient sans relâche la conversion parmi eux, et l'on cherchait à baptiser leurs enfants et à les élever dans le christianisme. On raconte que, le 14 avril 1578, dans un sermon qu'il faisait aux Morisques à Ricla (362), l'un des missionnaires les plus dévoués, le père Vargas, fut doué du don de prophétie et s'écria : « Puisque vous vous refusez obstinément à embrasser le christianisme, sachez qu'aujourd'hui même est né en Espagne l'homme qui vous chassera du pays. » Le même jour, Philippe III naquit à l'Alcázar de Madrid.

Cependant la race mauresque se montrait fort supérieure aux chrétiens en vitalité physique, car, d'année en année, elle se multipliait et augmentait son bien-être matériel, mais sans tenter de nouveaux efforts en vue de jouer un rôle politique. Dans le domaine de la vie intellectuelle, les Morisques ne produisirent rien d'important durant cette période. Ils semblaient avoir perdu leurs aptitudes d'autrefois pour les arts et les sciences (363).

Outre la Réforme qui, quoique étouffée à sa naissance, laissa quelques traces jusque bien avant dans le XVIe siècle — particulièrement parmi les étrangers que l'Inquisition punissait — l'Espagne vit surgir, au temps de Philippe II, une hérésie singulière qui n'a de pendant dans aucun autre pays, mais semble être exclusivement espagnole. Nous voulons parler des *alumbrados*, les « Illuminés » (364). A Tolède, on les voit déjà paraître vers 1520 ; mais ils disparurent rapidement à la suite des mesures énergiques prises par l'Inquisition (365).

En 1570 et les années suivantes, nous voyons les adhérents fanatiques de cette hérésie se répandre et fonder des communautés dans l'Estrémadure. Il est intéressant d'observer la conduite de l'Inquisition vis-à-vis de ces sectaires dont les erreurs étaient aussi immorales (366) qu'opposées à la foi de l'Eglise. Ils réussirent à cacher leurs excès pendant plusieurs années, jusqu'à ce que, après nombre d'essais infructueux, Fray Alonso de *La Fuente* parvint enfin à décider l'Inquisition à intervenir.

Ce ne fut donc que grâce à une entente étroite entre l'Etat et l'Eglise et à une vigilance constante de la part des autorités civiles et ecclésiastiques que l'on réussit à établir et à conserver l'unité religieuse de l'Espagne au XVIe siècle.

---

§ 2. — *L'unité politique. — La réunion de la péninsule en un seul royaume.*

Lorsque Philippe transféra la résidence à Madrid, il jeta la base de la centralisation qu'il désirait introduire en ce qui regardait la péninsule tout entière. C'était à l'Alcázar de Madrid et plus tard à l'Escurial que se réunissaient tous les fils qui faisaient fonctionner l'immense machine gouvernementale. Vingt ans plus tard, il put couronner son œuvre de concentration politique en joignant le Portugal et ses colonies étendues à la liste interminable des Etats et des provinces dont il portait le sceptre. On a souvent dépeint la conduite de Philippe envers le Portugal comme celle d'un usurpateur ; mais il n'y a pas de doute que les jurisconsultes les plus éminents de l'époque ne lui reconnussent le droit absolu d'hériter du trône resté vacant par la mort de son neveu le roi *Sébastien* (1554-1578) (367) et de son oncle le cardinal *Henrique* (1512-1580) (368). On ne doit pas non plus accuser Philippe d'avoir opprimé cruellement le Portugal, quoique ce pays perdît son indépendance et devînt partie intégrante de la monarchie espagnole ; car il en confia surtout le gouvernement à des Portugais. Il ne fallait guère s'attendre à ce qu'il gagnât la masse du peuple, vu l'outrecuidance des Portugais et leur haine invétérée contre leur grande voisine l'Espagne. D'ailleurs, quel peuple consentirait humblement à se voir destitué de son rang de puissance mondiale et réduit à n'être plus qu'une partie des domaines de son ancien rival (369) ?

Mais une question bien plus compliquée est celle des rapports de Philippe avec l'Aragon dont il anéantit, en 1591, les antiques « fueros » — avec une cruauté raffinée, à en croire la plupart des historiens. On a dit que c'était à cause d'Antonio *Pérez* que l'Aragon fut puni par la perte de sa situation politique particulière (370). D'autres pensent que depuis longtemps Philippe avait conçu le projet d'humilier l'Aragon et que l'insurrection en faveur d'Antonio Pérez ne fut que l'occasion que le roi attendait d'acquérir, dans ce pays, la souveraineté complète qu'il désirait (371).

Il faut faire remarquer, à ce sujet, que Philippe n'anéantit pas, à proprement parler, la constitution de l'Aragon, quoiqu'on ne puisse prétendre, avec l'historien allemand *Spittler* (1752-1810), qu'il ne toucha pas aux « fueros » (372) Philippe introduisit dans l'organisation politique de l'Aragon des réformes répondant aux exigences du pouvoir absolu de cette époque. Il voulait être obéi dans l'Aragon aussi bien qu'en Castille et se refusa à reconnaître un gouverneur (El Justicia) (373), qui s'opposait à ses volontés. Le roi s'arrogea donc le droit de nommer désormais ce fonctionnaire. Les « fueros » de l'Aragon, ne furent supprimés définitivement que sous Philippe V (1683-1746), en punition des sympathies autrichiennes du pays pendant la guerre de la succession (374).

C'est ainsi que Philippe réalisa l'unité politique de la péninsule hispanique, plan que tant de rois castillans avaient rêvé avant lui. Grâce à son sens de la justice toujours en éveil, ses idées absolutistes réussirent à triompher des antiques privilèges du clergé, de la noblesse et de la bourgeoisie.

Cependant il n'abolit pas la représentation des états, car il ne voulait pas gouverner sans le concours des gens compétents.

---

§ 3. — *L'union entre le souverain et le peuple. — Le roi national.*

Dans l'histoire de la plupart des pays, on rencontre des gouvernants qui ont été, d'une manière frappante, l'expression de l'esprit national, qui ont eu une importance particulière pour le développement de l'Etat et que, pour ces motifs, on peut appeler rois nationaux ou reines nationales. Dans les temps modernes, on peut citer comme types de ces régents que la nation entoure de son respect et de sa reconnaissance, Elisabeth en Angleterre, Henri IV en France, Christian IV en Danemark, Gustave Wasa en Suède et Philippe II en Espagne.

Nous avons vu précédemment que Philippe possédait toutes les qualités que le caractère national espagnol apprécie et respecte. Nous savons que les Espagnols avaient une très haute idée de la dignité royale, idée qui se trouve en connexion logique avec la fierté personnelle particulière à ce peuple. De son côté, le roi avait tellement conscience de sa dignité et de sa responsabilité qu'il ne lui restait que peu de temps pour se mettre en rapport direct avec le peuple. Et cependant il n'était nullement inabordable. Il observait fidèlement l'une des premières règles de l'instruction de 1543 qui lui prescrivait de donner audience à tous indistinctement ; mais il ne se montrait que rarement en public, particulièrement durant les dernières années de son règne.

A son idée, les devoirs d'un souverain consistaient surtout à gouverner, c'est-à-dire à travailler pour le peuple et à veiller au fonctionnement régulier et ponctuel du mécanisme administratif de l'Etat.

Philippe ne jouissait pas de ce qu'on appelle aujourd'hui vulgairement la popularité. En Espagne, un roi ne l'est que rarement. Ses sujets peuvent l'admirer, l'estimer et même l'aimer ; mais ils le font d'une manière éloignée et impersonnelle. Toutefois, sous Philippe II, tout Espagnol savait qu'aucune affaire intéressant les sujets du roi ne laissait celui-ci indifférent et qu'aucune des grandes et des petites questions du temps n'avait traversé son cerveau sans y être pesée ; car ce cerveau semblait embrasser, avec une espèce de supériorité encyclopédique, tous les domaines de l'activité humaine. Et le peuple avait confiance en ce roi qui ne faisait pas de distinction entre sa fortune personnelle et celle du pays, quand il s'agissait de la défense et de la conservation des deux valeurs les plus précieuses : la religion et l'Etat. C'est pour cela qu'il fut un roi selon le cœur du peuple (375).

On a prétendu que Philippe porte la lourde responsabilité de la décadence que le pays traversa à la fin de son règne et qui se continua sous ses successeurs (376). Nous croyons avoir démontré que cette décadence avait déjà commencé sous Charles-Quint, parce qu'alors déjà la nation était dégénérée. Nous croyons pouvoir affirmer que, pendant toute une génération, Philippe réussit à arrêter cette décadence par sa volonté de fer et le travail énorme qu'il s'imposa. Ce n'est donc ni au gouvernement ni à l'Inquisition qu'il faut attribuer ce qui germait dans la nation elle-même et qui occasionna infailliblement cet arrêt dans l'évolution qu'on nomme décadence (377).

Si Philippe avait travaillé exclusivement pour des fins temporelles et matérielles, il aurait dû se décourager à la fin de sa carrière. Mais la lutte pour son idéal et la conviction invincible qu'il avait de combattre pour des fins supérieures le rendirent grand dans le malheur. C'est pourquoi l'histoire doit considérer cette constance sans exemple, qu'on appelle si souvent intolérance et fanatisme, comme la première des qualités de ce roi.

Muy sancto padre / a don Ju.o de çuñiga mi embaxador escrivo que diga a
V. S.d lo que se me ofrece sobre las cosas
de genova y lo que deseo que se acaben de
concertar con brevedad y lo que esto
importa al servicio de nro señor y al
bien comun de la christiandad y paz
y honor de la mysma republica / a
V. S.d suplico le oyga y crea como

ECRITURE DE PHILIPPE II

Ecriture de Philippe II.

Commencement d'une lettre du 18 janvier 1576 à Grégoire XIII (*Ugo Buoncompagni,* 1502–1585). L'original en est conservé dans les archives secrètes du Vatican :

Muy sancto padre, a don Juan de Çuñiga my embaxador escribo que diga a v. s^d^ (vuestra santidad) lo que se me ofrece sobre las cosas de genova y lo que deseo que acaben de concertar con breuedad y lo que esto ymporta al seruicio de nro (nuestro) Señor y al bien comun de la christiandad y particula de la mysma rrepublica a v. s^d^ suplico le oyga y crea como....

(Saint Père, j'écris à mon ambassadeur qu'il doit communiquer à Votre Sainteté ce que je pense de la question de Gênes, combien je désire qu'on tombe bientôt d'accord là-dessus et de quelle importance elle est pour la cause de Dieu, pour le bien de la chrétienté en général et pour la république elle-même en particulier ; je prie Votre Sainteté de l'écouter et de le croire comme...)

TROISIÈME PARTIE

CHAPITRE VII

NOTES, MATÉRIAUX ET SOURCES

ABRÉVIATIONS DES NOMS DES ARCHIVES ET DES BIBLIOTHÈQUES AUXQUELLES IL EST RENVOYÉ DANS LE TEXTE

A. B. A. H. M. : Archivo de la Biblioteca de la Real Academia de la Historia, Madrid.
A. G. S. : Archivos Generales de Simancas.
A. H. N. M. : Archivo Histórico Nacional, Madrid.
A. S. F. : Regio Archivio dello Stato, Florence.
A. S. M. : — — — — Milan.
A. S. N. : — — — — Naples.
A. S. T. : — — — — Turin.
A. S. V. : — — — — Venise.
A. S. S. R. : Archivio Segreto della Santa Sede, Rome.
B. A. H. M. : Biblioteca de la Real Academia de la Historia, Madrid.
B. A. R. : Biblioteca Angelica, Rome.
B. A. M. : Biblioteca Ambrosiana, Milan.
B. M. L. F. : Regia Biblioteca Mediceo-Laurenziana, Florence.
B. M. E. : Biblioteca de Manuscritos del Escorial.
B. N. M. : Biblioteca Nacional, Madrid.
B. N. M. V. : Biblioteca Nazionale Marciana, Venise.
B. N. B. M. : Biblioteca Nazionale Braidense, Milan.
B. N. C. V. E. R. : Biblioteca Nazionale Centrale Vittorio Emmanuele, Rome.
B. N. F. : Biblioteca Nazionale, Florence.
B. N. N. : — — Naples.
B. N. T. : — — Turin.
B. N. P. : Bibliothèque Nationale, Paris.
B. R. M. M. : Biblioteca Real de su Majestad, Madrid.
B. V. R. : Biblioteca Apostolica Vaticana, Rome.
B. R. C. : Bibliothèque Royale, Copenhague.

§ I. — NOTES

1. Die historische Gerechtigkeit fordert, dass wir eine jede historische Persœnlichkeit nur innerhalb der Umgebung ihrer Zeit, nur nach den Voraussetzungen und Anschauungen ihrer Zeit beurtheilen. Wir dürfen keinenfalls den Masstab unserer Denkweise an die Erscheinungen der Vergangenheit anlegen. Voir : « Ueber die Objectivitæt des Historikers » dans « Historisches Taschenbuch », 6. Folge, I. Jahrgang. (Leipzig, F. A. Brockhaus, 1882, in-8, p. 327-343), p. 341.

2. « On l'a appelé à juste titre le démon du midi, et il n'y a peut-être jamais eu d'homme plus étrange à l'humanité » dit Frédéric *Ancillon* (1767-1837) dans son : Tableau des révolutions du système politique de l'Europe depuis le xve siècle. » Berlin, Charles-Quin, 1803-1805, 4 vols in-8. Voir vol. II, p. 220.

3. « Darstellung von Fürst und Volk wærend dieser Zeit (le xvie siècle) ist Jahrhunderte durch ein fortgesetztes System von Fælschung und Entstellung gewesen » dit Rodolphe *Beer* (né 1863) dans son excellent précis de l'histoire littéraire de l'Espagne : Spanische Litteraturgeschichte [Leipzig, Gœschen, 1903, 2 vol. in-12, 148 et 164 pp], I, p. 36.

4. Comme exemple de la haine contre les Espagnols qui prit naissance en Hollande, on peut citer l'anecdote suivante qui est racontée par Louis *Aubery* († 1687), ambassadeur de France en Hollande (« Mémoires », etc., Paris, 1680, pp. 60-61) : « Un des matelots de l'amiral Louis *Boisot* († 1575), pendant le siège de Leyden, ayant arraché le cœur d'un Espagnol, le dévora publiquement tout sanglant et tout crud, tant l'aversion et la passion des gens de ce pays-là est violente ». — Voir aussi l' « Apologie » de Guillaume d'*Orange*,

p. 117 : « Il est douls à chascun de viure en son pays. Pourquois doncq ceste mauldicte race d'espagnols va elle de païs en païs tourmenter tout le monde ? » — D'autres exemples se trouvent dans la lettre de John *Bradford* (1510-1555) : « To the right Honorable Earls, etc. », dans les « Ecclesiastical Memorials, etc. », (III, p. 127) de John Strype (1643-1737), la : « Pietra del Paragone Politico » de Traian *Boccalini* (1556-1613), les « Filippiche contro gli Spagnuoli » d'Alex. ***Tassoni*** (1565-1635), etc.

5. Hugues *Grotius* (1583-1645) raconte dans ses « Annales et Historiæ », Amsterdam, 1658, p. 71, que le Français Pierre *Villerius*, (Pierre *Loyseleur*), secrétaire particulier du prince, lui aida dans la rédaction de cet écrit. D'autres ont pensé qu'il est dû à Hubert *Languet* (1518-1581), homme politique célèbre, qui entra au service de plusieurs princes protestants. Voir *Jœcher*, Chr. G. : « Allgemeines Gelehrten-Lexicon, etc., Leipzig, 1750-51, vol. II, col. 2268. Voir aussi *Chevreul*, H : « Etudes sur le XVIe siècle, Hubert Languet », Paris, Poitiers, 1852 in-8, 239 pp., p. 167 : Il faut donc admettre que cette Apologie est l'œuvre de Pierre de Villiers, écrivant sous l'inspiration de la partie intéressée, et que Languet n'en a rédigé que quelques parties.

Orange, (l'*Arausia* des Romains), est le nom d'une petite principauté qui fait actuellement partie du département Vaucluse. La ville d'Orange se trouve à 28 kilomètres au Nord d'Avignon. De 1530 à 1702 ce pays appartenait au comté (plus tard duché) allemand de Nassau ; mais il fut cédé à la France par le traité d'Utrecht (1713). La littérature est très riche en ouvrages touchant Guillaume d'Orange. Parmi les plus récents on peut citer : A. J. *Namèche*, « Guillaume le Taciturne » etc, Louvain, Charles Fonteyn, 1890, 2 vol. in-8; Ruth *Putnam* : William the Silent, prince of Orange, etc., New York, Putnam, 1895, 2 vol. in-8, et surtout le travail savant et complet de Félix *Rachfahl* (né en 1867) (voir Bibliographie). *Gachard* et *Groen van Prinsterer* ont publié la correspondance du prince Guillaume.

6. Même Hugues Grotius, qui hait les Espagnols, reconnaît que, dans cet écrit, se trouvaient « veris falsisque narrationibus permixtis », op. cit., p. 71.

7. Voir p. 32. La fausseté de cette accusation ressort

suffisamment des rapports détaillés de l'ambassadeur français, de Fourqueveaux (1508-1574) au gouvernement français. Voir Bibliographie : Douais.

8. « Du temps qu'il faignist espouser l'infante de Portugal, mère de don Charles, il sçavoit estre marié à donna Isabella d'Osorio de laquelle aussi il a eu deux ou trois enfans, dont le premier se nomme Don Pedro et le second Don Bernardino, duquel mariage pourroit donner bon tesmoignage Rigomes Prince d'Yuoli, s'il estoit vivant, car il en fut le négociateur ». Voir p. 33. — De nos jours, il n'y a pas d'historien sérieux qui voudrait reprendre cette accusation qu'aucun document n'est venu appuyer jusqu'à présent. Le célèbre hispanophile anglais Martin A. S. Hume dit à propos de cette question : « It is... in the highest degree improbable, that Orange's assertion was true ». Philip II of Spain, p. 16.

9. Voir « Apologie », p. 32.

10. Voir p. 33.

11. Antoine Arnauld (1560-1614), François de Clairy et Hurault de l'Hospital († 1592) sont connus comme auteurs de brochures hispanophobes de ce genre qui parurent sous des titres comme « l'Anti-Espagnol », « Philippique », etc. Dans un « Discours véritable de ce qui est advenu en la ville de Bruges l'an MDLXXXII, etc. », publié par un anonyme (Bruges, 1582), nous trouvons l'imprécation suivante adressée au Tout-Puissant : « Le tout-puissant permettra que s'accompliront les prophéties des très renommez Mathématiciens Joannes Stadius (1527-1579) et Rembertus Dodonœus (1518-1585), que le Roy Philippe d'Espaigne sera chassé de tous ses Royaumes et terres et en après de faict tué des mains de quelque homme, ce qu'ils ont trouvé suyuant la doctrine mathématique en sa géniture malheureuse ». Voir aussi la célèbre « Satyre Menippée » etc. (Tours, 1593, in-8). On peut consulter aussi sur ce sujet le curieux traité de Carlos *Garcia* : « Antipatia de los Franceses y Españoles. Obra apacible y curiosa, conpuesta en Castillano por.... ». Roven, Jacques Caillové, 1638, in-12, 3 ff. n. ch., 401 pp.

12. Voir la Bibliographie : *Bermúdez* de Castro, *Hume*, M. A. S. : « Españoles é Ingleses »,etc, *Mignet* : « Antonio Pérez », *Grahl*, Ernest, *Muro*, Gaspar, *Pidal*, Pedro marqués de, etc.

13. *Hume*, qui n'est pas un admirateur aveugle de Phi-

lippe II, caractérise Antonio Pérez comme un « arch liar » et un « brilliant, plausible scoundrel ». Voir « The Spanish People », Londres, 1901, p. 369, la note et p. 398.

14. Dans l'espace de quelques années, il en parut, à Genève, à Londres et à Paris, six éditions différentes en espagnol, en français et en latin. En Espagne, les « Relaciones » furent imprimées pour la première fois en 1849, comme 11e et 14e volume de « La Época, Biblioteca para todos. » Voir la Bibliographie : Ant. Pérez.

15. Voir : Kr. Nyrop. : « Grammaire historique de la langue française », 2e édition, Copenhague, G. B. N. F., 1904, t. I, p. 84., *Puibusque* (Adolphe de) (1801-1863) : « Histoire comparée des littératures espagnole et française », Paris, Dentu, 1843, II, p. 20 et suiv.

16. P. 59, 60 (Madrid, 1849).

17. Antonio Pérez et Philippe II, p. 36.

18. Don Carlos et Philippe II, p. 207, note 3.

19. Voir, par exemple, Gaspar *Muro* : « Vida de la Princesa de Eboli », Madrid, 1877, p. 250.

20. P. 60, éd. cit.

21. Encore en 1874, l'historien allemand Guillaume-Adolphe *Schmidt* (1812-1887) accuse Philippe d'avoir assassiné son fils. Voir « Epochen und Katastrophen », p. 381 ; et en 1878, le docteur catalan José *Güell y Renté* (1819-1884), prétendait que Philippe avait ordonné à Olivares, médecin de don Carlos, de donner à son patient un poison lent. « Il le tua, non pas en le soignant mal, mais en lui administrant un poison lent. » Voir : Philippe II et don Carlos devant l'Histoire, p. 177, et la lettre d'Ant. Pérez au conseiller *du Vair* dans les « Briefe aus Paris » de *Raumer*, I, p. 148.

22. Voir par exemple : B. N. M. ms. Bb. 122 : Historia de la vida de don Phelipe segundo, Rei de España, escrita por Antonio Pérez, su secretario de Estado. Escriuió este epitome Antonio Pérez estando en francia fugitivo y divulgóla en nombre de un chronista frances, in-4, 38 feuilles. Deux autres copies conservées dans la même bibliothèque et marquées R. 110 et H. 132, ajoutent le nom de Pedro *Mateo* au titre. Dans l'A. H. N. M. Estado, legajo 4818, on trouve le même écrit sous le titre de : Breve compendio y elogio de la vida del Rey Phe segundo de felicissima memoria, escripta

por Antonio Pérez, estando en Francia. L'A. B. A. H. M. Est. 21. gr. 3ª nº 34, possède une autre copie du même contenu. Au Musée Britannique, Sl. 2802, se trouve : Breve compendio y elogio de la vida y echos de Phelipe Segundo, rey de España y del Nuevo Mundo, con la muerte del Principe D. Carlos su hijo. Compuesto en Frances par Pierre de Prettes, coronista del Rey de Francia, y traducido en español por un cavallero español. Il se rencontre des copies de la même biographie dans la B. N. P. 178 et supplém. français 2502, la B. R. C., gl. kgl. Samling, nº 515, la B. N. N., XI B. 31, et en beaucoup d'autres endroits encore. Les éditeurs de la célèbre bibliographie de Félix de *Latassa* (1733-1805) : Bibliotecal antigua y nueva de Escritores Aragoneses, etc. (Madrid, Calisto Ariño, 1884-1886, 3 vol. in-4), vol. II, p. 532 attribuent cet ouvrage à Antoine *Pérez*.

23. Voir : Hist. of Philip II (Londres, Bentley, 1855), pp. 12, 16, 18, 21, etc.

24. Comme Cayetano Manrique le prétendait encore en 1868. Voir son : Apuntes, etc., p. 6.

25. La naissance de Philippe par exemple est fixée au 26 mai 1525 au lieu de l'être au 21 mai 1527.

26. « Los protestantos de Alemania, los estados de flandes, la Reina de Inglaterra, y el Rey de Dinamarca le solicitaron para ligarse con ellos y juntamente le prometieron el Ympe-rio y la conquista de todos los Paises que no podian viuir dabaxo del yugo Español. »

27. Voir : Œuvres complètes, édition de Buchon, Paris, 1842, vol. I, p. 127, où il dit de don Carlos :« Aucuns l'ont soupçonné de la religion, tant de Luther que de Calvin, et qu'il s'entendait avec les protestants, qui luy promettoient l'Empire et les Pays-Bas, car il avoit de l'ambition tout ce qu'il luy falloit ».

28. « Esta correccion de los Aragoneses es una de las mas gloriosas acciones de este Principe debaxo de cuia estatua (dans l'Alcázar de Séville) no se ha puesto cosa que pudiese parecer mas illustre ni mas memorable que el decir que al-lanó Aragon. Antonio Pérez, autor destas turbulencias se huió a Vearne a Madama Catalina, Princesa de Navarra. »

29. Voir : « Les Bibliothèques de Madrid et de l'Escurial »

(Bruxelles, 1875), p. 62. « La Bibliothèque Nationale à Paris » (Bruxelles, 1875-77), I, p. 242.

30. Il s'agit ici naturellement d'Antonio Pérez.

31. Voir la Bibliographie. Ses mémoires parurent pour la première fois en 1665 et 1666 chez Elzevier, à Leyde ; mais il y avait alors un demi-siècle qu'ils circulaient, dans des exemplaires manuscrits, dans des hautes sphères de la société française.

32. Voir : « L'Esprit de la Ligue », Paris, 1767-1768, vol. I, p. XXXIII.

33. « Œuvres complètes », éd. de Buchon, Paris, 1842, I, p. 117-127.

34. « ... Un matin on le trouva en prison estouffé d'un linge » ibid., p. 126.

35. « Il mourut de peste, qu'il avoit prise de la marquise d'Avre, disoit-on, de laquelle il estoit épris ; mais tout le monde ne dict pas cela, et mesmes en Espaigne ; car on tient qu'il mourut empoisonné par des bottines parfumées ;... enquoy le roy est excusable ; mais Anthonio Pérez très blasmable ». Ibid., p. 133-134.

36. « Œuvres complètes, » éd. cit. I, p. 119-120.

37. Voir Philarète *Chasles* (1798-1873) : Essai sur la vie et les œuvres de Jacques-Auguste de Thou, dans « Etudes sur le XVIe siècle en France, etc. » [Paris, Amuyot, (1848), in-8, LXVI, 432 pp.], p. 243-285.

38. C'est ainsi qu'il écrit à propos de don Carlos : « Imperiosus ac suspicax pater re prius cum S. Inquisitionis, uti vocant, officio, communicata, qua inconsulta ille siue superstitione siue religionis simulatione nihil magni momenti tota fere vita gessit ». Pars II, t. II, p. 180, Paris, 1606.

39. « ... Dein mensibus aliquot elapsis Elisabetha vxor cum prægnans esset, et XXIII annum ageret, priuignum secuta est, non sine suspicione veneni ». Ibid., p. 182.

40. Voir [Ferd. *Gallardi*] : « Réflexions svr les Mémoires pour les Ambassadeurs, etc. » (Ville-Franche, chez Pierre Petit, 1677, in-12, 4 ff. n. ch.-204 pp.), p. 34 : « ...cette pièce n'est moins une histoire qu'un roman, qui n'a que les apparences et les noms, tant elle est suspecte, etc. » En 1819, l'éditeur des « Œuvres choisies de l'abbé de Saint-Réal » (Paris, Louis Janet, gr. in-8, XVI-471 pp.) écrit ce qui suit : « Don

Carlos n'est plus aujourd'hui regardé que comme un roman ingénieux », p. IX. Voir aussi Hume, M. A. S.: Philippe II, King of Spain, p. 124 : « In any case the abbé de St. Réal's romantic fictions which have been drawn upon by so many historians, may be confidently dismissed as unworthy of any credit whatever. »

41. Prosper *Marchand* (1675-1756) lui consacre 17 pages in-folio dans son « Dictionnaire Historique ». Voir p. 164-181 (La Haye, Pierre de Hondt, 1758). L'un des ouvrages les plus importants de Saint-Réal est : La Conjuration des Espagnols contre la République de Venise, en 1618.

42. L'académicien Manrique s'exprime ainsi : « En Simancas se halla tambien un Códice que contiene varios trabajos inéditos, y entre ellos la « Vida y muerte del principe D. Carlos, por el abad de S. Real, etc. » Voir son « Apuntes para la vida de Felipe II, etc. » (Madrid, 1868),p. 5. Assisté du directeur, don Julián *Paz*, j'ai entrepris, à Simancas, des recherches minutieuses pour trouver l'exemplaire cité ci-dessus. Mais nous n'avons pas réussi à le découvrir. On le trouve par exemple dans la B. N. P., signé Ms. esp. n⁰ 179, fol. 99-163 et je possède moi-même une copie de ce document intitulée : Vida y muerte del principe Don Carlos, hijo de Felipe II Rey de España, por el abad de San Pedro (sic), año de XVII (1717), in-4, 115 ff. Il existe des traductions anglaise (de 1674) allemande (de 1784, 1795 et 1828), et italienne (de 1806), de ce « précieux document historique ».

43. « Teatro Britannico, overo Istoria della Grande Britannia », Amsterdam, 1685, 5 vol., in-12.

44. Voir : Histoire des Italiens, traduite par Lacombe (Paris, Didot, 1859-1862, in-8, 12 vol.), IX, p. 255.

45. Voir : Instrvzione all' Historia della Vita di Filippo II (p. 16), Part. I : « ... Vn Auuocato Francese, Orator famoso, non meno che Scrittore celebre di Religione, Catolico, e di costume gentilissimo, hauendo inteso già sin dall' anno passato ch'io stauo sul punto di dare alla luce la vita di Filippo II mi scrisse in vna gentilissima sua le precise parole. J'apprens que vous escrivez présentement la vie du fameux Roy Philippe II, ç'a été un grand politique si pour l'être, il ne faut qu'être fourbe, sans foy, sans humanité, et sans religion : Je

ne doute point que ce ne soit par vous que l'on verra sans déguisement et sans ombrage ses vices.

Chi è dell'humore di questo per altro mio Padrone, son sicuro che non mancarà di dire ch'io adulo troppo il Rè Filippo, e che in luogo di biasimarlo lo lodo ; e forse si potrebbe ingannare leggendo tutta l'Historia nella quale non si tacciano i suoi vizii, ne si trascurano le sue gran virtù, che a dire il vero queste seconde sono state in lui cosí eminenti che quasi hanno oscurato gli altri che in fatti sono pur stati grandissimi. La Terra non vide mai vn Rè maggiore e quello che fu nella sua persona, e nella sua condotta ammirabile, che seppe trouar sempre mezi da far campeggiare le sue politiche furbarie delle quali ne abbondaua, come chiarissime virtù agli occhi del Mondo, che in diuerse occasioni restò appannato, etc. »

46. On peut se faire une idée du succès de cette pièce, quand on voit qu'elle fut jouée trente fois de suite devant une salle comble et quand on lit le pamphlet de lord Rochester (1647-1680), où se trouve la savoureuse strophe suivante :

> « Don Carlos his pocket so amply had fill'd
> That his mange was quite cur'd, and his lice were all kill'd ».

Voir D. E. Baker : Companion to the Playhouse (London 1812), vol. II, p. 170.

L'œuvre principale d'Otway : Venice preserved or a Plot Discovered (1682), est bâtie, comme « Don Carlos », sur, l'un des ouvrages de Saint-Réal, savoir : la « Conjuration des Espagnols contre la République de Venise, en 1618. »

47. Probablement des raisons de délicatesse envers la maison royale : Marie-Thérèse, l'épouse espagnole de Louis XIV, était décédée une couple d'années auparavant.

48. Voir : « Œuvres », Paris, 1750, 3 vol., vol. I, préface, p. XLVI-XLVII. Pierre-François-Alexandre *Lefèvre* qui a écrit une tragédie du même sujet : Don Carlos, etc., s'exprime ainsi dans l'avant-propos (p. 3), sur le succès d'Andronic : « Andronic a eu quarante représentations de suite ; et certainement le succès d'Andronic n'était que le succès du sujet ; un homme de lettres n'en doute aujourd'hui. »

49. Dans le Journal de Paris, le 2 mars 1809. Voici le titre

exact du drame de *Ximénès*, aujourd'hui extrêmement rare : Dom Carlos, tragédie en cinq actes et en vers représentée pour la première fois sur le Théâtre de Lyon, le mardi 5 mai 1761. La Haye,, 1761, in-8, 41 ff. n. ch. L'édition de Genève, identique à celle de La Haye, sauf l'avertissement qui y manque, a pour titre : Dom Carlos, tragédie en cinq actes. Par Mr. de V....... à Genève, MDCCLXI, in-8, 59 pp.

50. Il publia ce drame en même temps que trois autres : Antigone, Polinice et Virginia, sous le titre de : Tragedie di Vittorio Alfieri d'Asti, Sienne, 1783.

51. « Précis historique »,77 pp. Cet aperçu parut à part en 1786 (Amsterdam), sous le titre de : Histoire du despotisme et des cruautés horribles de Philippe II.

52. La pièce de Chénier se trouve dans le «Théâtre de Ch.-J. de Chénier, précédé d'une notice et orné du portrait de l'auteur». (Paris, Foulon et Cie, Baudouin frères, 1818, 3 vol. in-8°). vol. II, p. 277-371.

53. La tragédie de Daumier fut publiée dans : Les vieilles poétiques par J.-B. Daumier (de Marseille). (Paris, Auguste Boulland et Cie, 1823 in-12, 238.p.), pag. 119-238. La première édition, extrêmement rare, est de Paris, chez les Marchands de nouveautés, 1819. Impr. de Patris, in-8, 72 pp.

54. Don Carlos, infant d'Espagne, tragédie en cinq actes. A Paris, chez Ladvocat, 1820, in-8, 65 pp.

55. Voici le titre exact de la pièce de Lefèvre : Don Carlos, tragédie en cinq actes et en vers, par feu... Représentée pour la première fois par les comédiens du Roi sur le second Théâtre-Français, le mercredi, 21 décembre 1820. Dédié à S. A. S. Monseigneur le duc d'Orléans, premier prince du sang. A Paris, chez Gabriel Dufour ,1821, in-8, 1 f. n. ch., 81 pp.

56. Elisabeth de France, tragédie en cinq actes et en vers par M. Alexandre Soumet, de l'Académie Française, représentée pour la première fois sur le Théâtre-Français, le 2 mai 1828. Paris, Anthelme Boucher, Delaforest, J.-N. Barba, 1828, gr. in-8, 110 pp.

57. Voici le titre de la pièce de Delavigne : Don Juan d'Autriche ou la vocation, comédie en cinq actes en prose par M..., de l'Académie -Française. Représentée sur le Théâtre-Français le 17 octobre 1835. Paris, J.-N. Barba, 1836, gr. in-8, 195 pp.

58. Prosper *Poitevin* (né en 1840), dans son « Examen critique de Don Juan d'Autriche », voir : Œuvres complètes de Casimir Delavigne. Nouvelle éd. Théâtre II (Paris, Firmin Didot et Cie s. d., p. 597).

59. Le drame de Cormon fut publié dans la bibliothèque dramatique « Théâtre Moderne » sous ce titre : Philippe II, roi d'Espagne, drame en cinq actes imité de Schiller et précédé de l'Etudiant d'Alcalá, prologue. Par M. Cormon, Paris, Michel Lévy frères, 1846, gr. in-8, 30 pp.

Encore en 1896 on a vu au Théâtre de l'Odéon un drame « imité de Schiller » sous le nom d'auteur de Charles *Raymond*, savoir : Don Carlos, drame en cinq actes et onze tableaux d'après Schiller, etc. Paris, Charpentier et Fasquelle, 1896, in-8° 207 pp.

60. « Les fils de Charles-Quint, drame en cinq actes et un prologue en deux tableaux » par Victor *Séjour*. Paris, Michel Lévy frères, 1864, in-8, 167 pp.

61. La vierge d'Avila (Sainte-Thérèse), drame en cinq actes et un épilogue, en vers de M. Catulle *Mendès*. Représenté pour la première fois au théâtre Sarah-Bernhardt, le 10 novembre 1906. Publié dans : l'Illustration Théâtrale, n° 44. 17 novembre 1906, in-4, 40 pp.

62. Philippe II, tragédie en trois actes. Paris, Société du Mercure de France, 1901, gr. in-8, 107 pp.

63. Pendant l'automne de 1784, Schiller publia le premier acte de « Dom Karlos » dans la « Rheinische Thalia ».

64. Nous renvoyons à l'étude instructive et complète de Kr. Erslev : « Don Carlos hos Schiller og i Virkeligheden », dans le « Tilskueren », VIe année, p. 58-84, Copenhague, 1889. Une bibliographie assez complète sur des ouvrages concernant les drames de Don Carlos de divers poètes se trouve dans Karl *Goedeke* (1814-1887) : Grundriss zur Geschichte der deutschen Dichtung, Band V., Dresde, L. Ehlermann, 1893, p. 180-183. On peut consulter aussi Ernst van *Soest* : Don Carlos in de Letterkunde en in de Geschiedeniss. Hasselt, Langenacker, 1908, in-8, 214-VII, pp.

— Nous pouvons ajouter ici, comme une curiosité, que la littérature danoise aussi possède un drame où Philippe II est représenté. Nous voulons parler de la tragédie de Johannes Carsten *Hauch* (1790-1872) « Carl den Femtes Dœd » (Mort de

Charles-Quint), (Copenhague, S. Trier, 1831, in-8, 147 pp.). L'action de cette pièce insignifiante et naïve qui ne fut jamais jouée, se passe, en partie, à Saint-Just (sic), en partie, à Valladolid et aux environs de cette ville, et porte sur tous les points, le cachet d'une confusion étrange des données de la géographie et de la chronologie. D'après le poète, Philippe est déjà arrivé en Espagne, « sa flotte se trouve dans le port de Santiago » (sic) (p. 15). L'Escurial est « presque terminé », (p. 49) ; à quelques milles de Valladolid, nous voyons une région montagneuse où « les oranges mûrissent dans la vallée profonde » (p. 70) ; Spinosa (il s'agit de Diego de Espinosa, 1502-1572), paraît comme cardinal et grand d'Espagne (sic) (il ne devint cardinal qu'en 1568), etc., etc.

Charles-Quint regrette d'avoir déposé la couronne et s'indigne contre l'ingrat Philippe qui ne veut lui donner que 10.000 ducats par an et qui ne les paie même pas. Charles marche sur Valladolid avec 500 vétérans fidèles pour reconquérir son trône et punir Philippe. Mais celui-ci a résolu la mort de son père par l'intervention de l'Inquisition. Il fait connaître sa volonté à ce tribunal par les paroles sibylliques suivantes :

« Den Velbekiendto maa fra Verden skilles,
Ved Dœden ei, men dog ved Dœdens Billed » (p. 50)
(Le bien connu doit être enlevé du monde,
Non par la mort, mais par l'image du trépas).

L'archevêque Carranza se porte à la rencontre de Charles et le persuade de se laisser enterrer « en un signe singulier ». On assiste alors aux funérailles qui se terminent par l'incarcération de l'empereur sous une voûte souterraine. Mais il est délivré d'une manière merveilleuse, et quand il reparaît à la lumière, il expire.

C'est à de telles énormités qu'est livrée la mémoire des défunts illustres, quand un poète les évoque du tombeau.

65. Voir : Briefe über Don Karlos. dans « Gesammelte Werke », Stuttgart u. Tübingen, 1813, vol. IV, p. 479-548.

66. Watson, Mercier, de Thou, Grotius, etc.

67. C'est à peu près, comme si, de nos jours, l'on voulait tracer un tableau de la guerre franco-allemande de 1870-1871

en se servant exclusivement de sources.... hollandaises, anglaises, italiennes ou russes.

68. Voyez, par exemple, ces lignes : « Egoismus und Religion sind der Inhalt und die Ueberschrift seines ganzen Lebens. Er war Kœnig und Christ, und war beides schlecht, weil er beides vereinigen wollte. Mensch für Mensch war er niemals, weil er von seinem Selbst nur aufwærts, nie abwærts stieg. » Gesch. d. Abfalls, etc. Stuttgart, Cotta, 1871, vol. III, p. 235

69. Voir « Hist. de l'Inquis. », vol. III, p. 127-182. Pour ce qui regarde la vie de Llorente, voir sa propre « Noticia biográfica », Paris, 1818 : Ortí y Lara : La Inquisición, Madrid, Aguado, 1877, in-8, p. 309-319, et Gallois, Léonard : Histoire abrégée de l'Inquisition d'Espagne, 2e édit., Paris, Chasseriau, 1823, in-12, p. I-XXXVI.

70. Voir, par exemple, ce que Prescott dit de son œuvre : It is entitled to the credit of being the most, indeed the only authentic history of the Modern Inquisition ; exhibiting its minutest forms of practice, and the insidious policy by which they were directed, from the origin of the institution down to its temporary abolition. It well deserves to be studied as the record of the most humiliating triumph which fanatism has ever been able to obtain over human reason, and that too during the most civilised periods, and in the most civilised portion of the world. « History of the reign of Ferdinand and Isabella » (London, G. Routledge, 1858, 2 vol. in-8), vol. I, p. 211, note.

71. Voir toutefois le « Précis historique » de Mercier, ci-dessus, p. 32 et note 51.

72. Publiées dans leur ensemble, pour le XVIe siècle, par Eugenio *Albéri* (1809-1878), voir la Bibliographie, et pour le XVIIe siècle, par Nicoló *Barozzi* et Guglielmo *Berchet* (né en 1833) (en ce qui regarde la France et l'Espagne) : Relazioni degli ambasciatori veneti, etc. Venezia, Narratovich, 1856-1878, 6 vol. gr. in-8.

73. Voir la Bibliographie.

74. «Tous ces rois pratiquèrent à l'extérieur une politique envahissante, à l'intérieur une politique oppressive, etc. », t. I, p. 55, et t. II, p. 319-406.

75. Voir la Bibliographie : Granvelle. Une continuation de

ces papiers d'Etat : Correspondance du card. de Gr., existe en 12 vol. in-4, publiés par Edmond Poullet, Bruxelles, F. Hayez 1877-1896.

76. « Nadie tan benemérito como él de la historia de Felipe II » dit Marcelino *Menéndez Pelayo* (né en 1856) dans son « carta prólogo » au « Felipe II » de Valentín *Gómez*, (Madrid, Pérez Dubrull, 1879) p. XI.

77. Il serait trop long d'énumérer tous les écrits de Gachard. Dans la Bibliographie, j'ai cité ceux qui se rapportent d'une manière directe à mon sujet.

78. Et après lui plusieurs autres historiens, entre autres Modesto *Lafuente* et M. A. S. *Hume*.

79. Voir la Bibliographie : Proceso, etc. Españoles é Ingleses, etc., de Hume, Madrid, Londres, 1903, p. 197. Je possède un exemplaire de ce rare « Proceso ».

80. « Je citerai d'abord un manuscrit appartenant au ministère des affaires étrangères, et qui contient la copie de toutes les pièces du procès que Pérez a subi en Castille, depuis son premier emprisonnement jusqu'à sa torture et à son évasion. Dans ce manuscrit, des témoignages nombreux et positifs mettent hors de doute les amours de Pérez avec la princesse d'Eboli, ainsi que les véritables causes du meurtre d'Escobedo. Sa lecture m'a suggéré la première pensée de ce travail. » Voir : Antonio Pérez et Philippe II, Paris, 1845, p. III.

81. Un autre historien américain, Henry Charles Lea (1825-1909) a traité particulièrement l'histoire religieuse de l'Espagne au Moyen Age et dans les temps modernes. Dans son dernier grand ouvrage : A History of the Inquisition of Spain, in four volumes, New York, Macmillan, 1906-1907, il cite des pièces et des documents de presque toutes les archives de l'Europe, sans que l'on sache qu'il ait entrepris quelque part des recherches personnelles.

82. Voir, par exemple, ce qu'il dit à propos de l'Inquisition : — Folded under the dark wing of the Inquisition, Spain was shut out from the light which in the sixteenth century broke over the rest of Europe, stimulating the nations to greater enterprise in every department of knowledge. The genius of the people was rebuked and their spirit quenched under the malignant influence of an eye, that never slum-

bered, of on unseen arm ever raised to strike... Every way the mind of the Spaniard was in fetters. Voir book II, chap. III, p. 182 (London, Bentley, 1855). L'on pourrait se figurer un pasteur protestant tenant ce langage dans un prêche, mais non un historien moderne qui veut être à la hauteur de son sujet.

83. En traçant le portrait de Philippe II, Motley se base surtout sur les relations vénitiennes tout en y ajoutant des traits de sa propre invention. Il assure par exemple, que les facultés intellectuelles du roi prudent étaient très médiocres. « His talents were, in truth, very much below mediocrity». Voir l'ouvrage cité, éd. de 1870, p. 74.

84. Voir la Bibliographie. Ses écrits sur Quevedo (Fribourg, 1871), sur Cervantès, 1875, la traduction de « novelas exemplares », Ratisbonne, 1868, etc.

85. Voir, par exemple, son intéressant récit de voyage : Mein Ausflug nach Spanien im Frühling 1867 (Regensburg, G. J. Manz, 1868, in-8, XII — 666 pp.). En parlant d'Aranjuez l'auteur en arrive à la question : Don Carlos et Philippe. Voir p. 548-562.

86. Voir vol. I, p. 6.

87. Voir p. 5... The explanation of his attitude towards the political events of his time must often be sought in the hereditary gloom which fell upon him.

88. Il débuta comme dominicain, mais on dit qu'il fut obligé de quitter l'ordre, parce que, dans un accès de zèle religieux, il avait imité l'interprétation littérale et matérielle donnée par Origène au v. 12, ch. XIX, de S. Matthieu.

89. I Tobeli hebbero il fondamento loro da Tobelo ; e questi hoggi sono gl' Iberi.» Voir Flavius *Josèphe* : Antichità de' Givdei, libri XX, tradotti novamente per M. Francesco Baldello, etc. Vinegia, Gioliti de' Ferrari, 1582, in-4, p. 20 (lib. I, cap. VII). Juan Mariana (1536-1624) partageait la même opinion. Voir son : Historiæ de rebus Hispaniæ (Mogvntiæ, Andrea Wechelus, 1605, in-4, 7 ff., 619, 41 et 638 pp.). Voir lib. I, cap. I : Japheti filius Tubal mortaliū primus in Hispaniam venit.

90. La première édition de l'œuvre d'Ocampo : « Los quatro libros de la Coronica general de España »,parut à Çamora, 1581, in fol., VI-CCXXXV, ff. et index.

91. Sa « Coronica » parut successivement à Alcalá de Henares, en 1574, 1575 et 1577, ainsi qu'à Cordoue, en 1586.

92. Publiées en 7 volumes in fol. Zaragoza, 1616.

93. Sa nomination eut lieu en 1547, sous Charles-Quint. Philippe le chargea de parcourir l'Espagne, l'Italie et la Sicile afin de recueillir des documents historiques originaux qui furent transportés aux nouvelles archives de l'Etat à Simancas. Les annales de Zurita sont la source principale des « Historiæ » du célèbre Jean Mariana.

94. « Brevissima relacion de la destruycion de las Indias occidentales por los Castellanos », etc. Sevilla, Seb. de Trugillo, 1552, in-4. Ce livre qui fut traduit en français sous le titre : Tyrannies et cruautés des Espagnols, perpétrées aux Indes occidentales, traduites du castillan par Jacq. de Miggrode, Anvers, 1579, in-4, a fait, depuis, sa ronde dans tous les pays européens et augmenté la haine de la nation espagnole.

95, 96 et 97. Voir la Bibliographie: *Sepúlveda, Sandoval* et *Garibay.*

93. Voir, par exemple : Historia de Maria Estuarda, 1589, Cinco libros de la Historia de Portugal, Madrid, 1591 ; Historia... de la Liga Catholica, Madrid, 1594, etc. Voir la Bibliographie.

99. Voir la Bibliographie : *Biondi, Bovcher, Folchi, Dávila,* F., *Cervera de la Torre, Yepes,* etc. A cette catégorie appartient également l'« Elogio à las exclarecidas virtudes « publié en 1604, par le médecin Christóbal *Pérez de Herrera.*

100. Voir vol. I, p. 190. L'édition que nous continuons à citer est celle de Madrid, 1876-77, 4 vol. in fol.

101. Voir vol. I, p. 113 et suiv.

102. « Grefier de la Reina Nuestra Señora y continuo de la Casa Real de Castilla », comme il se qualifie lui-même dans le titre de la 2e partie de « Filipe Segundo ».

103. « Porque cuando me invió (el rey) a ver el mundo, fué a estudialle, como lo hice, escribiendo diarios de quando habia y hacia si hubiera de escribir esta Historia, que no pudiera sin ayuda de mis escriptos ». Voir vol. II, p. 117.

104. « Yo escriuo lo que ví y entendí entonces y despues por la entrada que desde niño tuve en la cámara destos

principes y fué mayor con la edad y comunicacion ». Vol. I, p. 590-591.

105. Voir « Essais », livre II, chap. x, édit., de Buchon, Paris, 1837, p. 224.

106. Voir, par exemple, le jugement de Cervantès sur Cabrera :

> No lo harás con este de ese modo,
> Que es el gran Luis Cabrera que pequeño
> Todo lo alcanza, pues lo sabe todo.
> Es de la Historia conocido dueño
> Y en discursos discretos tan discreto
> Que á Tacito verás si te lo enseño...

Viaje al Parnaso, etc. (Madrid, Ant. de Sancha, 1784, in-8, 151 pp.), p. 19.

107. « Algunos tienen por el mayor mal en la historia el adular, porq̃ mas Reinos ha destruido que las armas. Hase de entender a los viuos porque el loar a los muertos ningun sabio lo condenó, pues el premio de su gracia y mercedes no pueden mouer al escritor, ni ensoberuecer al Principe ». Voir « De la Historia para entenderla y escriuirla, etc », Madrid, 1611, in-4, fol. 61 v^0. On trouve chez *Voltaire* une idée analogue quand il s'exprime ainsi : On doit des égards aux vivants : on ne doit aux morts que la vérité. Première lettre sur Œdipe.

108. San Miguel s'exprime ainsi en parlant de l'histoire de Cabrera : « Escrivió la historia ó mas bien la vida de Felipe II Luis Cabrera, criado de su propia casa. No sabemos que haya otra historia en español de dicho monarca, publicado en aquel siglo. No concluyó Cabrera su historia, dejándola en el año de 1583, cuando Felipe II volvió de Portugal. Los motivos de esta suspension, los ignoramos, pues Cabrera sobrevivió al rey, como que dedicó á Felipe III esta vida, no concluida, de su padre. » Voir : Historia de Felipe Segundo, vol. II, p. 343, 2e édit., Barcelona, 1868.

109. Voir : Salustiano de Olózaga (1805-1873) : Discurso sobre las libertades de Aragón, causas que produjeron su ruina y medios adoptados para verificarla. Madrid, 9 de Enero de 1853, gr. in-8.

110. C'est ainsi qu'on lui attribue une œuvre assez importante dans le genre des « sueños », introduit par Quevedo, à

savoir : La casa de locos de amor. Voir : Fitzmaurice-Kelly, J. (né en 1858) : Historia de la Literatura Española (Madrid, La España Moderna, 1901, gr. in-8, XLII — 605 p.). p. 412.

111. Voir Jos.-Ant. *Alvarez y Baena* : Hijos de Madrid, etc., vol. III, p. 378-381, où l'on cite 14 ouvrages imprimés et 22 manuscrits de Vander Hammen.

112. Voir à ce sujet : Francisco *Pacheco* : Arte de la Pintura, Sevilla, 1649, in-4, p. 421 ; Juan Agustín *Ceán Bermúdez* (1749-1829) : Diccionario histórico de los mas ilustres profesores de la sbellas artes en España, Madrid, 1800, 6 vol. in-12, vol. II, p. 79-80, Antonio *Palomino de Castro y Velasco* : Leben aller spanischen und fremden Mahler, etc. (Dresden, Hilscher, 1781, in-8, 367, pp.), p. 135, et « El museo pictórico, etc. » Madrid, 1795, p. 129.

113. Comme le livre de Vander Hammen est très rare, je n'hésite pas à citer quelques passages de la lettre de Quevedo : Con tal estudio y diligencia ha desembaraçado v. m. de la prolixidad de los volumenes la Historia de Felipe Segundo, que estamos agradecidos con toda estimacion a que aya abreuiado la vida de aquel monarca... Admirame el juizio con que v. m. haze tratable la noticia deste Rey, grande en todos los dotes dignos de su corona, etc.... V. m. docto, fidedigno y modesto dexa viuir su vida al Principe, y quiere q̄ se lea lo q̄ fué, no lo q̄ quiere q̄ creā ó lo que quisiera que huuiera sido, sin achacarle discursos soñados, y enseña el camino de aliuiar las Memorias de los Reyes...

114. « Su trazador mayor y aposentador de Palacio », voir « Dichos y Hechos », Valladolid, 1863, p. 44. Estévan de Garibay explique comme suit le titre d' « aposentador mayor » : « Maréchal de logis, segun el titulo de la casa de Borgoña que en la antigua Castilla llaman aposentador mayor ». Voir « Memorias », Madrid, 1854, p. 426-427.

115. Lope Felix de *Vega Carpio* le loue comme poète dans son « Laurel de Apolo » dans les termes emphatiques suivants :

Gloria de Cuenca Baltasar Porreño
En el verso latino y castellano.
De tanta erudicion se muestra lleno.
Cuanta puede alcanzar limite humano,
Tulio español, Demóstenes cristiano.

Voir Silva I dans « Bibl. de Aut. Esp. », t. XXXVIII (Madrid, 1856), p. 190.

116. Si l' « Historia de Don Juan de Austria » de Porreño ne fut pas publiée du vivant de l'auteur, cela est dû en partie peut-être à cette circonstance que Vander Hammen avait fait paraître, en 1627, son « Don Juan de Avstria ». Dans la « Bibliteca capitular » de Tolède, l'on conserve sous le nom de Porreño une « Historia episcopal y Real de España » manuscrite.

117. L'approbation du livre est datée du 9 février 1627 et signée par l'historiographe de Philippe IV Gil *González Dávila* (1577-1658). Il y dit entre autres choses : El sugeto, y el escritor merecen que V. A. les de licencia para que se imprima : con que conocerán todas las naciones del orbe el arte de reinar que guardó el mejor de los Reyes, que han tenido mandos y coronas. Voir : Dichos y Hechos, Valladolid 1863, p. XVIII.

118. Publié d'abord dans la revue littéraire « Iris ». Mignet s'en rapporte souvent à Bermúdez de Castro dans son livre sur le même sujet.

119. « En este proceso ha oido la posteridad solo á una parte, á Antonio Pérez : seducida por su habilidad ha condenado á Felipe II en rebeldía ; pero ya que no se le oyó, justo es, para formar un juicio acertado, consultar manuscritos, y sobre todo documentos que justifican hasta cierto punto la severidad del rey, al paso que disipan sensiblemente esa aureola de martirio que ha coronado hasta nuestros dias á su desaventurado secretario ». Voir : Antonio Pérez, p. 14.

120. Voir la Bibliographie : Colección de documentos, etc. Parmi les volumes qui renferment des données particulièrement importantes sur le règne de Philippe, on peut citer : Sur Antonio Pérez : les I et XVe ; sur don Carlos, les XVe, XVIIIe, XXVIe et XXVIIe, sur la reine Elisabeth de Valois, le IIIe ; sur la princesse d'Eboli, le LVIe ; sur le duc d'Albe, le IVe ; sur le baron de Montigny, les IVe et V^e ; sur Alexandre Farnèse, les LXXIIe et LXXIVe ; sur Bartolomé de Caranza, les Ve et LXVIIIe ; sur Lépante, les IIIe, XIe et XXIe ; sur la conquête du Portugal, les XXXIe et XXXVe ; sur l'Armada, les XIVe et LXXXIe, etc. Dans ce recueil, on trouve, en outre, la correspondance de Philippe avec ses

ambassadeurs en Angleterre de 1558 à 1584 (vol. LXXXVII, LXXXIX, XC, XCI et XCII) ; avec les princes allemands et les ambassadeurs à Vienne (vol. IIC, CI, CIII, CX et CXI); avec Luis de Requesens et Juan de Zuñiga (vol. CII).

121. Voir, par exemple, ce qu'il dit de Philippe comme père de famille ; « Perdió cuatro mujeres sin hacer demostraciones de gran duelo... Debía de ser sin duda Felipe un marido poco amable y cariñoso. Sin grande emocion fué casi testigo de la muerte del príncipe don Carlos, acarreada sin duda por sus disposiciones. » Vol. II, p. 270-271, 2e édit.

122. Voir : Parte 3a, lib. II (vol. VI et VII. éd de 1861-1866) et Discurso preliminar, § XII.

123. Vol. III, p. 71-72, éd. citée.

124. En 1858, le comte de *Fabraquer* (1807-1875) publia un volume intitulé « Causas célebres » dont la plupart se déroulent au temps de Philippe (Don Carlos, Antonio Pérez, Montigny, le pâtissier de Madrigal et Martín de Acuña). Quoique l'auteur assure qu'il s'est livré à des recherches dans la Bibliothèque Nationale de Madrid et dans la Bibliothèque de l'Académie d'Histoire, il n'a pas réussi à faire vasoir une manière de voir essentiellement nouvelle, mais il luit généralement son illustre maître Modesto Lafuente.

125. Voir la Bibliographie.

126. Voir : « Orígines del Teatro Español », dans le « Tesoro del Teatro Español » d'Eugenio de Ochoa (1815-1872) (Paris, Baudry, 1838), vol. I, p. 122.

127. Voir : Geschichte der dramatischen Literatur und Kunst in Spanien, d'Adolphe Frédéric comte von *Schack* (1815-1894) (Berlin, Duncker und Humblot, 1845, 3 vol. in-8), vol. II, p. 536-540. L'auteur, se basant sur ses conceptions historiques, objecte que Philippe est idéalisé. Voir p. 537 : Das Bild des Kœnigs ist freilich etwas in's Schœne gemalt und mit einer, der geschichtlichen Wahrheit zuwiderlaufenden, Würde ausgestattet, etc. Voir aussi l'intéressante étude « L'Infant Don Carlos — le poète Enciso et ses drames » dans : « L'Espagne religieuse et littéraire — pages détachées » — d'Antoine Tenant de *Latour* (1808-1881) (Paris, Michel Lévy frères, 1863, in-8, VII — 360 pp.), p. 45-112. Voir aussi sur ce drame historique l'étude détaillée de l'historien belge Ernest *Gossart* (né en 1837) : La Révolution

des Pays-Bas au XVIe siècle dans l'ancien théâtre Espagnol, Bruxelles, Hayez, 1910, gr. in-8, 125 pp. (Extrait des Bulletins de l'Académie Royale Belgique), p. 3-23.

128. Voir *Schack*, ouvr. cit., II, p. 540-553, et *Alvarez de Baena* : Hijos de Madrid, etc., III, p. 157 : Su continuo estudio le ofendió la cabeza, y le puso frenético ;.... murió en Madrid el dia 25 de Junio de 1638.

129. *Schack*, ouvr. cit., III, p. 162-168, et Angel *Lasso de la Vega* : Calderón de la Barca, estudio de las obras de este insigne poeta, consagrado á su memoria en el segundo centenario de su muerte (Madrid, M. Tello, 1881, in-8, 403 pp.), p. 114-123.

130. « El drama histórico más notable del siglo, y está escrito con una discreción y una elegancia raras en el moderno teatro español ». Voir Fitzmaurice-Kelly : Historia de la Literatura Española, etc., Madrid, s. a. (1901), p. 538.

131. Le 16 mai 1563, Philippe écrit à son ambassadeur à Paris, Thomas Perrenot, seigneur de Chantonnay (1514-1575) entre autres choses : Ningun rey podria gouernar sus vasallos con poder limitado, cité dans : *Marcks*, Erich (né en 1861) : Die Zusammenkunft von Bayonne, etc., p. 17.

132. Au XVIe siècle, les Espagnols passaient pour très attachés à leur roi. Voir Ludovico *Dolce* (1508-1568) : Vita di Carlo Quinto, Imp. (Vinegia, Giolito, 1567, in-4, 12 feuill. n. ch. 315 pp.), p. 12 : « Gli Spagnuoli sono sopra tutte le nationi da natura inclinatissimi al loro Re. » Si l'on désire savoir ce qu'un Espagnol du milieu du XVIe siècle exigeait du roi et de ses conseillers, il faut lire le célèbre traité de Fadrique *Furio Ceriol* (1510-1592) : El Concejo i Consejeros del Principe, etc. (Anvers, Bivda de Martín Nvcio, 1559, in-12, 11-82 ff.). Furio Ceriol, originaire de Valence, moraliste et politicien de carrière, dédie son livre « al grande católico de España, Felipe II ». Il donne au roi un grand nombre de conseils, généralement très bons, touchant les facultés et les qualités des princes et de leurs conseillers. Il entre même dans de tels détails qu'il disqualifie comme conseillers toutes les personnes très hautes de taille et très maigres. « Que raras vezese ha visto saber i prudencia en hombre mui alto, principal mente si fuere mui flaco, i tuviere el cuello luengo », p. 60.

133. Pour ce qui regarde la littérature, riche mais rare, se

rapportant à ce sujet, nous renvoyons à R. *Foulché-Delbosc* : Bibliographie des voyages en Espagne et en Portugal (Paris, H. Welter, 1896, gr. in-8, 349 pp.). L'une des relations les plus intéressantes et les plus complètes sur la situation économique intérieure de l'Espagne à cette époque se trouve dans le « Viaggio in Ispagna » d'Andrea *Navagero* (1483-1529) (Vinegia, Domenico Farri, 1563, in-8, 3 ff.-68 ff.), Navagero était à la fois poète et diplomate et passa les années 1525-1528 à la cour de Charles-Quint en qualité d' « Oratore ».

134. L'ambassadeur vénitien Marino *Zorzi* († 1532) écrit, en mars 1517, sur Charles-Quint : Parla poco, non è uom di molto ingegno. Monsignor di Clevers lo governa. Voir *Albbéri* : Relazioni, etc., série II, vol. III, p. 50 (Firenze, 1846).

135. « Les Flamands appelaient, en plaisantant, les Espagnols leurs Indiens, et il y avait du vrai en cela », dit *Sandoval*, « car les Indiens n'apportaient pas aux Espagnols autant d'or que ceux-ci en apportaient aux Flamands, et quand un Espagnol recevait une pièce d'or, il avait coutume de chanter :

Doblon de a dos norabuena estedes,
pues con vos no topó Xeures. »

Voir : Historia del Emperador Carlos V, etc. (Pamplona 1614), I, p. 192.

136. Voir *Navagero* : Viaggio ; nous citons l'édit. : Opera omnia, des frères Vulpi (Patavii, Cominus, 1718, gr. in-4, 3 ff. XLVIII — 431 pp.), p. 372 : « Gli Spagnuoli non sono molto industriosi, ne piantano, ne lavorano volontieri la terra ; ma si danno ad altro, e più volontieri vanno alla guerra, o alle Indie ad acquistarsi facoltà per tali vie. »

137. Voir *Navagero* : Viaggio, édit. cit., p.360 : « Per esser Sevilla nel luogo che è ne vanno tanti di loro alle Indie, che la Città resta mal popolata e quasi in man di donne. Per le Indie spacciano tutti i lor frumenti, e vini, e mandanvi giupponi, camicie, calze, scarpe, e simili cose che fin'ora non sanno fare di là, delle quali fanno infinito guadagno. » Pour d'autres détails nous pouvons renvoyer à d'intéressants ouvrages à peu près de la même époque, comme « Suma de tratos, y contratos, etc. » de Tomás de *Mercado* (Sevilla, Fernando Diaz, 1587 (1re éd., 1575) pet. in-4, 19-375 ff.) et « His-

roria de Sevilla ,etc. », d'Alonso *Morgado* (Sevilla, Andrea Pescioni y Juan de Leon, 1587, pet. in -fol., 7-160 ff.).

138. En 1534, Charles-Quint octroya aux frères Raymond et Antoine *Fugger* († 1560) le privilège de battre de la monnaie d'or et d'argent. Le nom de cette famille fut donné à une rue de Madrid (calle de Fúcar). Voir *Hæbler,* Konrad (né en 1857) : Die Geschichte der Fuggerschen Handlung in Spanien (Weimar, E. Felber, 1897, gr. in-8, X-287 pp). Les riches mines d'Almadén qui étaient surtout exploitées par les Maures (« Almadén » signifie « mine » en arabe) devinrent dès 1168 la possession de l'ordre de Calatrava et, dans la suite, l'usufruit en revint directement aux grands-maîtres.

139. Ceux-ci provenaient en grand nombre des guerres contre les Maures et des tribus du Nord de l'Afrique. L'on commença aussi de bonne heure à introduire des nègres dans le pays.

140. Pendant tout le cours du XVIe siècle, la question des Morisques fut l'une des plus graves dela politique intérieure de l'Espagne. Après la conquête de Grenade, les vaincus obtinrent en grand nombre l'autorisation de rester en Espagne. L'avenir ne leur ménageait rien de bon ; car ils furent condamnés à tous les travaux grossiers que jusque là les esclaves seuls avaient exécutés. Voir *Navagero,* op. cit., p. 372 : « I Moreschi sono quelli che tengono tutto questo paese lavorato e piantano tanta quantità d'arbori, quanto vi è. « Quand il est question des descendants des Maures, il faut en distinguer deux catégories: ceux qui se firent baptiser et reçurent l'ordre de s'établir dans la Castille, la Navarre et les provinces basques sous le nom de Morisques (moriscos), et ceux qui furent autorisés à conserver leur religion et se fixèrent dans l'Aragon, la Catalogne et le pays de Valence, sous le nom de Mudéjares, mot arabe qui signifie « soumis à l'impôt.» Le bannissement définitif de toute la race mauresque était le moyen suprême et seul efficace d'assurer l'ordre et la tranquillité dans la nation. Voir *Oliveira Martins,* J. P. (1845-1894) : Historia da Civilisaçâo Iberica, p.270 : Esta medida, radical como fôra a dos judeus, satisfazia a um tempo as exigencias sociaes e as conciencias. Voir aussi la dissertation savante et détaillée de Florencio *Janer* : Condicion social de

los Moriscos de España, etc., couronnée et publiée par l'Académie Royale d'Histoire, Madrid, 1857.

141. Pedro de *Valencia* (1555-1620), l'un des humanistes et moralistes les plus illustres de l'Espagne, a laissé un « Traité sur la paresse », dans lequel il caractérise ses concitoyens comme suit : En España es la gente mas inclinada al ocio que en otras provincias, porque demas de la general inclinacion al ocio i aborrecer el trabajo, aqui tiene la gente mucho de vanidad i fantasia mas que en otras naciones... (B. N. M., mans. Pp. 146, in-fol. 6 ff.). Voir aussi « Apólogo de la ociosidad y el trabajo » de Luis *Mejía*, publié par fragments dans : P. *Mendíbil* et M. *Silvela* (1781-1832) : Biblioteca selecta de la Literatura Española, etc. (Burdeos, Lawalle, 1819, in-8, 4 vol.), I, p. 165-166.

142. Voir l'excellente étude psychologique sur le caractère du peuple espagnol par *Ganivet* (1865-1898) : Idearium Español, segunda edicón (Madrid, V. Suárez, 1905, in-8, 184 pp.), p. 17 : « El misticismo fué como una sanctificación de la sensualidad africana, y el fanatismo fué una reversión contra nosotros mismos, cuando terminó la Reconquista, de la furia acumulada durante ocho siglos de combate. »

143. « E' no mysticismo que se encontra a origem primordial d'essa extraordinaria força, d'essa omnimoda e universal acçâo que a Hespanha exerceu no mundo durante o XVI seculo. » Voir *Oliveira Martins*, ouvr. cité, p. 202.

144. Voir Fray Manuel *Rodríguez*: Explicacion de la Bvlla de la Sancta Cruzada. (Alcalá, Juan Iñiguez de Lequerica, 1589, in-4, 5-211 ff.).

145. Cisneros portait constamment, sous la pourpre cardinalice, l'habit grossier de son ordre et le raccommodait de ses propres mains. Voir Alvaro *Gómez de Castro* (1514-1580) (son biographe) : De rebus gestis a Francisco Ximenio Cisnerio, etc. (Compluti, 1569, in-fol.) fol. 219.

146. Voir Jaime Luciano *Balmes* (1810-1848) : Le Protestantisme comparé au Catholicisme dans ses rapports avec la civilisation européenne, 5e édit. (Paris, d'Auguste Vaton, 1857, 3 vol. in-8), II, p. 174 : Pour ma part, j'incline à croire que Ferdinand et Isabelle suivirent naturellement l'impulsion donnée par la nation, aux yeux de laquelle les juifs étaient odieux, lorsqu'ils persévéraient dans leur secte ; sus-

pects, lorsqu'ils embrassaient la religion chrétienne. Voir aussi Jean-H. *Mariéjol* (né en 1855) : L'Espagne sous Ferdinand et Isabelle, etc. (Paris, Quantin, 1892, gr. in-8, 356 pp.), p. 38.

Andrés *Bernáldez* († 1513), ami de Colomb, pense également que l'Inquisition était une institution utile et opportune. Voir son : Historia de los Reyes Católicos D. Fernando y Doña Isabel, (imprimée pour la première fois à Grenade J. M. Zamora, 1856), 2 vol. in-8, vol. I, p. 95-104.

Même l'ambassadeur vénitien Antonio *Tiepolo* disait, en 1567, que l'Inquisition était « un grandissimo freno e forse il maggior di tutti per la quiete». Voir *Albéri* : Relazioni, etc., série I, vol. V, p. 144. (Firenze, 1861).

Le protestant anglais Richard *Dugdale* reconnaît, dans un pamphlet contre l'Inquisition, qu'à l'origine non seulement ce tribunal était nécessaire, mais qu'il constituait, même en Espagne, une institution digne d'éloge : The institution of this Spanish Inquisition, at first, was not only necessary, as condition of affairs then was, but exceedingly laudable, had it been kept within the bounds, at first, intended. Voir : A narrative of unheard Popish Cruelties, etc. (London, 1680), imprimé dans : The Harleian Miscellany, etc. (London, T. Osborne, 1744-1746, 8 vol. gr. in-4), vol. VII, p. 99-115 (p. 114).

Voir aussi les observations sobres sur l'inquisition que profère l'historien allemand et protestant Guillaume *Maurenbrecher,* dans ses : Studien und Skizzen zur Geschichte der Reformationszeit [Leipzig, Grunov, 1824, gr. in-8, VII, 349, pp.,] p. 19-21. On doit lire aussi ce qu'en dit l'éminent hispaniste français Alf. *Morel-Fatio* dans ses : Etudes sur l'Espagne, première partie [Paris, F. Vieweg, 1888, in-8, XI-244], p. 58.

Il y a longtemps déjà qu'un célèbre hispaniste allemand, Victor Aimé *Huber* (1800-1869), qui ne peut être soupçonné de sympathies catholiques s'est prononcé en faveur de l'Inquisition d'Espagne. En 1852 il proféra ces paroles justes et caractéristiques : Die Inquisition war eine im besten Sinne volksthümliche, eine Massregel im Sinne æcht katholisch-castilischer Nationalitæt. Voir : Ueber Spanische Nationalitæt und Kunst in 16. u. 17.

Jahrhundert. Ein Vortrag am 9. Februar 1852 gehalten. (Berlin Wiegant u. Grieben, 1882, in-8, 28 pp.), p. 13.

147. Voir Appendice, n° 2.

148. Hernán Núñez de Guzmán (1488-1552), « el Comendador Griego », recteur à Salamanque et collaborateur à la « Biblia Políglota » de Jiménez, a recueilli plus de 6.000 proverbes et adages : Refranes ó proverbios en romance, etc. (Salamanca, 1555, in-fol.), dont nous citons quelques-uns qui révèlent l'opinion populaire sur la vie monastique à cette époque : Quien es Conde, y desea ser Duque, métase frayle en Guadelupe. — Rey por natura, y Papa por ventura. — No hay casa harta sino donde hay corona rapada. — De los uiuos muchos diezmos, de los muertos mucha oblada, en buen año buena renta, y en mal año doblada.

149. Nous citons quelques titres : Francisco de *Osuna* : Quinta parte del Abecedario Espiritual, de nveuo compvesto por..., que es consuelo de pobres y auiso de ricos. No menos vtil para los frayles que para los secvlares y avn para los predicadores, etc. (Bvrgos, Jvan de Ivnta, 1542). Cristóual de *Villalón* : Prouechoso tratado de cambios y contrataciones de mercaderes y reprouacion de usura. Hecho por el licenciado..., graduado en Sancta Teologia, etc. Van añadidos los daños que ay en los arrendamientos de los obispados y beneficios eclesiasticos, con un tratadico de los prouechos que se sacan de la confession, etc. (Sevilla, Domingo Robertis, 1542, in-4, 48 ff.). Juan Bernal *Diaz de Luco.* : Auiso de curas muy prouechoso para todos los que exercitan el officio de curar animas, etc. (Alcalá, Juan Brocar, 1543), Anonyme : Tratado del valor y efecto de las indulgencias y perdones. (Sevilla, Jacome Cromberger, 1548, in-8). Fray Pablo de *Léon* : Libro llamado Guia del Cielo el qual tracta de los vicios y virtudes, etc. (Alcalá, Juan Brocar, 1553).

150. « De pendón y caldera » (avec bannière et marmite), symboles de leur dignité et de leurs devoirs en temps de guerre. C'est de là que proviennent tant de blasons avec des représentations de marmites.

151. Cent ans plus tard, il n'y avait pas moins de 93 « Grandezas » en Espagne. Voir : Journal dv voyage d'Espagne, etc. (attribué au sieur *Bertault*) (Paris Louis Billaine, 1669, in-4°,

3 ff., 422 pp.), p. 318. De nos jours on compte plus de 300 Grands d'Espagne.

152. Les rois d'Espagne qualifiaient les Grands de « Primo » (cousin). Ils se divisaient d'ailleurs en trois classes, savoir : 1º ceux qui se couvraient d'abord et parlaient ensuite au roi ; 2º ceux qui commençaient par parler et se couvraient ensuite ; 3º ceux qui parlaient d'abord, la coiffure à la main, et se couvraient, lorsqu'ils avaient rejoint leur place. Voir : Jovrnal du voyage d'Espagne, etc., p. 319.

153. Différent de l'ordre de « Santiago de Alto Paso, » fondé en Italie, vers 1260, dans le but de secourir les pélerins.

154. La juridiction de l'ordre de Saint-Jacques s'étendait sur 300 églises, 87 « commanderies » (encomiendas) et un grand nombre de charges ecclésiastiques, de priorats et de paroisses. Le chapitre de l'ordre possédait un capital de 100 millions qui rapportait 4 0/0 d'intérêt, et près de 700.000 âmes vivaient sous sa juridiction. Voir Vicente de *Lafuente* († 1889) : Historia eclesiástica de España, etc., vol. V, p. 80.

155. Madrid, par exemple, qui, déjà sous Isabelle la Catholique, reçut le privilège de la noblesse pour tous ses habitants : Es habitada de nobles vezinos y tales que dezia la Reyna D. Isabel, q̄. el official, y officios mecánicos, viuian tan como hombres de bien, que se podian comparar á los Escuderos honrados y virtuosos de otras ciudades y villas ; y los Escuderos y ciudadanos dezia, eran semejantes á honrados caualleros de los pueblos principales de España y los caualleros y nobles de Madrid á los señores y Grandes de Castilla. Voir le curieux manuscrit de Gonzalo *Fernández de Oviedo y Valdés* (1478- vers 1557) : Las Quincuagenas de los generosos e ilustres e no menos famosos Reyes, Principes, Duques, etc., de España (1556, in fol., 3 vol., B. N. M.), cité par Gerónimo de *Quintana* dans sa monographie de Madrid, aujourd'hui très rare : A la muy antigua, noble y coronada Villa de Madrid. Historia de sv Antigvedad, Nobleza y Grandeza, etc. (Madrid, Imprenta del Reyno, 1629, in-fol. 5 ff., 455 ff., et table) fol. 185, vº.

On sait que Charles-Quint, en 1544, donna à la ville de Madrid le privilège d'une couronne au-dessus de l'écusson et le titre de : Villa Imperial y Coronada.

156. On les appelait « Mayorazgos », de *mayor* = ainé.

157. C'est ce qu'on désignait sous le nom de « mayorazgos cortos. » Chose caractéristique pour les idées qui dominaient à cette époque dans l'économie politique, plusieurs juristes considéraient la multiplication des majorats comme une mesure louable et démocratique. Voir Rafael *Altamira y Crevea* (né en 1866) ; Historia de España y de la Civilización Española, (t. III. Barcelona, Herederos de Juan Gili, 1906, in-8, 749 pp.), p. 423. Un majorat ne pouvait être confisqué, même pour les plus grands crimes ; il ne pouvait être mis en gage ni saisi par les créanciers. Voir aussi Juan *Sempere y Guarinos* (1764-1824): Histoira de los vínculos y mayorazgos, Madrid, Sancha, 1805, in-8.

158. En l'année 1265, Henri III (1207-1272) convoqua le premier parlement, auquel les villes envoyèrent également des mandataires (burgesses) ; mais, en Castille, cela eut lieu dès 1169, sous le règne d'Alphonse VIII (1158-1214). Voir Juan *Sempere y Guarinos* : Historia del Derecho Español (Tercera ed., Madrid, Ramón Rodríguez de Rivera, 1846. gr. in-8, 571 pp. et table), p. 209.

159. Du nom du docteur Alfonso Díaz de *Montalvo* (1405-1499),leur rédacteur. Ces lois furent imprimées pour la première fois à Zamora en 1585.

160. Le cardianal espagnol Gil Alvarez Carrillo de *Albornoz* (1300-1367) avait fondé au XIVe siècle le célèbre « Collegio di Spagna » qui, aujourd'hui encore, constitue l'une des attractions de Bologne. Voir *Porreño* : Vida, y Hechos hazañosos del gran cardenal Gil de Albornoz, etc. (Cuenca, Domingo de la Iglesia, 1626, in-12, 10 ff., 207 ff. et table).

161. Sous le règne de Charles-Quint, il se fonda à Salamanque seule, sept nouveaux « colegios ». Voir Gustave *Reynier* : La vie universitaire dans l'ancienne Espagne (Paris, Picard, 1902, in-8, 222 pp.), p. 161. Voici la liste des universités fondées durant le même espace de temps: Séville, 1516 ; Tolède, 1520 ; Lucena (Andalousie), 1533 ; Sahagún (Léon), 1534 ; Grenade, 1537 ; Oñate (Guipúzcoa), 1542 ; Saint-Jacques de Compostèle, 1544 ; Gandía, 1547 ; Osuna (Andalousie), 1548 ; Osma (province de Soria), 1551 ; Almagro (province de Ciudad Real) et Oropesa (province de Tolède), 1553. Voir Reynier, ouvr. cité, p. 102-103.

162. Vers le milieu du siècle le bénédictin catalan, Pedro de *Ponce* (1520-1584) inventa une méthode de langage pour sourds-muets qui, deux cents ans plus tard, devint la base de celle de Charles Michel de l'*Epée* (1712-1789) et d'Ambroise *Sicard* (1742-1822).

On a prétendu qu'un Espagnol, le mécanicien Blasco de *Garay*, découvrit, au XVIe siècle, le moyen d'employer la vapeur comme force motrice des navires. La question a été étudiée à fond par Modesto *Lafuente* qui est arrivé à la conclusion que Garay « n'a pas découvert le bateau à vapeur ». Voir son : Historia General de España, vol. VIII, p. 54-60 (Madrid, 1862) . « Creemos que Blasco Garay no inventó el vapor », p. 55. Ambrosio de *Morales* nous raconte que Fernán *Pérez de Oliva* (1497-1533), professeur à l'Université de Salamanque inventa un téléphone magnétique. Voir sur les progrès des sciences physiques et naturelles en Espagne au XVIe siècle : Felipe *Picatoste* (1834-1892) : Apuntes para una biblioteca científica española del siglo XVI. Madrid, Manuel Tello, 1891, gr. in-4°, VIII-416 pp.

163. A proprement parler « dinar morabiti », unité monétaire introduite par les Almoravides (1068-1148) qui valait 1/34 d'un «real de vellón». Voir Revista de Archivos y Museos, t. XII, año IX, tercera época, Madrid, 1905 : El maravedí — Su grandeza y decadencia, p. 195-220.

164. Voir *Altamira*: Historia de España, vol. III, p. 276.

165. On les appelle « leyes suntuarias ». Voir Juan *Sempere y Guarinos*: Historia del luxo y de las leyes suntuarias de España (Madrid, Imprenta Real, 1788, in-8, 24-200, 219 pp.).

166. Appelés en Espagne « coche » (franç. : « coche » ; ital. : « cocchio » ; allem. : «Kutsche »), nom dérivé peut-être, du hongrois « Koszi », petite ville des environs de Raab.

167. Il existe encore et se voit à la « Caballeriza Real », à Madrid.

168. Voir *Sempere* : Historia del luxo, II, p. 53-54.

169. « Los cristianos viejos », dont la généalogie était supposée pure de toute alliance juive ou maure. Cette pureté du sang (« limpieza de sangre ») était une condition de l'admission aux charges de l'Etat et de l'Eglise. De nos jours encore, cet orgueil de race est un trait saillant du caractère national

espagnol. Au commencement du règne de Philippe II, le cardinal Francisco de *Mendoza y Bobadilla* († 1566), évêque de Burgos, envoya au roi un curieux mémoire intitulé : El Tizon de España (Le Stigmate de l'Espagne), où il démontre que presque toutes les principales familles du pays comptaient des juifs, des Maures ou des hérétiques parmi leurs ancêtres. Une copie de ce mémoire se conserve à l'A. B. A. H. M., Est. 27. gr., 2 a E, n⁰ 83, et dans ma bibliothèque. Il a d'ailleurs été publié à Madrid, en 1822 et 1849 et à Barcelone 1880.

170. Proverbe : Hidalgo honrado, antes roto que remendado.

171. Proverbes : La mujer y la gallina, hasta la casa de mi vecina. — La mujer y la sardina, de rostros en la ceniza — La mujer honrada, la pierna quebrada, y en casa — La doncella honesta, el hacer algo es su fiesta — Muéstrame tu mujer, decirte he que marido tien — La viuda honrada, la puerta cerrada.

172. Si l'on peut en croire l'hérésiarque espagnol Cipriano de *Valera* (1532-1625), il y avait à Rome, au temps de Paul III (1534-1549) : « Cuarenta mil i mas, putas, ó como las llaman, Cortesanas. La renta es un Julio, ó real de España, cada semana : multiplicad i vereis si el Papa puede hazer un gran mayorazgo de la renta que tiene de las putas ». Voir : Los dos tratados del Papa, i de la Misa, s. l. (Madrid), 1851, in-8, 21 ff.-610 pp., 35 ff.), p. 219-220. Dans un écrit autrefois très populaire : Propalladia. (Estampada en Napoles por Joan pasqueto de Sallo, 1517, in-fol. 3-93, ff. non numér.), fol. 3-4, Bartholomé de *Torres Naharro*, satirique espagnol, a caractérisé Rome de la manière suivante : « Purgatorio de bondad / infierno de caridad / parayso de luxuria. / Desiguales son sus bienes y sus males / florecidos en discordia ; / pues los pecados mortales / son tenidos principales / obras de misericordia. Es enfin / nuestra Roma vn gran jardin / de muchas frutas poblado / son las flores de jasmin, blasfemar por vn quatrin / Renegar por vn cornado ». Ce curieux ouvrage a été réimprimé de nos jours. Manuel *Cañete* (1822-1891) et Marcelino *Menéndez y Pelayo* l'ont édité en deux volumes. Libros de Antaño, tomo IX-X. Madrid 1880 et 1900.

173. Venise était appelée : Patria de los crimenes de amor y de avaricia ; Lucques : Madre cariñosa de las meretrices ;

Florence : La ciudad del veneno y del venéreo, et Gênes était caractérisée comme suit : Mare senza pesci, monti senza legni, uomini senza fede, donne senza vergogna. Voir Felipe Picatoste : Los Españoles en Italia, I, p. 24.

174. Juan Mariana écrit à ce sujet : Ex nouo orbe vbi sæua contagio multum viget in Europam diffusam peritiores arbitrantur. Voir Historiæ de rebus Hispaniæ. Mogvntiæ, 1605, lib. XXVI, cap. X (p. 469). Cipriano de Valera énumère six « cosas notables » datant de la fin du XVe siècle, savoir : « La primera, el Papa fué Español, la segunda, ganóse Granada, la 3ª, el descubrimiento de las Indias, la cuarta, la Inquisicion de España, la quinta, la santa hermandad, la 6ª, la enfermedad de las Bubas ». Il dit au sujet de cette dernière : « Las Bubas, enfermedad hasta entonzes incognita en España, trujéronlas los Españoles, que voluieron de las Indias, con las cuales Dios les castigó, por tomar las mujeres que no eran suyas : esta enfermedad tan suzia i tan contajiosa ha cundido tanto por la Europa, que ya casi no se haze caso dellas. Ya no se tiene por gentil hombre, el que no ha tenido dos o tres mudas (como las llaman) : las otras naciones la llaman Mal Franzes, los Franzeses las llaman maladie de Naples, etc.» Voir ouvr. cité, p. 195-196 et 202.

175. Le bruit circulait en ce temps-là que Charles-Quint lui-même était atteint de ce fléau de l'époque. C'est ainsi que le célèbre humaniste Pierre *Bunel* (1499-1549) écrit dans une lettre du 2 Idus Junij, 1532 : Imperator (ut nonnulli confirmant) ex morbo Gallico laborat. Voir : Epistolæ Ciceroniano stilo scriptæ. (s. l. et n. i, 1581, in-8°, 6 ff. n. ch., 240, 316 pp. p. 58.

Dans une lettre que John *Bradford* écrivit à la reine d'Angleterre Marie, il fait l'énergique description suivante des faits et gestes des Espagnols dans les Pays-Bas... I woulde to God, ye knew how manye Mens Wywes and Doughters in Flaunders lye at Surgerye and how manye younge Wenches, infected with stinking Whordom of Spanyards, lye in the Streetes incurable of the Pox. I woulde wryte mor Thinges, that appartayne to their naughtie Nature ; how swynishlye they sytt at Table, and howe vylye they use themselves in their Chambers : But bycause manye Inglyshemen knowe these thinges parfectlye, I wyll let yt passe and make an

End. Voir John Strype : Ecclesiastical Memorials, etc., III, p. 137.

176. Voir *Picatoste*, ouvr. cit., I, p. 39.

177. Voir J. *Gounon-Loubens* : Essais sur l'Administration de la Castille au XVIe siècle, p. 54, et A. *Llorente* : La primera crisis de hacienda en tiempo de Felipe II. Revista de España, I, p. 317-361. Madrid, 1868.

178. Au temps de Philippe II, un « ducado » valait 61 « sols » français, un peu plus d'un « écu d'or de Henri III » qui équivalait à 60 « sols » (3 livres). Les ducats espagnols étaient frappés surtout dans le duché de Milan (d'où leur nom). Une « pistola » ou « pistolete » valait à cette époque 62 « sols » français et équivalait à un « doblón. » Voir Charles *Weiss* : Espagne depuis le règne de Philippe II, etc., I, p. 19.

179. « Villa por villa y Valladolid por Castilla », disait-on alors. Andrea *Navagero* qui séjourna à Valladolid du 10 janvier au 24 août 1527, s'exprime ainsi au sujet de la ville : Valladolid è la miglior Terra che sia in Castilla la Vieja, ed abbondante di ogni cosa, di pane, di vino, di carne, e d'ogni altra cosa necessaria al viver dell' uomo ; si per essere il paese suo molto buono, come perche intorno ha molte buone Terre. Questa è forse sola Terra in Ispagna nella quale non incarisca cosa alcuna l'andarvi della Corte. Voir « Viaggio in Ispagna », éd. cit., p. 383.

180. « Totius Hispaniæ lux et arx », comme Juan *Mariana* l'appelle. Voir Historiæ de rebus Hisp., éd. cit., p. 7.

181. « Non vide Roma giamai cosa nè piu lugubre nè piu funesta di quella notte che seguì al dì nel quale vi entrò questo esercito nemico dentro », etc. Voir Battista *Platina* (Bartolommeo de' Sacchi, 1421-1481) : Historia delle vite dei sommi Pontefici, etc., par Onofrio *Panvinio* (1529-1568) (Venetia, Givnti, 1608, in-4°, 43-365 ff.), fol. 267 v°.

182. Ce prince de l'Eglise mérite d'être compté parmi les bienfaiteurs de l'Espagne. Pendant les dix ans qu'il occupa le siège archiépiscopal, il consacra annuellement 400.000 maravédis à doter des jeunes filles pauvres. On peut encore admirer dans la cathédrale de Tolède « la capilla de los reyes nuevos » dont il paya la construction et la riche décoration artistique. Voir *López de Ayala y Alvarez de Toledo,* conde de Cedillo, vizconde de Palazuelos : Toledo en el siglo XVI (Madrid,

Hijos de M. G. Hernández, 1901, in-4°, 271, pp.), p. 126.

183. Sandoval raconte que dans l'église il fut joué un « auto » représentant « el bautismo de San Juan Bautista » (le baptême de Christ par saint Jean-Baptiste). Voir : Historia de... Carlos V, etc., édit. cit., I, p. 827 (libro XVI).

184. Voir la Relazione (de 1559) de Michele *Suriano* : « Per usanza del paese e per la voluntà della madre che era di Portogallo fu allevato con quel rispetto che pareva convenirsi ad un figliuolo del maggior imperatore che fosse mai tra i christiani. » *Albéri* : Relazioni, etc. série I, vol. III (Firenze, 1853), p. 378.

185. « Y en el año q̄ era el de treinta y quatro, le puso su padre casa. » Vander Hammen : Don Filipe el prvdente, fol. 2.

186. Voir : Vita Viglii, chap XXIV, dans Corn.-Pa. *Hoynck van Papendrecht* (1686-1753) : Analecta Belgica, etc. (Hagæ Comitum, apud Gerardum Block, 1743, 6 vol. in-4°), I, p. 12 : « Verum rerum ad huc imperitus et naturali verecundia prædītus, minorem ætatem adhuc agens animum eo applicare non fuit ausus. Terruit eum quoque aulica vita, ad quam se componere nullo pacto potuit, sumptusque verebatur principio ferendos majores quam ipsius tum temeritas ferre potuisset. Ipseque Rex Philippus aliquando id intelligens, doluit sibi eam occasionem non contigisse, qua sperarat, non paulo se meluis quam fuerat instituendum fuisse. » Viglius fut professeur à Bourges (département du Cher), où le célèbre jurisconsulte Andreas *Alciatus* (1492-1550) lui céda sa chaire. Plus tard, on rencontre V. à Padoue, où il publia ses savants ouvrages de droit. Charles-Quint qui remarqua ses rares talents, le nomma président du conseil de Malines et, plus tard, conseiller de la couronne. Quand la révolte éclata en Flandre, Viglius fit preuve d'une grande sagacité. Devenu veuf, il entra dans les ordres. Don Juan d'Autriche le nomma gouverneur des provinces de Hollande et de Gueldre.

187. Dans les documents contemporains, il est aussi désigné sous le nom de Guixeño. A Paris, où *Martínez* étudiait, il latinisa, suivant la coutume de l'époque, son nom de famille qui est dérivé de « guija » ou « grija » (comp. l'allemand « Gries »), mot qui fut traduit par « silex ». Mais ce nom se rencontre ensuite de nouveau hispaniolisé sous la forme Pe-

dernales (piedra), et l'on a voulu y voir une allusion à la gravité, la sévérité et la dureté du caractère de ce prélat. Voir *Conde de Cedillo* : Toledo en el siglo XVI, p. 37 et note 98.

188. Voir appendice n° 1 : Relazione di Spagna, p. 216.

189. Cabrera rapporte un trait caractéristique qui montre avec quelle pédanterie le prince veillait à l'observation de l'étiquette. Un jour, le cardinal Juan Tavera, archevêque de Tolède, entra dans la chambre du prince juste au moment où le gouverneur de celui-ci était occupé à l'habiller. Le gouverneur salua le cardinal par la formule habituelle de politesse : « Cubraos » (couvrez-vous) ; mais le jeune prince se hâta de prendre son manteau et son chapeau, les mit et dit : Aora podeis poneros el bonete Cardenal (maintenant vous pouvez vous couvrir, cardinal). Voir vol. I, p. 4. J'ai trouvé ce trait dramatisé deux fois par des poètes espagnols. Chez Damián *Salustio del Poyo* dans une comédie publiée en 1615, 4 ans avant l'histoire de Cabrera : El premio de las letras, por el Rey Don Felipe el Segundo, et chez Juan *Pérez de Montalván*, dans sa pièce mentionnée plus haut : El segundo Seneca de España, y príncipe don Carlos.

190. Il épousa, en 1553, la belle Doña Ana de *Mendoza* y de la Cerda, princesse d'Eboli (petite ville des environs de Salerne), et reçut, plus tard, le titre de duc de Pastrana (petite ville située près de Guadalajara).

191. Dans les archives générales de Simancas, Estado, legajo 50, se trouve une série de lettres originales de Siliceo, où celui-ci fait connaître à l'empereur la conduite et les progrès du prince. Modesto Lafuente en a publié un certain nombre. Voir : Historia General de España, vol. VI, p. 498 (Madrid, 1861).

192. « Vna de las mas acabadas y santas mugeres que auia en el mũdo, hermosa de todo punto, en el cuerpo y en el alma », comme Luis Gonçalo de *Illescas y Bauia* l'appelle Voir : Historia pontifical y catholica, etc. (Barcelona, 1606 — Madrid, 1630, 5 vol. in-fol.), segunda parte, libro VI, p. 596 (Madrid, 1613).

193. « Incontinent après sa Majesté se retira à Saint-Hierosme hors de Toledo, ou il demoura jusques le 27e juing. » Voir Jean de *Vandenesse* : Journal des voyages de Charles-Quint, dans *Gachard* : Collection des voyages des souverains

des Pays-Bas (Bruxelles, F. Hayez, 1874-1882, 4. vol gr. in-4°), II, p. 151. C'est le récit d'un témoin oculaire.

194. *Sandoval* : Historia... de Carlos V., vol. II, p. 373 (Pamplona, 1614), Pedro de *Rivadeneyra* (1527-1611) : Vita del P. Francesco Borgia, etc. (Roma, Zannetti, 1616, in-4°, 5 ff., 289 pp.), p. 19., Gregorio *Leti* : Vita del Catolico Re Filippo II, parte prima, p. 120. Voir aussi Pierre *Suau*, S. J. : Histoire de saint François de Borgia, troisième général de la Compagnie de Jésus (1510-1572). Paris, Gabriel Beauchesne et Cie, 1901, gr. in-8°, 591, pp., p. 65 et suiv. La monographie la plus détaillée sur la vie et l'œuvre de ce saint, c'est l'ouvrage monumental : Sanctus Franciscus Borgia quartus Gandiæ dux et Societatis Jesu præpositus generalis tertius. Monumenta Historica Societatis Jesu. Madrid, August. Avrial, 1894, 1903, 1908, 1910, 4 vol. gr. in-8°.

195. « Et l'Imperator n'hebbe tanto dolore, che per molti giorni non fu uisto con allegro uolto ». Voir Alfonso *Ulloa* († vers 1580) : Vita dell' invittisimo, e sacratissimo Imperator Carlo V, etc. (Venetia, Vincenzo Valgrisio, 1566, in-4°, 365 ff. et table), fol. 164 r°. Le père de l'auteur, Francisco, participa à l'expédition. *Lope de Vega* a traité ce sujet dans le drame : La mayor desgracia del Emperador Carlos y conquista de Argel, dans la : Parte cuarenta y tres de Comedias de diferentes Autores. Valencia, 1660.

Cette expédition malheureuse a causé à l'étude historique une perte inestimable ; car un nombre considérable de documents officiels emportés par l'empereur furent la proie de la Méditerranée en courroux. Voir G. *Wolf* : Geschichte der K. K. Archive in Wien. (Wien, W. Braumüller, 1871, gr. in-8° V-247, pp.), p. 5.

196. Voir vol. I, p. 6-7.

197. Voir Karl Peter Wilhelm *Maurenbrecher* : Die Lehrjahre Philips II von Spanien. Historisches Taschenbuch, sechste Folge, zweiter Jahrgang, p. 273-346 (Leipzig, F. A., Brockhaus, 1883, in-8°) p. 279 : Der uns überlieferte Text des Schreibens trægt keine Gewæhr seiner Echtheit mit sich.

M.A. S. *Hume* : Philip II of Spain, p. 10 : On the face of it (la lettre) there are few signs of its being the composition of a boy of fourteen. Nous ferons remarquer ici qu'il s'agit d'un « garçon » *espagnol* de plus de quatorze ans et demi, et que ce

« garçon » avait reçu la meilleure éducation qui fût connue à cette époque. Dans l'esprit et le contenu mêmes de la lettre il ne se trouve rien qui puisse faire penser qu'elle soit apocryphe, quoiqu'il soit possible que le style et la forme portent quelque peu l'empreinte de l'influence de Silíceo.

198. Charles ne connaissait pas la modération dans le boire et le manger et les autres plaisirs matériels. Il avait à peine 30 ans, quand il sentit les premières atteintes de la goutte.

Voir *Gachard* : Retraite et mort de Charles-Quint au monastère de Yuste, etc. (Bruxelles, C. Muquardt, 1854, in-8°, 233, pp.), p. 16 et suiv.

199. Voir Famiano *Strada* (1572-1649) : Della Gverra di Fiandra, Deca Prima, volgarizzata da Carlo Papini (Roma Hermanno Scheus, 1639, in-4°, 7 ff. 509 pp. avec table), p. 18 : Anzi io so certo hauer' hauuto (sc. Cesare)... più volte pensiero di ritirarsi, hauendolo conferito egli stesso molto avanti con Francesco Borgia Duca di Gandia (1542), che fu poi della Compagnia di Giesù, con ordine seuero, che non iscoprisse a veruno la deliberatione da eseguirsi, tosto che hauesse qualche respiro dalle guerre. Lorsque, en 1557, François de Borgia visita l'empereur à Yuste, celui-ci lui rappela, à ce qu'on prétend, leur entretien de 1542 et lui demanda : Vi ricordate voi ch' io vi dissi l'anno 1542 in Monson, che mi haueuo a ritirare, e fare quello che ho fatto ? Me ne ricordo molto bene, Signore, disse il P. Francesco. Voir *Rivadeneyra*, ouvr. cité, p. 124. Voir aussi Juan Antonio de *Vera y Figueroa*, conde de la Roca (1585-1658) : Epitome de la vida, y hechos del invicto emperador Carlos Quinto, etc. (Madrid, Juan Sanchez, 1649, in-4°, 3-131 ff.), fol. 124 : Deseó verse desde que vivía la Emperatriz, con quien estava conforme que se recogiessen, ella en un Convento de Monjas, y él, Cesar, a Yuste.

200. Voir l'anonyme : Histoire de Ferdinand Alvarez de Tolède, premier du nom, Duc d'Albe, I, p. 62 et suiv.

201. Petite ville entre Saragosse et Lérida, où les Cortès d'Aragon et de Catalogne s'assemblaient habituellement.

202. Seo « ou seu », forme limousine du castillan « sede » (cathédrale).

203. *Brantôme* pense que cette particularité de la race provenait de la maison de Bourgogne, et cite, à ce propos, une

anecdote concernant la sœur de Charles-Quint, Marie, veuve de Louis, roi de Hongrie (1506-1526). Ayant fait ouvrir les tombeaux des rois, à Dijon, elle s'écria, en considérant les corps de ses aïeux : Ha ! je pensois, que nous tinssions nos bouches de ceux d'Austrie ; mais à ce que je vois, nous les tenons de Marie de Bourgoigne, nostre ayeule et autres ducs de Bourgoigne nos ayeulx. Si je vois jamais l'empereur mon frère, je le luy diray, encor le luy manderay-je. Voir « Œuvres complètes », édit. citée, II, p. 348.

204. « Il labbro di sotto avanza quello di sopra alquanto, come suol essere in tutta la casa d'Austria, ma non causa brutezza nella faccia,anzi non so che di gratia le rende ». Voir « Relation d'un gentilhomme de la suite d'Antonio Tiepolo, faite en 1572 », dans *Gachard* : Relations des Ambassadeurs Vénitiens, etc., p. 172.

205. Voir Appendice n° 3, p. 233.

206. « Il ne se permettait jamais un sourire », écrit Frédéric *Ancillon* dans son : Tableau des révolutions etc : II, p. 218.

207. « Disse giamai una torta parola a niuno de' suoi seruitori », voir la « Relazione » de Gianfigliazzi, appendice, n° 4.

208. Nous pouvons nous contenter de renvoyer aux lettres de Philippe à ses filles, publiées par *Gachard* (1884). Voir, en outre, dans Hector comte de *La Ferrière* (1811-1896) : Deux années de mission à Saint-Pétersbourg, etc. « Journal privé d'Elisabeth de Valois » (p. 234-249).

209. Parmi les tableaux que Charles-Quint laissa à Yuste se trouve un diptyque représentant l'empereur avec Philippe. Voir Pedro de Madrazo y de Kuntz (1816-1898) : Viaje artístico de tres siglos, etc. (Barcelona, Daniel Cortezo y Ca, 1884, in-8°, VI, 317 pp.), p. 41.

210. « El tiene experiencia de todos mis negocios y es muy informado dellos, bien se que no hallareys persona que de lo que a ellos toca os podays mejor servir que del, y creo que el lo hará bien y linpiamente ». Voir l'instruction autographe que l'empereur envoya à Philippe le 6 mai 1543.

211. De la petite ville d'Alba de Tormes, à 22 kilomètres au Sud-Est de Salamanque. C'est là que mourut sainte Thérèse de Jésus (Cepeda y Ahumada), la même année que le duc d'Albe.

212. Datées de Pálamos (petit port situé à mi-chemin en-

viron entre Perpignan et Barcelone), le 4 et le 6 mai 1543). Ces documents historiques d'une valeur inappréciable ont eu un sort singulier. En 1863, Wilhelm *Maurenbrecher* en trouva les originaux à Madrid, dans la bibliothèque du ministère des affaires étrangères, et les publia, mais d'une manière peu soignée, dans « Forschungen zur deutschen Geschichte », III, p. 281-310 (Gœttingen, 1863). Dès 1799, Valladares de Sotomayor avait publié la seconde, « Instruccion » dans « Semanario erudito » (Madrid, tomo XIV, p. 156-170), et, en 1845, Karl *Lanz* les publia toutes les deux dans « Staatspapiere zur Geschichte des Kaisers Karl. V aus dem Kœniglichen Archiv und der Bibliothèque de Bourgogne zu Brüssel. Stuttgart, gedruckt auf Kosten des literarischen Vereins, 1845, gr. in-8°, XXVIII, 587 pp., p. 359-379, mais également avec fort peu d'exactitude. En 1899, les originaux se trouvaient à Paris, où ils furent mis en vente. Alfred *Morel-Fatio* (né en 1850), réussit à se procurer une copie de la première « Instruction » (4 mai) qu'il publia fidèlement dans le « Bulletin Hispanique » (Paris, 1899, tome I, p. 135-148). Ricardo de *Hinojosa y Naveros* a publié les deux Instructions — en partie d'après l'édition de Maurenbrecher — dans : Estudios sobre Felipe II, etc. p. 285-309. Enfin un érudit espagnol, Francisco de *Laiglesia*, vient de les publier sous ce titre : Instrucciones y Consejos del Emperador Carlos V. á su hijo Felipe II al salir de España en 1543. Madrid, Asilo de Huérfanos, 1908, gr. in-8°, 72 pp.

213. Philippe est surtout mis en garde contre le duc d'Albe : « Yo e conocido en el despues que le e allegado a mi que piensa crecer de grandes cosas, todo lo que el pudyere, aunque entró santiguandose y muy humilde y recogido. De ponerle a el ni a otros grandes muy adentro en la governacion os haveys de guardar, porque por todas vias que el y ellos pudyeren os ganarán la volundad que despues os costará caro, y aunque sea por uia de mujeres creo que no lo dexará de tentar, de lo cual os ruego guardaros mucho ». Voir Laiglesia, ouvr. cité, p. 65-66.

214. Charles estime ce gentilhomme d'une manière particulière et souhaite que Philippe le considère comme son « relox y despertador » (horloge et réveil). On comprend que par cette métaphore Charles veut désigner l'apogée de la

perfection morale. Cfr. le célèbre « Relox de Príncipes », de Antonio de *Guevara* († 1545). Dans l'appendice n° 5, nous communiquons ces expressions caractéristiques de la sollicitude de Charles pour le bonheur personnel de Philippe.

125. Il s'agit ici de don Juan, fils des rois catholiques, l'espoir de l'Espagne, décédé en 1497, à l'âge de 18 ans, après six mois de mariage avec doña *Marguerita* d'Autriche. Comme don Juan était faible de constitution, les médecins lui conseillèrent la continence absolue. Mais on raconte que Marguerita s'y opposa en citant les paroles du Christ : Ce que Dieu a uni, l'homme ne peut pas le séparer. Voir Pierre *Martyr* (1455-1525) : Opus Epistolarum (Amstelodami, Elzevier, 1670, in-fol., 13 ff., 486-62 pp.), p. 100.

216. Voir « Relacion del recibimiento que se hizo á Doña Maria, Infanta de Portugal, hija de Juan III », etc. dans : Colección de documentos inéditos para la Historia de España, vol. III, p. 361-418 (Madrid, 1843).

217. Des études modernes, basées sur des documents authentiques de Simancas, ont avancé que cette malheureuse princesse qui, pendant 50 ans, resta enfermée comme folle, doit plutôt être considérée comme une victime de l'ambition désordonnée de Philippe le Beau et de son fils Charles-Quint. Voir Gustave Adolphe *Bergenroth* (1813-1869) : Calendar of letters, etc. (London, Longman et C°, 1862-1868, 3 vol.). Supplement to vol. I, and II ; *Forneron* : Histoire de Philippe II, I, p. 401-417. Les affirmations de Bergenroth furent cependant contestées avec énergie par *Gachard*, *Rœssler* et *Maurenbrecher*, voir de ce dernier : « Johanna der Wahnsinnige » dans les « Studien und Skizzen, etc., 1874, p. 77-98.

218. Emanuel van *Meteren* (1535-1612) trouve le moyen de mêler l'Inquisition aux causes de sa mort : En ces jours-là, raconte l'historien flamand, il y eut justement un autodafé à Valladolid où plusieurs Luthériens furent brûlés. A cette occasion (!!), toutes les dames de la Cour avaient quitté le chevet de la princesse. Celle-ci en profita pour se procurer un melon qu'elle mangea, ce qui hâta sa mort. Voir : Histoire des Pays-Bas, etc., fol. 12. *Leti* lui-même qui cependant ne méprisa pas les anecdotes piquantes, désavoue ici van Meteren : Vita di Filippo II, I, p. 164-165.

219. Ce fut durant ce séjour à Ratisbonne que Charles

entra en relation avec Barbe *Blombergh* (décédée à Colindres, aux environs de Laredo, en 1598), qui devint mère de don Juan d'Autriche. On ne connaît pas la date exacte de la naissance de ce héros. Certains historiens comme Henrique *Florez* (1701-1773) : Memorias de las reynas católicas, Madrid 1790, p. 880, citent l'année 1545 comme celle de sa naissance ; d'autres, Strada, p. ex. (De Bello Belgico, decas prima, Roma Herm. Scheus, 1654, in-12°, p. 506), le font naître le 24 février, jour de la Saint-Mathias ; d'autres encore, en septembre : (Leti : Vita di Filippo II, I, p. 165). Cependant, il ne saurait guère être né avant le commencement de 1547 ; car, le séjour de l'empereur à Ratisbonne s'étendit du 4 mars au 3 août 1546. Voir *Porreño* : Historia de Don Juan de Austria, etc. (Madrid, 1899) et William *Stirling-Maxwell* (1818-1878) : Don John of Austria, etc. Voir aussi Auguste *Laugel* Fragments d'histoire, etc, Paris, 1886 p. 251-309 ; Giovanni *Boglietti* : Don Giovanni d'Austria, studi storici (Bologna, Nicola Zanichelli, 1894, in-8°, 371 pp.); *Havemann*, Wilh. (Bibliographie), *Montplainchamp*, J.-Br. de, et *Vander Hammen y León*, Lor. Cela concorde d'ailleurs avec l'âge gravé sur une médaille commémorative de la victoire de Lépante (Lepanto est le nom italien de la ville d'Epaktos ou Naupaktos), conservée au Museo Numismático de la B. N. M. : « Aetat. su. ann. XXIIII. » La bataille navale de Lépante eut lieu le 7 octobre 1571. Voir *Rosell*, Cayetano (1817-1883) : Historia del combate naval de Lepanto, etc.

220. *Sandoval* communique déjà le texte de cet intéressant document dans son « Historia del Emperador Carlos V (Pamplona, 1614), II, p. 639-657. On le trouve également imprimé avec une traduction française dans « Papiers d'Etat de Granvelle »... vol. III, p. 267-318 (Paris, 1847). Dans l'anonyme : Histoire... du Duc d'Albe (citée dans la note 200), p. 245, il est question de quelques « Mémoires instructifs », dont on cite le premier article ainsi qu'un autre où Albe est recommandé particulièrement à la bienveillance de Philippe. Mais nulle part ailleurs nous n'avons trouvé mentionnée cette instruction.

221. On raconte qu'Albe déconseilla instamment l'introduction en Espagne du cérémonial de la cour bourguignonne, mais que Charles lui déclara que cela ne ferait qu'augmenter

le prestige du pouvoir royal et l'amour du peuple pour le Souverain. Voir Histoire... du duc d'Albe, I, p. 246-247. Pour ce qui regarde le cérémonial lui-même, voir Antonio *Rodríguez Villa* : Etiquetas de la Casa de Austria (Madrid, Medina y Navarro, s. a. (1876), in-8°, 247 pp.).

222. Le duc d'Albe qui appartenait à la maison de Tolède, faisait remonter ses ancêtres jusqu'à la famille impériale byzantine des *Paléologues*, Voir : Histoire du duc d'Albe, I, p. 4. En ce qui regarde les qualités personnelles d'Albe, les opinions des historiens ont été presque aussi divergentes qu'en ce qui regarde celles de Philippe. Dans sa « Relazione » de 1557, l'ambassadeur vénitien Federico *Badoero* (1518-1595) fait une description peu flatteuse de ses qualités militaires : Nella guerra ha mostrato in tutte le occorrenze timidità grande et cosi poca intelligenza, che l'Imperatore mai lontano dalla sua persona gli ha dato carico, se bene il faceva nominare capitan generale. Non è huomo venale, ma avaro molto, et fa spese più tosto da conte che da duca. Presume gran cosa, è pieno di superbia et ambitione, inclinato all' adulatione et invido molto ;... nella corte non è amato, stimandolo molti di pochissimo cuore, et gli fu mandata una lettera senza nome, con mansione di questa sorte : Al molto illustrissimo signor il signor duca d'Alva, capitano generale in Milano dell' una et altra Maestà nel tempo di pace, et maggiordomo maggiore in tempo di guerra. Voir *Gachard* : Relations des Ambassadeurs Vénitiens (Bruxelles, 1855), p. 73-74, et (Prosper *Levesque*, 1713-1781) : Mémoires pour servir à l'histoire du cardinal de Granvelle, etc., p. 57-58. J'ai vu un document où Albe dit lui-même qu'il considérait ses exploits comme de nulle valeur, parce qu'il n'avait pas obtenu de se battre contre les Turcs : « Aunq̄ he uisto tantas guerras en tantas tierras, no he uisto nada, no hauiendo uisto un exercito del Turco. » Voir Manusc. dans la B. N. F. cl. VIII, cod. 81.

223. Voir *Badoero* dans *Gachard, ibid.*, p. 47 : Ha tre carichi : del somiglier del corpo, del consiglier di Stato, et di contatore maggiore, ma il titolo principale che da tutti gli vien dato è di rei Gomez, perche non par'che sia stato mai alcun huomo del mondo con alcun principe di tanta autorità et cosi amato dal suo signore com' egli da questo re.

224. Voir Bibliographie : Juan Christoual *Calvete de Estrella* ; Vicente *Alvarez* ; *Leti* : Vita di Filippo, I, p. 185-200 ; *Prescott* : Hist. of Philip the Second, p. 19-28. On trouve, en outre, dans la « Relazione » de Marino *Cavalli* de 1551 plusieurs communications intéressantes concernant le séjour de Philippe à la cour de Charles en Flandre. Voir *Albéri* : Relazioni, etc., série I, vol. 2, p. 193-223.

225. « Philippus ipse Hispaniæ desiderio magnopere æstuabat nec aliud quam Hispaniam loquebatur » Sepúlveda : De rebus gestis Caroli V. lib. XXVI. Opera (Madrid, 1780, 4 vol., in-4), II, p. 401.

226. Le cardinal Guido *Bentivoglio* (1579-1644), qui fut nonce apostolique en Flandre de 1607 à 1615, nous a laissé un récit précieux de la guerre des Pays-Bas (jusqu'en 1609) : Della gverra di Fiandra, etc. (Colonia, 1634-1639, 3 vol. in-4.) Les deux princes sont peints au vif dans le passage suivant : In quello spatio di tempo, che Filippo dimorò appresso i Fiamenghi videro essi la differenza, ch' era fra il padre, et il figliuolo nelle nature, et inclinationi dell' vno, e dell' altro. Gran pietà, e religione ; gran giustitia, e constanza d'animo in ambidue. Ma quanto Carlo era stato dedito all' armi ; tanto Filippo si vedeua inclinato alla quiete. L' vno benigno, et affabile ; l'altro sopramodo graue, e composto. Quegli pratico, si può dir, d'ogni lingua, e fatto alle maniere d'ogni natione ; la doue questi, e nel parlare, e nel resto pareua, che non sapesse accomodarsi se non alle sole vsanze di Spagna. S' era dunque in Fiandra generalmente conceputa opinione, che Filippo, per la qualità della sua natura, e de' suoi costumi, douesse mostrarsi affatto Spagnuolo, ritirarsi in Ispagna, e mettere il gouerno in mano di quella natione. I, p. 11-12.

227. *Badoero* fait dans sa « Relazione », une description caractéristique de l'intempérance des Allemands de cette époque. « Quand l'Allemand est abstinent (sobrio), on le croit malade... Ils considèrent la gloutonnerie comme une vertu et, pour eux, la cupidité est synonyme d'esprit industrieux. » Voir *Gachard* : Relations, etc., p. 10.

228. Eléonore était la sœur préférée de l'empereur. Dans des lettres, il l'appelle « Madame ma meilleure sœur ». Voir : Papiers d'Etat de Granvelle. Elle dut se sacrifier deux fois

pour favoriser les plans politiques de son puissant frère : en 1519, quand elle épousa Manuel le Fortuné, et en 1530, quand elle s'unit à François Ier, roi de France. Elle passa ses dernières années dans les Pays-Bas, à la cour de l'Empereur. Après l'abdication, elle suivit son frère en Espagne et mourut à Talaveruela, près de Badajoz, le 18 février 1558, au cours d'un pélerinage à Guadelupe. Elle était universellement aimée à cause de l'affabilité de son caractère et de sa profonde piété.

229. Les historiens semblent loin d'être d'accord touchant cette date. Le 11 juillet est cité par les auteurs suivants : *Cabrera*, I, p. 23 ; *Vander Hammen*, fol. 3 ; *San Miguel*, I, p. 186 ; *Prescott*, p. 46 et *Maurenbrecher* : Die Lehrjahre Philipp's II, p. 300. D'autres citent le 12, entre autres : *Sepúlveda* : ad tertium Idus Julii, voir : Opera, II, p. 498. *Porreño*, p. 7 ; *Leti*, I, p. 229 ; *Baumstark*, Philippe II (Liège, 1877), p. 19 ; *Fernández Montaña* : Nueva luz, etc. (Madrid, 1891), p. 66, note ; *Watson* se contente de dire : In the beginning of July, p. 12, et *Forneron*, I, p. 43 : juillet 1554. On trouve le 13 juillet chez *Muñoz* : Sumario y verdadera relacion, etc. (Çaragoça, 1554), voir réimpression (Madrid, 1877), p. 64 ; *Sandoval* : Hist. de Carlos V, I, p. 759 ; Diego de *Colmenares* (1586-1651) : Hist. de... Segovia, etc., p. 510 ; *Mignet* : Charles-Quint, son abdication, etc. (Paris, Didier, 1857, gr. in-8°, XXIII, 468 pp.), p. 84, d'après le célèbre manuscrit de Tomás *González* : Retiro, estancia y muerte del Emperador Carlos V en Yuste, fol. 15, et *Lafuente* : Hist. Gen. de España, VI, p. 517. Il résulte d'une lettre autographe de Philippe à Antonio de Rojas que cette dernière date est la vraie. Cette lettre que j'ai eu l'occasion de voir à la B. N. M., est adressée d'Antona (sc. Southampton) et on y lit entre autres choses : « Yo parti el viernes de la Coruña y aquel día me maree tanto que para conbalecer vbe menester tres días en cama, » etc. Voir : Boletín de la Real Academia de la Historia, vol. XXXV, p. 340. Cette année-là, le jour de Pâques tomba le 25 mars, d'où il suit que ce vendredi fut le 13 juillet. Le 19 juillet est cité par tous les historiens comme date de l'arrivée à Southampton. Voir les « Memorials » de *Strype*, III, p. 127 : July 19, Philip Prince of Spaine arrived at Southampton, being Thursday.

230. Andrés *Muñoz* († 1569, voir Bibliographie), est notre source principale en ce qui concerne ce voyage. La Société Bibliophile Espagnole a publié, par l'intermédiaire de Pascual de *Gayangos*, cette « Relacion » et quelques autres qui constituent actuellement des raretés littéraires. Elle a également fait paraître une « bibliographie » détaillée à laquelle nous renvoyons. Dans la Colección de Docum. inéd. para la Hist. de España, vol. I, p. 564-574, on en trouve encore une relation espagnole, savoir celle de Juan de *Varaona*. Nous pouvons ajouter que le séjour de Philippe en Angleterre est traité , non seulement dans les relations *italiennes* des ambassadeurs vénitiens que cite Gayangos, mais aussi par Giovanni *Michele* et Michele *Suriano*. Voir *Albéri* : *Relazioni*, etc. série I, vol. II, p. 320-348 et vol. III, p. 358 et suiv. Voir aussi l'« Historia del Cisma de Inglaterra», etc. de Pedro de *Rivadeneyra*, ainsi que l'excellent ouvrage de *Hume*: Two English Queens, etc. (Bibliogr.). Le séjour de Philippe en Angleterre est traité, sous forme de drame, dans l'œuvre d'Alfred *Tennyson* (1809-1892) : Queen Mary, a drama (London, King, 1875, in-8, VIII-278 pp.).

231. L'original se trouve à Simancas, Estado, legajo 808 : El emperador á su Alteza en 27 de marzo, etc. Il se trouve imprimé dans « Papiers d'Etat de Granvelle », vol. IV, p. 267-268, sous le titre : Fragment d'instructions données à Philippe sur la conduite qu'il devra tenir en Angleterre.

232. « Item, pource que son altèze ne scet le langaige anglois, il sera expédient choisir un truchement qui pourra estre l'un des aides de la chambre, pour diviser et parler avec eulx, et ce par force d'apprendre quelques mots d'anglois pour les saluer, etc. » Papiers d'Etat, IV, p. 268.

233. « Quando uidero (i Baroni) la benignità et la dolcezza del Re Filippo, nel gouerno del quale pareua loro di hauer un padre, e non un Signore e Re, rimasero molto contenti. » Voir Lud. Dolce : Vita di Carlo Quinto Imp., p. 160.

234. « De dos en dos llegaron (las damas) á S. M. haciendo sus reverencias muy graciosamente, y el, con la gorra en la mano, las recibía besándolas á todas por no quebrantar el uso de la tierra, donde S. M. se deportó muy bien. » Voir Muñoz-Gayangos, p. 71. Voir aussi Sepúlveda Opera, II, p. 499: Habito longiore et jucundissimo colloquio, Philip-

pus matronas etiam et regias virgines sigillatim salutat osculaturque ; comites autem ejus Reginæ dextram Hispano more exosculantur.

235. È (la regina Maria) odiata da popoli, et il re di Spagna odia lei, et lei lui. Voir Gachard : Relations, etc., p. 17.

236. A la B. N. M., K. 165, se trouve un manuscrit contenant la relation du voyage de Philippe en Angleterre. Ce petit livre imprimé à Séville, chez Andrés de Burgos, est actuellement perdu, mais se trouve réimprimé dans Gayangos après la « relacion » de Muñoz (p. 105-114). Il y est dit, entre autres choses, des nouveaux mariés : Sus Magestades son los mas bien casados del mundo y mas enamorados que aqui puedo escrevir. No la dexa S. A. ; siempre que vamos camino va con ella, y la apea y la pone en su hacanea, y come algunas veces con ella públicamente, y van á misa juntos los dias de fiesta. Aunque la Reina no es nada hermosa, pues es pequeña y más flaca que gorda, es muy blanca y rubia ; no tiene cejas ; es una sancta ; viste muy mal. Voir p. 105-106.

237. « Lasciando l'esecuzione della giustizia alla regina ed ai ministri, quando occorra di condannare alcuno ò nella robba ò nella vita, per poter usare lui, impetrando, come fa, le grazie e le mercedi. Tutte le quali cose fanno che quanto alla persona sua non solo sia ben voluto ed amato da ciascuno, ma anco desiderato. » Voir Giov. *Michele* dans *Albéri* « Relazioni », série I, vol. II, p. 344. Plusieurs témoignages *anglais* se trouvent dans *Prescott,* p. 53, édit. citée.

238. De ces prélats espagnols, aucun n'a acquis, une aussi grande célébrité que Fray Bartolomé de *Carranza y Miranda* (1503-1576), qui devint archevêque de Tolède en 1558. Il fut accusé d'avoir épousé des idées hérétiques durant son séjour en Angleterre et fut persécuté pendant 17 ans par l'Inquisition. Un autre missionnaire espagnol, le franciscain Alfonso de *Castro* (1495-1558), fut nommé à l'archevêché de Saint-Jacques de Compostèle, mais ne parvint pas à occuper ce siège. Il est surtout connu comme auteur d'un savant ouvrage : De iusta Hæreticorum punitione, libri tres. (Antverpiæ, Viduæ et Hæredum Joan. Stelsii, 1568, in-8, 15 ff. — 362 pp.). On lit dans les « Memorials » de *Strype,* vol. III, p. 209, que cet ennemi des doctrines hérétiques prêchait la

tolérance et la douceur aux catholiques anglais emportés par un désir trop vif de vengeance.

239. Il souffrait de « la gota nudosa incurable », dit *Cabrera*, I, p. 33. Il entendait peut-être par là l' « arthritis deformans sive nodosa » ou la nodosité rhumatismale. Voir aussi ce qu'en dit *Sepúlveda* : Opera, éd. cit., II, p. 528 : Circa trigesimum ætatis annum morbo articulari tentari cœpit.

240. « La Fortuna era de' giouani amica », *Strada* : Della Guerra di Fiandra (Roma, 1639, I, p. 15). Nous n'avons pas trouvé l'attribution de cette parole à Charles-Quint chez des auteurs antérieurs au jésuite Strada. Dans sa réplique à Strada : Infamia Famiani, (Amsterdam,1663, in-12, p. 36), le polémiste philologue Gaspar *Schoppe* (Scioppius, 1576-1649), surnommé « Canis Grammaticus » et « Attila Scriptorum », fait remarquer que Nicolò *Machiavelli* emploie déjà cette phrase dans « Il Principe » (Voir chap. XXV, p. 156, Bruxelles Hauman, 1833, in-16) : La Fortuna è donna... e come donna, è amica de' giovani. Mais cela ne prouve nullement, comme Schoppe le prétend, que Charles ne puisse avoir employé cette parole célèbre.

241. On a voulu faire dériver le mot germanique *Fliess* ou *Vliess* (cfr. l'anglo-saxon *fléos*, l'anglais *fleece*) du latin *vellus* qui signifie peau de mouton. L'insigne de l'ordre est une peau de bélier dorée (aureum vellus, toison d'or, toisón de oro). Voir *Reiffenberg*, Frédéric-Auguste-Ferdinand-Thomas baron de (1795-1850) : Histoire de la Toison d'Or, depuis son institution jusqu'à la cessation des chapitres généraux ; tirée des archives mêmes de cet ordre et des écrivains qui en ont traité. Bruxelles, Imprimerie Normale, 1830, in-4, LXXXIV-588 pp.).

242. La Bibliothèque Royale de Copenhague à elle seule en possède trois copies, dont deux portent à peu près le même titre : Ragionamento di Carlo Quinto Imp^{re} al Re Filippo suo figliuolo nella consignatione del Gouerno de' suoi stati e Regni. Doue si contiene come si debba gouernare in tempo della Guerra. in-fol. 66 ff. (Gl. kgl. Saml., n^{0} 507), et in-fol., 133 pp. (Ny kgl. Saml., n^{0} 177). Le codex le plus ancien porte pour titre : Parlamento di Carlo quinto Imperatore al Re Filippo suo figliuolo nella consegnatione del gouerno de'

suoi stati, in-fol., 68 ff. non num. On lit à côté du titre : Joachimo Hubnero comperaua in Padoua l'anno 1595 (Gl. kgl. Saml., n° 573).

243. Instructions de l'empereur Charles V à Philippe II, etc. (Berlin, Robert Roger, 1699, in-8°, 191 pp.), p. 1-120.

244. Die Instruktion Karls V. für Philipp II. vom 25. Oktober 1555. Voir Bibliogr.

245. L'ouvrage de Johann George *Leib* : Des grossen Kaysers Caroli V. Regier-Kunst, oder Væterliche Instruction. (Leipzig, Joh. Christ. Martini, 1714 ; pet. in-8°, 6 ff. 121 pp. et table), n'est pas non plus une reproduction authentique des textes italiens connus.

246. Voir : Rerum Belgicarum libri quindecim, etc. (Antverpiæ, Martini Nutii, 1598 ; in-4°, 11 ff., 751 pp. et table), lib. XIV, cap. 1.

247. Les principales sources relatives au récit de l'abdication sont : Col. de Doc. inéd. etc., vol. VII, p. 524-529 (Madrid, 1845), d'après un document contemporain conservé à Simancas. Une relation officielle, faite par le gouvernement, se trouve aux « Archives du Royaume », à Bruxelles, et a été publiée par *Gachard* dans les : Analectes Belgiques (Paris, 1830), p. 75-81. Celle de l'ambassadeur anglais, sir John *Mason* (1503-1566), est publiée par John William *Burgon* (1813-1888) : The Life and Times of Sir Thomas Gresham (1519-1579) ; compiled chiefly from his correspondence preserved in Her Majesty's State-Paper Office (London, Robert Jennings, 1839, 2 vol. gr. in-8, XVIII-491, 534 pp.). En outre : *Sandoval*, dans son ouvrage cité à maintes reprises, II, p. 801-819 ; *Ulloa* : Vita di Carlo V (Venetia, 1565), fol. 326-327 ; Pontus *Hevtervs*, voir plus haut. *Gachard*, *Juste*, *Mignet* et *Stirling-Maxwell* ont également écrit des monographies sur l'abdication et le séjour de Charles-Quint à Yuste. Nous trouvons l'événement dramatisé pour la première fois par *Jiménez de Enciso* dans : La mayor hazaña de Carlos V. (Imprimé pour la première fois dans le volume excessivement rare : Parte treinta y tres de doze comedias famosas de varios avtores, etc. Valencia, Clavdio Macé, 1642. In-4°, p. 239-266). Déjà deux ans après l'événement on le trouve poétiquement traité dans une « gaceta de corte, ó acta en verso » en forme d'une « Romance q̄ trata como el Emperador re-

nunció los Estados de Flandes en el Rey don Felipe su hijo » dans le : Cancionero General que contiene mvchas obras de diuersos autores antiguos, con algunas cosas nueuas de modernos, de nueuo corregido y impresso. (En Anvers, en casa de Martin Nucio, M. D. LVII. in-12°, 7 ff. prél. (table), 402 ff.) ff. 399 v°—400 v°. Cette romance compte 160 vers.

Le célèbre tableau de Louis *Gallait* (1812-1887) « L'abdication de Charles-Quint (1841) » se trouve à l'hôtel de ville de Bruxelles.

248. Yuste en Estrémadure est le nom d'un ruisseau qui se jette dans le Tietar, affluent du Tage. Le monastère de San Jerónimo de Yuste se trouve à peu près à mi-chemin entre Badajoz et Salamanque. Il fut fondé, en 1408, par les Ermites de Saint-Jérôme ou Hiéronymites (los Ermitaños de San Jerónimo), branche espagnole de l'ordre de Saint-Augustin. Ces moines se distinguaient par leur science et leur esprit industrieux et jouissaient à un haut degré de la faveur de Charles-Quint et de Philippe II. L'on sait que, aujourd'hui encore, l'Escurial est confié à la garde des Hiéronymites. Dans Cabrera, I, p. 105, se trouve déjà une notion inexacte du nom de Yuste : Partió (el emperador) para el monasterio de *san Justo i Pastor*, de la orden de san Geronimo puesto en la Vera de Placencia. Juste et Pasteur sont les noms de deux enfants de 7 et 9 ans qui subirent le martyre à Complutum en l'année 304. *Sandoval* parle d'un « monasterio de San Juste » (II, p. 815) ; en d'autres endroits (p. ex. p. 823), il écrit simplement « Juste ». C'est probablement en s'en rapportant à l'autorité de Cabrera et peut-être aussi à l'étymologie populaire que des auteurs italiens aussi célèbres que Guido *Bentivoglio*, *Strada*, *Leti* et Pietro *Giannone* (1676-1748) emploient le nom de San Giusto. De nos jours encore, des hommes de science écrivent *Saint-Yust*, comme *Baumstark* (Philippe II, éd. cit., p. 26) ou *San Yuste*, comme C. A. *Wilkens* (Geschichte der spanischen Protestanten im sechzehnten Jahrhundert, p. 72) et Gustav *Diercks* (Spanische Geschichte, Leipzig, Gœschen, 1905, in-12°, 147 pp.), p. 95.

L'histoire de Yuste a été écrite par M. *Alboraya* dans la « Ciudad de Dios », mai 1906.

249. Pour ce qui concerne cette guerre, voir Alexandro de *Andrea* (né en 1519) : De la Gverra de Campaña de Roma, y

del Reyno de Nápoles,en el Pontificado de Pavlo IIII. Año de M. D. LVI y LVII. Tres libros dirigidos al Catholico Rey Don Filippe Nuestro Señor, II, deste nombre. (Impresso en Madrid, en casa de la Viuda de Querino Gerardo, año de M. D. LXXXIX, in-4°, 6 ff., 320 pp. et table). Pietro *Nores* († vers 1650) : Storia della Guerra di Paolo IV. Nous avons trouvé, à la Bibliothèque Royale de Copenhague, une copie manuscrite *anonyme* de l'histoire de Nores sous le titre de : Guerra degli Spagnuoli à Paolo Quarto, in-fol. 155 ff., non numérotés (Gl. kgl. Saml. 579, fol.). Voir aussi l'ouvrage anonyme espagnol : Guerra de un año entre el Papa Paulo IV y Felipe II, rey de España. Madrid, Rivadeneyra, 1869, in-8, 254 pp.

250. Il existe une littérature très abondante concernant la réforme luthérienne en Espagne ; car tous les ouvrages relatifs à l'Inquisition espagnole en parlent amplement. Le meilleur aperçu basé sur l'étude consciencieuse des sources nous en est donné par Ernest *Schæfer* (né en 1872) dans : Beitræge zur Geschichte des spanischen Protestantismus und der Inquisition, Gütersloh, 1902, 3 vol. Parmi les autres auteurs qui ont écrit sur l'Inquisition, et dont les ouvrages ont une valeur historique fort inégale, on peut citer : *Barenys y Casas*, José María, *Balmes*, Santiago Luciano, *Bœhmer*, Ed., *Cappa*, R., *Carnicero*, J. Cl., *Castro*, Ad. de, *Cramer*, H. M. A., *Davie*, Ch. H., *De' Brognóli*, Vincenzo, *Desdevises du Dézert*, G., *Droin*, M., *Esser*, F., *Gaffre*, L.-A. et *Desjardins*, A., *Gams*, P. B., *Garcia*, P., *Geddes*, M., *Gordon*, J., *Helfferich*, A., *Hefele*, K. J., *Heyer*, Fr., *Hinschius*, P., *Hoffmann*, Fr., *Krummacher*, K., *Lacordaire*, J.-B.-H.-D., *Langlois*, Ch.-V., *Loyson*, Charles (père Hyacinthe), H, *Lafuente*, Vicente de., *Lavallée*, J., *Lea*, H. Ch., *Limborch*, Ph., *Llorente*, J. A., *Macanaz*, M.-R., *Maistre*, J. de., *Maurenbrecher*, W., *M'Crie*, Th., *Melgares Marín*, J., *Menéndez y Pelayo*, M., *Molènes*, E. de, *Montanus*, Reg., Gons., *Ortí y Lara*, J. M., *Paramo*, Lud. a., *Pressel*, Fr., *Puigblanch*, A., *Ranke*, L. v., *Reuss*, J. D., *Rodrigo*, Fr. X. G., *Romain*, G., *Schlatter*, W., *Valera*, C. de., *Wilkens*, C. A., etc.

251. Voir Maurenbrecher, W. : Studien und Skizzen zur Geschichte der Reformationszeit (Leipzig, Grunow, 1874, in-8°, VII-349 pp.), p. 3, et surtout Schæfer : Beitræge, etc., I, p. 183-232.

Sous la direction de l'éminent critique espagnol don Marcelino *Menéndez y Pelayo*, la « Revista de los Archivos, Bibliotecas y Museos » a commencé à publier tous les procès inquisitoriaux contre les Protestants d'Espagne, conservés dans les Archives générales de Simancas. Voir la « Revista », etc. Tercera Época, año XIV. Marzo-Abril 1910 et suiv., : Procesos de Protestantes Españoles en el siglo XVI.

252. « Ce furent », comme le fait remarquer le libéral Modesto *Lafuente* « ces autodafés-là qui, en Allemagne et en France, mirent les plumes en mouvement et les firent écrire contre l'Inquisition, parce que c'étaient des hérétiques *luthériens* qui étaient punis ; tandis que tous les autodafés antérieurs dont des Juifs et des Morisques avaient été les victimes, étaient passés inaperçus. » Hist. gen. de España, VII, p. 37 (Madrid, 1862). Voir Appendice, n° 6.

253. Voir notamment : Carta de la princesa gobernadora al rey ; de Valladolid a 26 de julio de 1556, dans Gachard : Correspondance de Philippe II.

254. Jusque-là, Emmanuele Filiberto avait occupé nominalement le poste de gouverneur. Lorsque, la paix conclue avec la France on lui eut rendu ses Etats, il préféra rentrer en Savoie. Alors Philippe pensa choisir sa cousine, la princesse danoise *Christine*. Mais comme Guillaume d'Orange songeait à épouser la fille de celle-ci, *Dorothée* (1545-1587), Philippe craignit que cette alliance ne devînt dangereuse pour son autorité en Flandre.

Sur la vie d'Emmanuel Filibert on peut consulter les biographies de Giovanni *Tonsi* (1528-1601) : De vita Emmanvelis Philiberti, etc. (Mediolani, Pontius et Piccaleus, 1602. In-4°, 7 ff. n. ch.-283 pp.) et de Jean Chrétien, *Bruslé de Montplainchamp* : Histoire d'Em. Ph. (Amsterdam, Michils, 1692, in-12°).

255. Fille de Charles-Quint et de Marguerite van der Gheenst, dame noble flamande. En 1536, elle avait épousé Alessandro di *Medici* et, en 1538, Ottavio *Farnese* (1526-1586), petit-fils de Paul III. La correspondance de Marguerite avec Philippe II fut publiée par *Reiffenberg* (Bruxelles, 1847) et *Gachard* (Bruxelles, 1867) 3 vol. in 4°.

256. D'après *Bentivoglio* : Gverra di Fiandra, éd. citée, I,

p. 28 : Ch' egli voleua più tosto restar senza Regni, che possedergli con l'heresia.

257. « Di doue naque quel commune prouerbio tra i Nemici della casa d'Austria, che Carlo haueua saccheggiato la Terra per arricchirne il Mare », écrit Leti, I, p. 335.

258. Il existe concernant cet autodafé un grand nombre de relations manuscrites qui ont été utilisées par *Llorente, Prescott* et *Gachard*. On en trouve une des plus détaillées dans *Schæfer* : Beitræge, III, p. 48-68. Ce qu'en écrit *San Miguel*, I, p. 243 (Barcelona, 1867), est absolument erroné.

259. Dans la terminologie de l'Inquisition espagnole « *relaxar* » signifie livrer au bras séculier pour être brûlé. Toutefois, il n'arrivait que très rarement que quelqu'un fût brûlé vif, parce que la plupart des condamnés faisaient pénitence au dernier moment et obtenaient la faveur d'être « *garrotés* » (étranglés au moyen d'un anneau de fer, « *el garrote* ») et de n'être jetés sur le bûcher qu'après leur mort. « *Reconciliar* » signifie réadmettre un hérétique notoire dans le sein de l'Eglise, moyennant la confiscation de ses biens, le « *sambenito* » (costume d'ignominie imposé aux hérétiques) et la privation de sa liberté (prison ou galères) généralement pendant un terme de 6 ans. « *Penitenciar* » signifie infliger une punition moins sévère. Celle-ci consistait en l'abjuration de l'hérésie dont on était accusé et la condamnation à une amende, à un châtiment corporel (açotes) et au pilori (pública vergüenza),

260. « Yo traeré leña para quemar á mi hijo, si fuere tan malo como vos », I, p. 276.

261. Voir *Velly*, Paul-Fr. (1709-1759), *Villaret*, Cl. (1716-1766) et *Garnier*, J.-J. (1729-1805): Histoire de France, etc. (Paris, Saillant et Nyon, 1756-1781, 28 vol. in-12o), vol. XXIV, p. 538-539.

262. Voir Etienne-Léon baron de *Lamothe-Langon* (1786-1864) : Histoire de l'Inquisition en France (Paris, 1829, 3 vol. in-8o).

Le savant historien italien, Carlo Giacomo *Denina* (1731-1813), qui fut bibliothécaire de Napoléon Ier, dans son traité : Réponse à la question : Que doit-on à l'Espagne ? [Madrid à l'Imprimerie Royale, 1786, in-8o, 1 f.-44 pp.], s'exprime ainsi : Il est sûr que, nonobstant la superstition qu'on se plaît à faire entrer dans le caractère Espagnol, le fanatisme religieux n'a jamais fait en Espagne le ravage qu'il a fait en France.

263. « Hallóse por esto presente á ver llevar i entregar al fuego muchos delinquentes acompañados de sus guardias de á pie i de á cavallo, que ayudaron á la execucion », I, p. 276.

264. L'un d'eux, Adolfo de *Castro* (1823-1898), y trouve une occasion plausible de mettre Philippe II en parallèle avec Néron qui, suivant Tacite, faisait éclairer ses jardins au moyen de chrétiens crucifiés auxquels on mettait le feu. Voir : Historia de los Protestantes Españoles, etc., p. 184-187. Même chez un historien aussi moderne et sérieux comme Charles de *Moüy* on trouve un passage déclamatoire sur l'impression lugubre que devait faire à Don Carlos l'affreux spectacle « des cris des victimes, leurs larmes, leur agonie, l'agitation de l'assemblée, les clameurs, les lueurs des flammes, etc., etc. » Voir : Don Carlos et Philippe II (1863), p. 38.

265. « Ma quello che recò stupore à tutti fu il vedere il Rè Filippo dalle finestre guardar fissamente stridar le fiamme, e trà questi alzar lagrimeuoli voci al Cielo i Condannati, senza che pur dasse vn minimo segno di pietà, anzi più tosto mostraua apparenza di piacere, cosa in vero contraria ad vn animo Reale, e grande, I, p. 342.

266. Pour autant que j'ai pu le constater par des recherches approfondies, Philippe n'a assisté — outre ici à Valladolid — qu'à quatre autodafés (*Lea* cite deux cas, voir : Inquisition of Spain, III, p. 227), savoir : à Tolède, le 25 février 1560 ; à Barcelone, le 5 mars 1564 [de sa fenêtre, voir : Dietari del antich Consell Barceloni, vol. V (Barcelona, 1896) : Dinmenge, V Març 1564 — En aquest día se feu acte de Inquisicio e fouch fet en la plassa del Born, forem hi presents lo señor rey en una finestra y lo R^{m} archabisbe de Tarragona, bisbe de Barcelona, Urgel y altres bisbes y los reverents Inquisidors, etc. C'est peut-être de là que Leti a l'idée de la présence du roi auprès du bûcher de Valladolid]; à Lisbonne, le 1er avril 1582 (le propre témoignage du roi nous apprend qu'ici Philippe *quitta sa place* « porque en la casa donde estabamos los avía de sentenciar la justicia seglar a quemar a los que les relaxaron los inquisidores »), (Lettre aux Infantes

dans *Gachard* : Lettres de Philippe II à ses filles, etc., p. 159), et à Tolède, le 25 février 1591. A Madrid, il ne fut fait aucun autodafé durant tout le temps du règne de Philippe II.

267. « Era razon que tan gran monarquia tuviese ciudad que pudiese hacer el officio del corazon, que su principado asiento está en el medio del cuerpo para administrar igualmente su virtud á la paz y la guerra á todos los Estados », I, p. 298.

268. L'on considère comme tel une hauteur visible à grande distance, « *El Punto* ou *Cerro de los Angeles* », située à environ 20 kilomètres au Sud de Madrid.

269. C'est de Madrid que Jiménez de Cisneros gouverna l'Espagne (du 20 janvier 1516 jusqu'en septembre 1517), voir *Quintana*, ouvr. cité, fol. 325. Après que, en 1524, un séjour à Madrid eut guéri Charles-Quint d' « vna penosa enfermedad de quartanas » (*Quintana*, ibid., fol. 329), l'empereur habita souvent cette localité lorsqu'il avait le loisir de se récréer. A cette époque, les conditions climatiques y étaient toutes différentes de celles d'aujourd'hui. Au commencement du XVIIe siècle on voit encore les poètes chanter les louanges du climat de Madrid. Voir par ex. Aug. Roxas *Villandrando* (1577 — vers 1620), dans son célèbre « Viage entretenido » : Participà Madrid, entre otras muchas cosas, de un cielo muy claro, que asi por esto, como por los ayres que por ella corren muy delgados, es el lugar más sano que conocemos. Voir l'éd. de Madrid, 1793, vol. II, p. 25. De nos jours, en effet, Madrid ne serait plus guère favorable aux personnes faisant une cure. Prescott, qui ne connaît peut-être la capitale de l'Espagne que par des descriptions de voyages modernes, semble perdre de vue le changement considérable survenu sous le rapport sanitaire depuis la disparition des grandes forêts de chênes et de pins qui protégeaient alors la ville contre les vents de la Sierra Guadarrama. Voir : Hist. of Ph. II, éd. citée, p. 191.

270. : « El Real Monasterio de San Lorenzo del Escorial », comme il s'appelle officiellement.

271. Ce trait se trouve renseigné dans les « Memorias » de Fray Antonio de *Villacastín*, conservées comme manuscrit dans la bibliothèque de l'Escurial. Le frère Villacastín (1512-1603) était « obrero general » pendant la construction du bâ—

timent (« la fabrica », comme on le trouve généralement désigné), et jouissait de l'intimité du roi. Il tenait cette communication de la bouche même de Philippe. Voir José *Quevedo* : Historia del Real Monasterio de San Lorenzo, p. 3.

272.« Perdone el tiempo,lisonjee la parca /la verdad desta octava maravilla, / los años deste Salomon segundo », dit Luis de *Góngora y Argote* (1561-1627) dans un sonnet sur l'Escurial.

La littérature relative à l'Escurial est très abondante. Parmi les ouvrages anciens, l'on peut citer surtout Fray José de *Sigüenza* (1545-1606) : Segunda (y tercera) parte de la Historia de la orden de San Géronimo. De nos jours, Miguel *Sánchez y Pinillos* a publié l'histoire de l'Escurial de Sigüenza sous ce titre : Historia primitiva y exacta del Monasterio del Escorial, la más rica en detalles de cuantos se han publicado. Escrita el siglo XVI por el padre Fray José de Sigüenza, Bibliotecario del Monasterio y primer Historiador de Felipe II, arreglada por D..... Madrid, M. Tello, 1881, in-8°, 560 pp. ; les mémoires contemporains de Juan de *San Gerónimo*, publiés en 1845 dans la Col. de Doc. inéd., tome VII, p. 5-442, et Andrés *Ximénez* : Descripcion del Real Monasterio de San Lorenzo del Escorial, etc. (Madrid, Antonio Marin, 1764, in-fol. 9 ff.-452 pp.). Voir aussi Jehan *Lhermite* : Le Passetemps, II, p. 2-96. Le meilleur ouvrage moderne est la description succincte et très exacte de *Quevedo*. Voir plus haut. Voir aussi l'ouvrage de luxe profusément illustré d'Antonio *Rotondo*, Madrid, 1862, gr. in-fol.

273. Voir sur cet érudit le savant discours de Tomás *González Carvajal* : Elogio histórico del Doctor Benito *Arias Montano*, leido en la Real Academia de la Historia. Publié dans les : Memorias de la Real Academia de la Historia, tomo VII, (Madrid, J. Sancha, 1832, in-4°, XLIV-578 pp.), p. 1-199.

274. Voir *Fernández Montaña* : Nueva Luz, etc. (Madr., 1891), p. 172.

275. En voir la liste dans *Quevedo* : Historia del Escorial, p. 346-348.

276. *Vander Hammen* (Don Juan de Austria, fol 30) dit que le conseil d'Etat vota le transfert en 1560 ; Gil *González Dávila*, qu'il eut lieu en 1561. Voir : Teatro de las Grandezas de la Villa de Madrid, etc. (Madrid, Tomas Ivnti, 1623, in-fol.

522 pp.). *Quintana* cite 1563, ouvr. cité, fol. 331 v°. D'autres encore donnent l'année 1565. Nous considérons 1561 comme la date exacte. Voir Carlos *Cambronero* : Cosas de antaño, Vicisitudes de la corte, dans la « Revista Contemporánea », tomo CXVII, p. 635 (Madrid, 1900).

277. Voir touchant toute cette question la dissertation savante et approfondie dans el Conde de Cedillo, ouvr. cité, p. 179-190.

278. Ouvr. cité, fol. 331, v°. L'auteur assure qu'il se base sur des sources officielles : Auia el de 1598 en que su Magestad murió, repartidas en treze Parroquias doze mil casas sacado el computo dellas de los libros del Real aposento, y en ellas, conforme à las razones y conjeturas que se pueden fundar y hazer en vna maquina tan grande, que se ponen en manos y consideracion del Lector, trescientas mil personas, y mas, etc. Si l'on compare ces données (de 1629) à un renseignement que l'on trouve dans Sancho de *Moncada*, et qui évalue la population de Madrid,en 1619,à 400.000 âmes (voir : Poblacion y aumento nvmeroso de la nacion Española (Madrid, Luys Sanchez, 1619, in-4°, discurso 2, cap. II), on accorde plus de confiance aux chiffres fournis par Quintana.

279. Voir les sonnets satiriques de *Góngora* et le poème épique latin du Flamand Henrique *Cock* : Mantua Carpetana, heroice descripta (1584), publié d'après le mansucrit original de la B. N. M. dans la Revista de Archivos, Bibliotecas y Museos, tomo IX, Madrid, Rivadeneira, 1883, p. 250, et suiv. ainsi que le Diario di Camillo *Borghese* (le pape Paul V, 1552-1621), dans l' « Espagne au XVIe et au XVIIe siècle », par *Morel-Fatio* (voir Bibliographie). Voir aussi le sonnet satyrique d'Alexandre *Tassoni* (1565-1635) : Ritratto di Madrid (de 1602), publié par Tommaso *Casini* (né en 1859) dans : Rime di Alessandro Tassoni raccolte sui codici e le stampe, (Bologna, Gaetano Romagnoli, 1880, in-8°, 79 pp. Imprimé à 202 exempl. seulement), p. 45.

280. Brantôme raconte que don Carlos fit faire un livre dont tous les feuillets étaient en blanc, et lui donna le nom de : Los grandes y admirables viajes del rey dom Felipe. A l'intérieur, se trouvait une série de titres : El viaje de Madrid al Pardo de Segovia, del Pardo al Escurial, del Escurial a Aranjues, etc. Voir : Œuvres complètes, édit. citée. I, p. 126.

281. Voir *Watson*, éd. citée, III, p. 274 : It is indeed impossible to suppose that he was insincere in his zeal for religion. But as his religion was of the most corrupt kind, it served to increase the natural depravity of his disposition ; and not only allowed, but even prompted him to commit the most odious and shocking crimes. Voir également *Llorente*: Hist. de l'Inq. (2e édit., 1818), III, p. 129 : Philippe était méchant, hypocrite, inhumain, cruel de sang-froid,et capable de tuer son épouse s'il l'avait jugé convenable à ses intérêts, ou bien s'il avait eu quelque motif pour cela.

282. Voir p. ex. Martin *Philippson* (né en 1846) : Philippe II von Spanien und das Papsttum, passim, et Cayetano *Manrique* : Apuntes, etc. p. 29 : Usó de la religión como arma política para dominar.

283. Voir : Zur Geschichte der spanischen Staatsinquisition (Regensburg, Georg Joseph Manz, 1878, gr. in-8°, 96 pp.) du savant bénédictin Pius Bonifacius *Gams* (1816-1892).

284. Voir Paul *Rousselot* (né en 1833) ; Les Mystiques Espagnols, etc.

285. Voir « Relazione », App. n° 1, p. 217 « D'après tout ce que l'on peut voir, sa piété ne pouvait être plus sainte, plus dévote et plus ardente qu'elle ne l'est. Cela ressort également de toute sa vie qui ressemble plus à celle d'un prêtre et d'un moine qu'à celle d'un laïque ou d'un roi, car il assiste constamment à l'office divin et se tient à la chapelle comme un moine ; il vit presque comme un prélat qui a renoncé à tous les biens de la vie et se fait servir à un degré moindre que nombre de gens privés de modeste condition. »

286. Voir : Andrés *Ximénez*, ouvr. cité, p. 173.

287. Philippe l'appelle dans des lettres : muy caro amigo. Charles qui fut canonisé dès 1610, conquit surtout le cœur du peuple par son dévouement durant la peste affreuse (la peste di San Carlo), qui en 1576, désola la capitale de la Lombardie. Un grand nombre d'artistes anciens et modernes en ont fait le sujet de leurs compositions. L'une des biographies les plus détaillées de ce saint nous a été fournie par Gio. Pietro *Giussano* : Vita di S. Carlo Borromeo (Roma, Stamperia Apostolica, 1610, in-4°, 4 ff., non num., 716 pp. et table). L'ouvrage a été réimprimé souvent et traduit en un grand nombre de langues. Voir aussi l'ouvrage moderne de Ch. *Sylvain* : His-

toire de saint Charles Borromée, cardinal archevêque de Milan, d'après sa correspondance et des documents inédits, par l'abbé..... Société de Saint-Augustin. Desclée, de Brouwer et Cie des Imprimeurs des Facultés catholiques de Lille, 1884, 3 vol. gr. in-8o, XIV-447, 419 et 398 pp.

288. Le Vénitien Giovanni *Soranzo* raconte dans sa « Relazione » (1565) comment un jour, à Monzon, Philippe suivit le Saint-Sacrement, le chapeau à la main, attendit à la porte du malade jusqu'à la sortie des prêtres et les accompagna ensuite jusqu'à l'église. Voir *Albéri* : Relazioni, etc., Ire série, vol. V, (Firenze, 1861), p. 112.

289. *Porreño* : Dichos y hechos, p. 79.

290. Voir Ch. *Sylvain* : ouvrage cité, II, p. 285.

291. On raconte que Philippe aurait exprimé la crainte que ce grand nombre d'ordres ne fût plus nuisible qu'utile à la piété. Voir Giovanni *Botero* (Abate di San Michele della Chiusa, 1540-1617); Detti memorabili di Personaggi illustri appartenenti al governo di Stato. Parti II [Napoli, Novello di Bonis, 1674, in-4°, 18 ff. n. ch. 544 pp.], p. 141 : Filippo II, veggendo tanta moltitudine di nouelle Religioni, soleua dire, che meglio era ridurre l'antiche Religioni all' integrità della loro institutione che il farne tutto il dì delle nuove : perche si correua pericolo di hauer più Religioni, che pietà.

292. Cet ordre fut fondé en 1435 par Saint Francesco da *Paola* (petite ville de Calabre) (1416-1507). Ses membres étaient astreints à une vie extrêmement ascétique et humble et s'appelaient eux-mêmes Minimi (les Minimes). En Espagne ils sont désignés souvent sous le nom de *Padres de la victoria*, parce qu'ils exerçaient leur ministère durant les combats contre les infidèles, et l'on racontait que, par leurs prières, ils avaient hâté la prise de Málaga (1487).

293. Les nonces du pape écrivent fréquemment à la Curie touchant l'initiative personnelle du roi dans cette affaire. Ainsi, par exemple, l'évêque de Padoue au cardinal de Côme, Madrid, 26. jan. 1576 : « Hieri fui con il Re, et quasi tutta l'audientia si consumò in materia di riforma di frati, et trouai Sua Mtà, come ho sempre fatto, ardentissima in questa santa opera... » Voir A. S. S. R., Nunziatura di Spagna, vol. X, p.33.

294. Voir *Porreño*, p. 76-77 et 82. *Bermúdez de Castro*,

ouvr. cité, p. 41 : Superior á casi todos los magnates de su siglo y á Antonio Pérez que, á pesar de su inmensa ilustracion y de su claro talento, consultaba á los astrólogos y tenía un tanto de fe en sus agüeros, Felipe II despreciaba la astrología, dudaba de la magía y condenaba públicamente la adivinacion, y los pronósticos. « Los secretos del porvenir, decía, están cerrados para la miseria del hombre ; estos juicios quieren prevenir al de Dios. »

295. Voir Jean-Baptiste-Henri-Dominique *Lacordaire* (1802-1861) : « Mémoire pour le rétablissement en France de l'ordre des Frères Prêcheurs (Paris, Débécourt, 1839, in-8°, 226 pp.), p. 206 : Il (Philippe II) inventa, pour effrayer l'hérésie, ces fameux actes connus sous le nom d'autodafés, où le supplice devenait une sorte de fête aussi extraordinaire par les spectateurs que par les patients.

296. On peut voir, p. ex., dans l'organisation des prisons de l'Inquisition espagnole, le commencement de beaucoup des réformes que l'administration civile de la justice a adoptées depuis. Les récits populaires relatifs aux « éternelles » prisons souterraines et aux traitements inhumains ne sont pas de l'histoire, mais des fantasmagories d'auteurs d'histoires de brigands.

297. Voir Appendice, n° 2, p. 230.

298. Voir Llorente : Hist. de l'Inquisition, etc. vol. II, p. 200.

299. J'ai trouvé cette instruction à Simancas, et j'en donne un extrait dans l'appendice n° 2, p. 231. De nos jours, on ne se représente guère la somme de misère humaine que pouvait renfermer une galère avec ses prisonniers enchaînés dont le chiffre atteignait jusqu'à 300 et ses soldats en nombre égal. Aussi la condamnation aux galères était-elle considérée par tous les criminels comme la plus ignominieuse, et les prisonniers manifestaient un grand talent inventif à simuler des maladies et des infirmités pour échapper à cette peine. D'aucuns allaient jusqu'à essayer de se faire croire manchots ou atteints d'une hernie. Voir le manuscrit de la Biblioteca Columbina (Séville), cité par *Gallardo* (1776-1852) (Ensayo, II, col. 1341), et intitulé : Relacion de la carcel de Sevilla, por Christóbal de *Chaves*, abogado de la real Audiencia seuillana. Voir également A. H. N. M., Estado, legajo 2215 : Visita de

galeras, etc. On trouve aussi beaucoup de traits intéressants dans Pantero *Pantera* : L'Armata Navale (Roma, 1614, in-4°).

300. Voir mes recherches à ce sujet dans l'appendice n° 6.

301. En l'année 585, Léovigilde fit décapiter à Tarragone, son fils et héritier Herménigilde. Herménigilde avait embrassé la foi catholique et était appuyé par une grande partie de la population. C'est pourquoi il fut jeté en prison et, ayant refusé d'embrasser l'arianisme, il fut exécuté en prison le 14 avril. Les catholiques le vénérèrent comme martyr et l'Eglise inscrivit son nom sur la liste des saints. Par une coïncidence singulière, ce fut précisément Philippe II qui, en 1585, le millième anniversaire de l'exécution d'Herménigilde, provoqua la canonisation de celui-ci.

302. Si sa mort fut le résultat d'un crime, ce fut un crime heureux, dit A. *Baschet* : La Diplomatie Vénitienne, etc. (Paris, 1862), p. 248.

303. La littérature sur Don Carlos est abondante. Je me contente de renvoyer aux ouvrages cités dans la bibliographie sous les noms de : *Arendt, Bongi,* S., *Büdinger,* M., *Campori,* G., *Erslev,* Kr., *Fabraquer,* comte de, *Gachard,* L.-P., *Graunius,* Cass., *Güell y Renté,* J., *Helfferich,* A., *Manrique,* C., *Maurenbrecher,* W., *Moüy,* Ch. de, *Ranke,* L. de, *Schmidt,* A., et *Warnkœnig,* L.-A.

304. Ce ne fut qu'en 1844 que les documents historiques qui mettent cette affaire compliquée en pleine lumière, furent publiés dans : Doc. inéd., vol. IV, p. 526-566. Voir, en outre, dans la « Revue des Deux-Mondes », l'étude de *Viel-Castel* : « La justice politique en Espagne sous Philippe II » et celle de *Gachard* : « Sur la mort de Floris de Montmorency, etc. (Voir Bibliographie).

305. Voir : Relacion de la muerte de Montigni que se envió al Duque de Alba á 2 de noviembre 1570 » dans : Col. de Doc. inéd., vol. IV, p. 561.

306. Charles-Quint, Henri III et Henri IV de France emportaient toujours avec eux un exemplaire du fameux livre de Machiavel, et Sixte-Quint en écrivit un abrégé. Voir *Maffei,* Giuseppe : Storia della Letteratura Italiana, terza edizione, (Firenze, Le Monnier, 1853, 2 vol. in-8°), I, p. 386.

309. « E quando pure gli bisognasse procedere contro al

sangue di qualcuno, deve farlo quando vi sia giustificazione conveniente e causa manifesta ; ma soprattutto astenersi dalla roba d'altri ; perche gli uomini dimenticano piuttosto la morte del padre, che la perdita del patrimonio ». Ch. XVII, p. 103, édit. citée.

308. Voir l'ouvrage cité de *Gounon-Loubens*, p. 250-255, et l'appendice n° 7. Dans la comédie de *Salustio del Poyo* citée plus haut, Philippe s'exprime ainsi : Si el blason de mis estados letras y armas ha de ser, yo haré tan grandes Letrados, como ha sabido hazer mi padre grandes soldados.

309. Voir l'appendice n° 4, p. 236.

310. Voir mon extrait de sa « Relazione », appendice n° 4.

311. Voir la « Relazione » de 1592 du Lucquois Compagno *Compagni* dans *Pellegrini* : Relazioni inedite di Ambasciatori Lucchesi alla Corte di Madrid. (Sec. XVI-XVII), p. 15 : Sono non solo caduti dalla gratia di S. M. ma rovinati totalmente una buona partita di ministri ai quali particolarmente era data questa nota di haver ricevuto doni, etc.

312. Voir le témoignage de Luis de *Obera* dans « Proceso », etc. (Madrid, 1788), p. 26 : Que Andrea Doria le daba cada año un buen donativo, porque esforzase sus negocios con S. M. y que los Reyes de Italia le daban tambien buena mancha, y otros pretendientes Italianos, y tambien le daban dádivas por facilitar sus pretensiones. »

313. Voir « Relazione di Spagna », Appendice n° 1. p.216, Jean *Boucher*, recteur de l'Université de Paris (1548-1644), raconte qu'une fois, bien avant dans la nuit, Philippe ayant achevé une lettre au pape, la tendit à son secrétaire qui devait y répandre du sable (pouldre). Accablé de sommeil, celui-ci saisit l'encrier et en versa le contenu sur la lettre. Sans un mot de dépit, Philippe se mit à recommencer sa lettre. Voir : Oraison funèbre, etc., p. 39-40. On trouve ce trait dramatisé par *Jiménez de Enciso*, dans son drame cité : El Princ. D. Carlos. éd. de Valence, 1773, p. 9-10. Voir, en outre notre «Relazione », p. 224 : La sua patienza, etc.

314. Dans son : Arte de la Pintura, su antigüedad y grandezas (Sevilla, 1649, in-4°),lib. I, chap. IX : Pero la mas aventajada grandeza desta Profesion (sc. la pintura) es a mi ver que nuestro Felipe 2 i tercero como es opinion de muchos, no carecieron desta gloria i exercicio del debuxo.

315. Voir son : El Museo pictórico y escala óptica : theórica de la pintura, en que se describe su origen, essencia, etc. (Madrid, 1715, 1724, 2 vol. in-fol.).

316. « Ama Sua Maestà gli studii, et legge l'historie ; intende assai della geografia, et alquanto della statuaria et pittura, et sente piacere alle volte operandosi in esse. » Voir *Gachard* : Relations, etc., p. 42.

317. « Cremona fidelissima città et nobilissima colonia de' Romani rappresentata in disegno col svo contato, et illustrata d' vna breve historia delle cose più notabili appartenenti ad essa, et dei ritratti natvrali de dvchi, et duchesse di Milano, e compendio delle lor vite ». (In Cremona in casa dell' istesso avtore, 1585, in-fol. 4 ff., 119-LXXVIIIpp. et table), p. 114 : Della Pittura ha più, che mediocre cognitione et gusto, et di sua mano fa disegni marauigliosi, et ha presso di se infinito numero di Pitture, fatte da diuersi rarissimi, et eccellentissimi Pittori. Campo était un des nombreux artistes qui travaillaient pour Philippe. L'on a encore de ce peintre un tableau célèbre « San Jerónimo en meditación » (Museo del Prado, n° 72) que Philippe fit peindre pour l'Escurial.

318. En 1435, Jean van Eyck (1390-1440) fut nommé peintre de la cour et valet de chambre.

319. Voir Ximénez : Descripcion del Escorial, p. 431. Voir aussi la note 114.

320. En ce qui concerne Philippe comme amateur des beaux-arts, voir, dans la « Zeitschrift für bildende Kunst » (Leipzig, 1881), la monographie de Charles *Justi* (né en 1832), traduite par *Hinojosa* (Felipe II como amante de las Bellas Artes) dans : Estudios sobre Felipe II (Madrid, 1887), p. 231-283. Pedro de *Madrazo* donne également des renseignements intéressants dans son : Viaje Artístico, etc., p. 51-75.

321. Voir : Le septiesme tome des Histoires Tragiques, etc. (Lyon, Benoist Rigaud, 1595, in-16°, 7-386 ff.), fol. 267.

322. Ibid., fol. 248-272.

323.

« Elíjase el sujeto, y no se mire
(Perdonen los preceptos) si es de reyes.
Aunque por esto entiendo que el prudente
Filipe, rey de España y señor nuestro,

En viendo un rey en ellas se enfadaba,
O fuese el ver que el arte contradice,
O fuese la autoridad real no debe
Andar fingida entre la humilde plebe. »

Voir : Arte nuevo de hacer comedias en este tiempo, dirigido á la Academia de Madrid (1609) dans : Biblioteca de Autores Españoles, vol. XXXVIII (Madrid, Rivadeneyra, 1856, in-4°), p. 231.

324. Voir *Schack* : Geschichte der dramat. Kunst, etc., II, p. 132, et Casiano *Pellicer* : Tratado histórico sobre el origen y progresos de la comedia y del histrionismo en España, etc. [Madrid, 1804, 2 vol. in-12°, 5 ff. n. ch. — 282 pp., 3 ff. n. ch. — 230 pp.]. I, p. 118-122 et 141-157.

325. Les riches collections du Vatican ne furent installées à leur place actuelle que sous Sixte-Quint (1521-1590) en l'année 1585, et les collections nationales françaises ne reçurent de locaux fixes qu'en 1724.

326. Dès le 28 septembre 1558, Philippe écrivit à Juan de *Figueroa*, son ambassadeur à Rome, qu'il désirait qu'il fût créé des archives dans cette ville. En 1564, Juan de *Berzosa* († 1574) fut nommé archiviste. Les collections qu'il a laissées forment une longue série d'in-folios, conservés aujourd'hui dans les A. G. S. sous le nom de « Libros de Berzosa ».

327. Voir Bibliogr. : Juan *Mateos*: Felipe II y la cultura española.

328. Voir notre « Relazione », appendice n° 1, p. 220.

329. Dans les relations des ambassadeurs étrangers, nous trouvons une foule de remarques relatives à l'atmosphère froide et triste qui règne à la cour et dans toute la ville de Madrid. Voir, p. ex., ce que Carlo *Recordato*, secrétaire de Parme, écrit de Madrid, le 4 mars 1576, à Giov. Batt. *Pico*, autre secrétaire du duc : ... Sto otiosiss°, il quale mi da infinito fastidio, et in questa Corte non è alc° passatempo, et è fredda come il ghiaccio, et se ben non habbiamo più che due giorni Carnauale, non si fanno quà, nè maschere nè feste alcune, et prometto a V. S. che doppo che io son quà, non è passato giorno, che non habbia desiderato grandemente l'esser costà appresso di lei per seruirla, come ho fatto per il passato, me sforzarò di passar il tempo al meglio che io

potrò. Voir : A. S. N. Carte Farnesiane, Spagna, Fascio 4. Pour ce qui concerne la lutte de Philippe contre le luxe et l'intempérance, voir *Sempere* : Hist. del luxo, II, p. 54-94.

330. Entre autres choses l' « Excusado » ou dîme de la propriété la plus considérable de chaque paroisse. Voir *Gounon-Loubens*, ouvr. cité, p. 311-312.

331. Fermín Agosto de *Caballero* (1800-1876) qui traite cette question dans un « discurso académico » (Madrid, 1856), dit qu'il n'en existe que 8 volumes dans les archives de l'Escurial, et que le gouvernement espagnol ayant ordonné, en 1840, à tous les archivistes, d'opérer des recherches dans leurs dépôts respectifs, il n'en fut pas découvert d'autres. Mais nous avons eu l'occasion de nous convaincre, à Simancas, qu'il s'y conserve 7 autres volumes. Diego *Clemencín*, dans son ouvrage érudit : Elogio de la Reina Católica doña Isabel,(Memorias de la Real Academia de la Historia tomo VI, Madrid, Sancha, 1821, gr. in-4°, XCV-622 pp.), p. 614-617, a publié un catalogue alphabétique de tous les localités de ces « relations topographiques ».

332. C'est ainsi que *Badoero* écrit (1557) : Nelli piaceri delle donne è incontinente, prendendo dilettazione di andare in maschera la notte anco in tempo di negoziazioni importanti, e sente molta dilettazione di vari giuochi. Voir *Albéri* : Relazioni, etc., série I, vol. III (Firenzè, 1853), p. 234. Et *Soranzo* (1565) : Ha avuto, essendo in Fiandra, con una giovane di Brusseles una figliuola, la quale fa nutrire in quei paesi molto secretamente ; doppo che si ritrova in Spagna ne ha avuta, per quello che vien detto, un' altra con donna Eufrasia de Guzman, che era dama della principessa sua sorella, la quale medesimamente fa nutrire, e ha maritata la madre nel principe d'Ascoli con dote onorata. *Albéri*, ibid., I, vol. V (1861), p. 114-115.

333. *Leti* raconte que, peu après la mort de sa première femme, Philippe contracta une liaison (innamorato con passione non ordinaria) avec Caterina Lenez qu'il envoya à Naples après l'avoir mariée, en 1553, à Antonio de *Casores*. Vita de Filippo, I, p. 186 et 226. Au reste, dans cet ordre d'idées, Leti caractérise Philippe de la manière suivante : Non s'era mai veduto per l'adietro forse Prencipe più cauteloso di questo circa al fatto della libidine, ancorche libidi-

nosissimo di natura, ond' è che soleua dire per prouerbio: Che le Donne amate da' Prencipi erano la peste degli Stati. Ibid., p. 225.

334. Agnes *Strickland* (1796-1874) qui parle de Philippe dans son ouvrage célèbre : Lives of the Queens of England, etc. (London, Bell and Daldy, 1864-1865, in-8°, 6 vol.) II et III, raconte que, apercevant un jour la belle Magdalen Dacre (viscountess of Montague) occupée à sa toilette matinale, il essaya de s'approcher d'elle par une fenêtre ouverte ; mais que la dame offensée s'arma d'un bâton et lui en porta un coup vigoureux. Dans la suite, le roi la traita toujours avec la plus parfaite courtoisie. Voir vol. II, p. 643-644. Dans « Queen Mary », lord *Tennyson* fait raconter cette petite aventure par Magdalen elle-même, et elle ajoute : I never found he bore me any spite (p. 252). L'auteur belge, Clément *Michaëlis* fils, dans ses « notes historiques » à son drame : Philippe II et Don Carlos. [Bruxelles, Ve Patent et Fils, 1863. In-8°, 228 pp.], nous explique sommairement la vie de Philippe dans ces termes : On peut dire que Philippe II, licencieux et dévot, passa une moitié de sa vie entre les bras des prêtres et l'autre entre les bras des femmes (!!), p. 155.

335. Dans « Nueva Luz », etc. (Madrid, 1891), p. 554-586, Fernández *Montaña* a soumis toute cette question à des recherches approfondies. Toutefois, nous n'oserions nous rallier en tous points aux preuves qu'allègue le savant prêtre pour établir que le roi Philippe n'était nullement sujet à cette faiblesse de la chair. Voir notre « Relazione », App. n° 1, p. 224.

336. Voir les excellentes monographies de Martha *Walker Freer*, d'Antoine-Théodore, marquis *du Prat* (1800-1866), et la relation contemporaine de Juan *López de Hoyos*, le maître de Cervantès. Bibliogr.

337. Voir Bibliogr. : C. *Douais* et *La Ferrière*.

338. Voir *Fourquevaux* et Louis *Paris* (Bibliographie).

339. A l'A. S. V. se conservent, dans leurs originaux, les lettres envoyées au Sénat par l'ambassadeur vénitien Agostino *Nani*. J'en ai copié plusieurs. Dans l'une d'elles, datée du 19 mai 1598, il parle d'un nouveau fou (buffone) que le grand-duc de Toscane avait envoyé au roi en même temps que quelques autres présents. Il avait conquis immédiatement tous les cœurs. Le roi l'avait fait conduire dans sa

propre voiture pour aller voir l'Escurial et lui avait fait cadeau d'une chaîne d'or de 400 écus, « dimostratione che S. M.^{tà} non ha mai usato di fare uerso soggetti di questa conditione. » Voir Dispacci, Spagna, cod. 30.

340. Voir *Nani* au Sénat, 17 mai 1598 :..... Ha permesso il Re, che le dame compariscano mascherate nella sua stanza, doue si fece gran festa ; et il Sig.^{r} Giov. *Idiaquez* (secrétaire d'Etat, 1540-1611) m' ha detto che S. M.^{tà} con tutto che si trouasse nel letto commandaua, et daua ordine al ballo con quell' istessa uiuacità et prontezza che haurebbe regolato un esercito et per fine uolse uedere il principe a danzare, ma però coll' Infanta et non con alcune delle dame come pareua che modestam.^{te} inclinasse. Dispacci, Spagna, ibid.

Un jour, le roi fut pris d'un grand accès de fièvre en assistant à l'une des comédies enfantines du prince Philippe (vna sva fanciullesca rappresentazione) dans le but unique de lui faire plaisir (in dar gusto al Principe). Voir dans l'Archivio Mediceo, 4920, fol. 188, A. S. F., la lettre du 19 août 1589 de Vincenzio *Alamanni* au grand duc.

341. Voir *Gachard* : Lettres de Philippe II (Bibliographie).

342. Voir notre « Relazione », app. n° 1, p. 216-217.

343. « La febbre doppia terzana », comme la caractérise le Vénitien Franc. *Vendramino* dans une lettre du 26 mai 1594 adressée au Sénat. Voir A. S. V., Dispacci, Spagna, cod. 27.

344. Voir Franc. *Morosini* au Sénat, le 15 mars 1579. Voir A.S.V. Dispacci, Spagna, cod. 12. La notte precedente si era (sc. S. M.^{tà}) sentita male delli soliti dolori di gotta li quali anco quest' altra notte l'hanno trauagliata, in modo che se bene douesse uscire alla messa in publico non ha però potuto farlo, ma perche questi sono accidenti soliti et ordinarij a podagrosi, si spera con tutto ciò che starà pronto bene.

345. Pour des relations détaillées, voir Bibliogr. *Cervera de la Torre*, Christ. *Pérez* de *Herrera*, Diego de *Yepes*, José de *Sigüenza* (tercera parte de la Historia de la Orden de San Gerónimo, p. 679-683), Salazar de *Mendoza* (Origen de las dignidades seglares, etc., libro IV, chap. IV). et *Fernández Montaña* (Nueva Luz (1891), p. 308-329). Voir également Jehan *Lhermite* : Le Passetemps, II, p. 109-157, et *Turba* :

Beitræge, etc., p. 68-89, avec indication de beaucoup de sources inédites.

346. La seule production poétique que j'aie vu attribuer à Philippe est précisément une expression de ce pessimisme chrétien. Voir app. n° 8.

347. « Mas siento y me duelen mis culpas », voir Salazar de Mendoza : Origen de las dignidades, etc., libro IV, fol. 175 v° (Madrid, 1657).

348. « He querido que os halleys presente a este acto, para que veays en que para todo ». *Cervera de la Torre,* ouvr. cité, p. 128.

349. Voir le journal de l'Escurial de Diaz de *Velasco* : De San Lorenço A trece deste, Su mag[d] espiró Domingo á las cinco de mañana 13 deste mes y quedaua ya metido en la caja de plomo, etc. Voir B. A. H. M., Biblioteca Salazar, A. 74,fol. 148. Voir aussi la « relazione » de Francesco *Soranzo,* dans *Barozzi* et *Berchet,* vol. I, p. 151.

350. Voir *Cervera de la Torre,* ouvr. cité, p. 146.

351. « Quantos nos hallamos allí presentes celebramos su tránsito con grande copia de lágrimas, todas pocas para tan grande pérdida, y aun á muchos no se les han enjugado, ni le acabarán de llorar, hasta que se acabe su vida. » Ouvr. cité, p. 685. Voir aussi le sonnet d'Alexandre *Tassoni* : In morte di Filippo II, publié par Tommaso *Casini* dans la collection citée note 279.

352. « Non ha mai voluto, che si scriua la sua uita », écrit Francesco *Soranzo* le jour de sa mort ; voir appendice n° 4, p. 239. On raconte qu'il ne tenait pas non plus à ce qu'il lui fût érigé des statues ou rendu d'autres honneurs de ce genre. Voir Antonio *Folchi* : Orazione, etc., p. 13.

353. Voir Appendice n° 4, p. 239.

354. Diarrhoea nervosa. Voir notre « Relazione », appendice n° 1, p. 222. « Lorsqu'il reçoit des nouvelles désagréables et douloureuses, il se trouve soudain mal et est atteint de la diarrhée, comme cela s'observe chez les chèvres, les lapins et d'autres animaux craintifs. »

355. La première relation historique sur cette bataille célèbre est due à Fernando de *Herrera* (1534-1597), le plus célèbre des poètes de l'école de Séville et surnommé *le Divin.* Sa relation vit le jour à Séville en 1572 (voir Bibliographie),

et fut réimprimée, à cause de sa rareté extrême, en 1852 dans la « Col. de Doc. inéd. para la Hist. de España », vol. XXI, p. 243-382. D'autres ouvrages sur cette bataille mémorable sont ceux de Gerolamo *Diedo*, Francesco *Morosini*, Paolo *Paruta* (1540-1598), Anton Maria *Graziani* (1537-1611), Ferrante *Caracciolo*, Bartolomeo *Sereno* (1540 — vers 1606) et les modernes d'Alberto *Guglielmotti*, Antonio *Veroggio*, *Jurien de la Gravière*, Cayetano *Rosell*, Miguel *Sánchez*, et toutes les biographies de Don Juan d'Autriche. Voir note 219.

356. Voir A.G.S., Consejo de la Inquisicion, lib. 75, fol. 448 v°.

357. Les Maures commencèrent, dès le XIVe siècle, à transcrire des documents juridiques espagnols au moyen de leurs propres caractères sacrés. C'est de là que naquit plus tard ce qu'on a appelé la « Literatura aljamiada » de l'arabe « *alchami* » = étranger.

358. Ainsi nommée de la région montagneuse sauvage de « *las Alpujarras* », ramification de la Sierra Nevada. Il y vivait, depuis 1492, quelques centaines de descendants directs des habitants de Grenade. Pour ce qui regarde cette guerre, voir les ouvrages contemporains de *Hurtado de Mendoza*, *Marmol y Carvajal* et *Pérez de Hita* ainsi que les récits modernes de *Boronat y Barrachina*, *Janer*, *Munoz y Gaviria*, *Rochau* et autres. Dans sa tragédie « El Tuzani de la Alpujarra ó Amar despues de la Muerte », *Calderón de la Barca* a emprunté son sujet à cette guerre et fait de certaines personnes et de certains épisodes une description magistrale et historiquement fidèle.

359. Don Juan d'Autriche écrit à Philippe, le 7 juin 1570, que les moines prêchaient « en los púlpitos públicamente contra la benignidad y clemencia que V. M. ha mandado usar con esta gente. » Cité par Prescott : Hist. of the Reign of Ph. II, vol. III, p. 214 (London, 1859).

360. Voir Florencio *Janer* : Condicion social de los Moriscos de España, etc., p. 274-277.

361. De la teneur suivante : Vosotros no creeis en nuestra religion, sois infieles, y estando bautizados, la Inquisicion y el brazo secular pueden castigaros como apóstatas ; pero confesad en el tribunal de la penitencia vuestra apostasia, enmendaos, y sereis perdonados. Voir *Janer*, ouvr. cité, p. 61.

362. Petite ville située à 47 kilomètres à l'Ouest-Sud-Ouest de Saragosse.

363. Dans l'abondante littérature relative à la question des Morisques au XVIe siècle, et jusqu'à leur expulsion, l'on peut citer, outre les ouvrages mentionnés dans la note 358, des écrits de : Albert *Circourt*, Manuel *Danvila y Collado* et Damiano *Fonseca* : Del giusto scacciamento de' Moreschi da Spagna, libri sei, etc. (Roma, Bart. Zannetti, 1611, in-4°, 11 ff., — 378 pp. avec table), voir Bibliogr.

364. Voir *Menéndez y Pelayo* : Historia de los Heterodoxos españoles, vol. II, p. 525-546.

365. Voir Julio *Melgares Marín* : Procedimientos de la Inquisicion, etc., vol. II, p. 5-159.

366. Ils avouaient, entre autres choses : Que el demonio viene a las Alumbradas y tiene parte con ellas, y las ensuzia en dos mil poluciones. Que viene el demonio en figura de Christo y acomete carnalmente a las mujeres. Voir Revista de Archivos, Bibliotecas y Museos, tomos IX et ss. (Madrid, 1903 et années ss.).

367. Juana, sœur de Philippe, fut mariée, en 1552, à Jean, fils de Jean III. Mais Jean mourut quelques jours avant la naissance de don Sébastien.

368. Henrique était le cinquième fils du roi Manuel o Afortunado et, par conséquent, l'oncle de Philippe du côté de la mère de celui-ci. Il se destina de bonne heure à l'état ecclésiastique et fut, dès 1539, grand inquisiteur en Portugal.

369. Voir Bibl. : *Conestaggio*, *Escobar*, *Estebáñez* et *Lobkowitz*. Pour ce qui concerne la courte guerre d'annexion de Portugal menée à bonne fin en trois semaines par le vieux duc d'Albe, on peut voir le récit contemporain de Francisco *Diaz de Vargas* : Discvrso y Svmmario de la Guerra de Portugal, y Successos della. Çaragoça, Domingo de Protonotaris, y Vrsino, 1581, in-16°,5 ff. prél., 125 ff. — 1 f. n. ch.

370. Voir *Mignet* : Ant. Pérez, etc., p. 192.

371. Voir Salustiano de *Olózaga* : Discurso, Madrid, 9 janvier, 1853.

372. Ludwig Timotheus Freiherr von *Spittler* : « Geschichte von Spanien » dans « Sæmmtliche Werke », herausgegeben von Karl Wæchter. (Stuttgart, u. Tübingen, I. G. Cotta, 1827-1837, 15 vol. in-8°), III, p. 57.

373. « El justicia mayor de Aragón » était le premier fonctionnaire de l'Etat. Il était élu par les Cortès, et l'on peut suivre l'existence de sa charge jusqu'en 1115.

374. Comme œuvre capitale relative aux événements auxquels il est fait allusion ici, l'on peut citer l'ouvrage de Pedro Marqués de *Pidal* que nous avons mentionné, p. 55. On peut consulter aussi avec profit l'ouvrage de Francisco *Guerra y Aragón*, voir Bibliographie.

375. Nous pouvons citer ici le portrait que trace de Philippe II l'historien autrichien G. *Turba*. Voir : Beitræge, etc. (Vienne, 1898), p. 143 : « Kœnig Philipp II hatte manche uns unsympathische Schwæche. Je tiefer wir aber in die Seele dieses verschwiegenen Fremdlings auf spanischem Thron zu blicken vermœgen, desto grœsser wird unsere Wertschætzung für ihn als Menschen und Herrscher. » On a prétendu souvent que, dans son ambition insatiable, Philippe rêvait d'une monarchie universelle. Mais nous savons, par ses propres paroles, que le royaume qu'il avait à défendre lui suffisait largement. Voir plus haut, p. 131, et appendice n° 9.

376. « El fué quien preparó la decadencia y ruina de España », dit Francisco *Martínez de la Rosa* (1788-1862), dans son : Bosquejo histórico de la política de España desde los tiempos de los Reyes Católicos hasta nuestros días [Madrid, M. Rivadeneyra, 1857, 2 vol. in-8°, VIII-271, 404 pp.], I, p. 34.

377. Consultez par exemple les 8 discursos de Sancho de *Moncada* (Madrid, 1619).

APPENDICE I

RELAZIONE DI SPAGNA (1)

(si raggira tutta intorno à Filippo 2°, allora vecchio).

Douendo io referire alla A. V. quel che io habbia notato nella Corte di Spagna, che possa ualere per il seru.° di V. A. in questi 5 anni che io ui ho riseduto, quando come seg.rio dell' A. V. presso à suoi Ambasciadori e quando da me stesso col carico del Ambasciata, non mi par che occorra trattar della grandezza, numero et altre qualità di quei Regni e degl' altri posseduti dal Re Cattolico nè ò delle forze di gente ò di denari che di essi gli possa usare ò della potenza ò reputatione che da quelli à lui ne resulti, sendo hormai noti questi discorsi ad ogni Principe et ad ogni priuato sig.re non che all' A. V., ma solo tratterò della propria persona di sua Maestà toccando breuemente della maniera di uiuere che egli osserua in questo tempo, e quiui verrò alle qualità dell' animo e sue passioni e à suoi fini et intelligenze. Dopo q.° toccherò dell' A. V. in che grado restassi alla mia partita, come si possa conseruare e migliorare, et al fine tratterò qualche cosa de' Ministri Regij.

(1) Cette « Relazione » que j'ai trouvée à l'A. S. F., Carte Strozziane, filza 331, fol. 1-16, est écrite en 1591, comme il ressort de plusieurs allusions à des événements historiques contemporains. En ce qui regarde l'auteur, nous ne possédons pas de certitude complète ; mais c'était, selon toute probabilité, Cammillo *Guidi* de Volterra. De 1586 à 1590, il fut secrétaire de Vincenzio *Alamanni* († 1590), ambassadeur du grand-duc, et exerça ensuite les fonctions d'ambassadeur jusqu'en septembre 1590, époque à laquelle Francesco *Lenzoni* fut nommé ambassadeur. Guidi ne quitta l'Espagne qu'en octobre 1591. Ses lettres et dépêches au grand-duc sont conservées à l'A. S. F. Archivio Mediceo, filze 4919-4921.

Le savant directeur des archives de l'Etat à Florence, Demetrio *Marzi* (né en 1863), m'a confirmé dans ma présomption relative à l'auteur de ce document. Dans une lettre du 1er juin 1909, il écrit à propos de cette question : Manca la certezza, ma ci sono tutte le probabilità per credere che autore della indicata relazione di Spagna, esistente nella nostra filza Strozziana 331, sia Cammillo *Guidi* Volterrano, etc.

Per darli principio secondo q.º ordine dico, che il Re Filippo è dell' età nota all' A. V., di complessione delicata ma sana e durabile, perche i suoi mali non sono se non un poco di gotta due ò tre uolte l'anno e con essa leggierissima febbre, la quale come catarrale passa presto e non lo debilita, e la gotta non dura molto nè lo lascia impedito, il colore ha se sempre pallido, i denti pochi e guasti e le labbia il più del tempo scoppiate, il che da segno di non buono stomaco, al quale da aiuto col mangiare ogni giorno da principio cose sgombratiue, e con la regola degli altri cibi che sono sempre carne eccetto il venerdi santo, quando si uiglia, gli presenta li storioni e quelle li uengono de' migliori luoghi di Spagna acciò risuerati e di quantità misuratis.ma, perche sempre comincia la mattina con una sustanza di Cappone ò Castrato che già soleua pigliare à tempo et à modo di sciroppo, e la sera finisce sempre con castrato arrosto piccato, del resto mai uol più di quattro piatti de' quali piglia con tanto inuariata misura, che quei della camera hanno osseruato, che non si differenzia nel numero de' bocconi, et quel che importa, beue pochiss.mo, si che la state come il uerno non passa dieci oncie et hora l'hanno ridotto sempre à ber del' acqua un terzo cruda e 'l resto di due decottioni, siche con si buon reggimento parebbe, che egli non douesse mai hauer male, se egli non ne desse la causa con quei trauagli e pensieri che porta il peso di tanti regni, ma più con le fatiche corporali dello scriuere e leggere, a che egli assiste più che non farebbe un huomo priuato e pouero, che con la penna douesse guadagnarsi le spese, e ciò non solamente per essersi egli ridotto à tale che ò per natura ò per l'età ò per l'uno ò per l'altro non si fida se non di se stesso, ma ancora per proprio genio et inclinatione, usando egli dire che era per ascendente si inclinato all' esercito della penna, che con quel solo, se fusse nato huomo priuato, si sarebbe fatto molto rico, et assai principale, e nel uero come pare incredibile cosi sendo uerissimo e degno d'ammirazione, et imitatione ad ogni priuato, non che ad ogni Principe, che un Re di cosi fatta qualità et età si stia ogni giorno naturale otto ò noue hore scriuendo e leggendo in dispacci de' suoi negozij, come si uede chiaramente dal modo che egli ua dispensando il giorno, e la notte. Perche egli d'ordinario si desta à un' hora di sole, e si leua al occorrenze del corpo, poi torna al letto, e riposa mezz'hora facendosi tirare le gambe da Don Christofano, che in quel tempo negozia, poi si leua, e doppo mezz'hora d'oratione si mette alle scritture, doue sta sino à un 'hora auanti mezzo giorno, all'hora sente messa e uede il Principe e l'Infanta. Poi da audienza ò negozia con don Giovanni sin mezz'hora doppo mezzo giorno. A quel tempo desina, e doppo desinare soleua già intertenersi un' hora giocando à Picchetto, ma hoggi la consuma stando con l'Infanta e con'l Principe. Poi si mette à scriuere e dispacciare standо quiui spesso l'Infanta che li aiuta à firmare colla stampa e leggere qualche bella scrittura d'auiso, per lo più Italiana. Quiui sta più ò meno secondo la lunghezza, ò breuità del giorno et su la sera, se è in campagna esce in Cocchio con l'Infanta e co'l Principe, se è in Madrido passeggia ò in una Galleria ò in certi horticelli à piè del Palazzo negoziando con don Gio. et co'l Conte di Cencione. La sera al farsi notte si riduce alle sue scritture, e trauaglia sino à due hore auanti mezza notte, poi va all' oratorio mezz'hora, poi cena, e doppo il cenare torna alle uolte per qualche pochetto alle scritture, ma per lo più si ua à dormire in un semplice letto di panno bertino e d'ordinario assai duro posto in una piccola stanza detta alcoua, serrato e solo stando un mozzo alla porta di fuora per ogni occorrenza, e per quando la mattina chiama al' hora sud.[a]. Così per lo più dispensa il tempo con tanto puntual misura, che non solo da un giorno al altro, ma d'anno e più anni non si uede altra diuersità, se non nasca da qualche audienza d'Ambasciad.[re] Regio ò di Personaggio straordinario ò uero dall'andare di cammino, se bene i uiaggi l'alterano poco, non usando camminare, se non doppo desinare.

Da questa moderata regola di uiuere e dall' assidua uigilanza del intendere di continuo à negozij e da pacifichi e quasi miracolosi effetti, che si ueggon produr di così diligente gouerno si può facilmente conietturare e figurare in lui quella finezza d'ingegno e lume sopranaturale di prudenza, che ueramente ò completamente ui si troua. Donde ne nasce à lui un Dominio così perfetto, e così assoluto sopra i suoi sudditi, e quel che più importa, sopra i suoi appetiti e sopra le sue affettioni, e passioni e così buono artefitio da saperli celare, che quando egli fusse priuato non che il Principe, che egli è, sarebbe quasi impossibile il saperne far giudizio ò darne contezza. Tutta uia importando tanto quanto è grande la sua autorità e commerzio co'l mondo lo hauerne qualche lume, procura ciaschuno affaticarcisi conforme alla difficoltà e bisogno, et hauendo anch'io fatto la parte mia l'anderò quì referendo.

Co'l far principio come si deue dalla sua religione non dee dubitarsi, la quale, perquanto si ne uede esteriormente non può essere in lui nè più santa nè più deuota nè più zelante nè più feruente. Mostralo la sua uita, che ha più del sacerdotale ò del monastico non che del laico ò Regio, poi che egli assiste di continuo alli offizij diuini, sta quanto un Monaco nel oratorio, uiue più che da Vescouo spogliato d'ogni ornamento, e comodità, e con minor seruitù, e guardia della sua persona che molti piccolissimi e priuati sig.[ri] non tengono. Non ha adito alla sua gratia nè ottiene gratie ò preste speditioni nè meno è ne' suoi grandi affari impiegato, se non chi uesta l'habito di Religioso, non si scorge altra sua mira dapresso che d'Altari, reliquie, corpi santi e deuote imagini, et à ridurre à perfettione quella mirabile e superba fabrica detta Scuriale, e da lontano non s'ode altra fama che il santo suo zelo uerso la Christianità, per la cui conservatione refinti gl' accordi, perda gli stati, continui le guerre, spenda sino alle sue proprie facultà non che l'entrate, e soccorra e rilieui à tal fine i Regni non solo stranieri ma naturali suoi nemici, le persone che li stanno appresso uiuendo come tanti cappuccini rappresentano qualsia il Principe loro, et i lontani e remottissimi con l'equità et giustitia, che ne prouano, li uiuono con ammirabil e deuotissima suggezzione.

Al'incontro non mancano infinite e graui persone che tengono, che quella santimonia e deuotione non sia sopra pietosa radice, e christiana base fondata, ma su quella Politica Regola, che la Religione in un Principe debba più apparire che esserui, et che solo à simile esteriorità nenon con grande arte dirizzate le cose soprad.[e] E questo è pur troppo mordacemente in quel' Apologia, che ua à torno sotto nome del Principe d'Oranges, e forse troppo e più, che non si conuiene desiderare se ne ueggono e notano prouazioni da chi sta in quella Corte, como sarebbe à dire, che doue uenga in timento la prerogatiua ecclesiastica, ella habbia à cedere sempre alla sua, come prouano colà i Nuntij ogni giorno, che delle bolle Apostoliche non si faccia la douuta stima, non solo delle Principali como quella in Cena Domini, la qual pretendono, che non sia riceuuta in quei Regni, ma sin quelle che tolgono il diletto à suoi Popoli, come è la prohibitione delle Caccie de' Tori con il cui dispregio si muoiono e dannano ciascun anno più di cinquanta persone, che l'entrate ecclesiastiche non sieno prese co'l debito modo, che si uendono le Cruciate e sino le assolutioni de' furti, e che poi sieno spese in uso al tutto diuerso da quel, che son destinate, che tanti Preti, Frati e Monache siano prese e morte da ministri secolari, come è seguito in questi ultimi rumori di Portogallo, et hora si uedeua un fig.[lo] d'An.[io] Perez nelle publiche carceri laiche con habito clericale e con tanta indegnatione, e con passione di quel Popolo, che par che questo solo habbia campato il Padre, e solleuati i Regni. Che dal primo Arciuescouado sino alla semplice Cappellania uoglia egli conferirla, come se fusse Papa, che nelli habiti Caualereschi, se non si danno da lui, e non si entra, sarebbe non solo sofferto ma gastigato, chi lo portasse in quei Regni che l'hauesse hauto dal Papa, e ne danno l'esempio d'un Ferrante Torres, che le cause matrimoniali non uuol, che si uegghino à Roma, e contro la libertà di quel sacramento tien legato ciascuno Grande ò Principe, doue egli pretenda superiorità, che non si possa casare senza suo espresso consenso. Che la Bulla la Cruzada si pigli per forza, si che i preti non assoluin senza essa. Che le case de l'inquisitione sieno gouernate e commandate, e giudicate da lui come ho saputo io da un ministro graue e che per forza ne ha notizia. Che nell'uniuersali cottidiane occorrenze si uegga troppo scopertamente seruirsi della Religione per fine humano e Politico, si come fu nell'impresa d'Inghilterra nella quale il non ui uolere nessuno Principe in compagnia il non l'hauer uoluta fare quando in quel'Isola erano tanti Cattolici, che poteuan far testa, e quando S. M. doppo l'acquisto di Portogallo hauea l'esercito in piè et in cammino e n'era persuaso et aiutato dal Papa oltre all'hauersi opposto Francia quando uolle farla, et il sapersi nel tempo, che si mandò l'armata non poteua per la sua debolezza esser per Inghilterra, ma per Francia, come poi s'è scoperto, e non dimeno darlo ad intender al mondo non solo con ogni arte, ma tentando Iddio Benedetto con publiche orationi,con perpetue quarant'hore, e con far correr di sangue di disciplinanti le strade della sua Corte per spatio forse un mese, non solo gl'huomini, ma sino a' bambini, che non sapendo quel che faceuano non che à quel fine recauan riso alla Plebe, compassione a' pietosi, e sdegno a' Prudenti ; et in queste cose di Francia se sia persecutione di quelli Vgonotti ò di quei Re, ò quel Regno, lo dimostra quel Vandomo istesso, che senza hauer mutato Religione era già tanto aiutato dal Re Catt.co, che un ministro suo principale ancora hoggi confessa, che teneua di continuo per lui 100 mila scudi oltre i Minmoransi et tant'altri, hora pensionati, hora reietti secondo la fattione di che sono stati : e quando ultimamente staua male con Sisto V. per cominciare à seminare ne' Popoli tacitemente et artificiosamente mala opinione di lui scrisse lettere publiche per il Regno, che si facessero publiche orationi, confessioni e communioni e quasi mandò un Giubileo con non poco scandalo di chi n'intendeua il fine.

Potrebberonsi recare in questa conformità innumerabili e notissimi esempi del esser egli tanto habituato à non osseruar mai la fede, che sino si asserisce esserci Donna, che habbia Cedola Regia da sposarla, et altre ragioni et argomenti si potrebbono addurre, che per douuta modestia si tacciono, massime che questo capo si può in questa util manera terminare, che ò uera ò finta, ò nel cuore, ò nello esteriore, che sia la Religione di questo Principe poi che ella apparisce cosi esemplare e perfetta, non si può negare, che ella non sia mirabile, non che imitabile, per che tali si studiano essere i Vasalli quale pare loro il signore, e questa uirtù è di tanti buoni effetti cagione, che ne risulta reuerenza e timor grande del suo Re e ne' populi modesta humiltà, pace, quiete et ugualità, come s'ammira essere in quei Regni, e douria desiderarsi e procurarsi in ogn' altro.

Segue il uedere della prudenza, la qual si giudica tanto più sua propria, quanto si ueggono più perfettamente correre in lui tutte quelle parti che discorso, maturità, destrezza, e uiuacità d'ingegno produchino. La complessione flemmatica e melanconica, la naturalezza, che spagnuola, non tedesca, può dirsi l'età hormai senile, la moltitudine de'Regni, che l'obediscono et il lungo tempo che li ha gouernato, e chi uolesse secondo l'udire esaminarla, ò per suoi capi, ò secondo il corso della sua uita, e delle sue attioni, sarebbe un mettersi à scriuere, et quella, e questo minutamente, poi che nessuna parte ce ne ha, oue non sia ascoso tanto accorgimento, tanto riseruo e tanta cautela, che chi ne ha uoluto cauare documenti l'ha ridotto a un solo capo dicendo, che à non uolere errare creda, che egli mai non dica quel che egli uoglia fare, e mai non faccia quel che si sia detto, e perche ciò meglio gli riesca, non ha capo, nè negozio, che non si riuegga per più d'un consiglio, e che di più non uoglia far consultare à confidenti suoi particolari, e segreti mediante i quali ha sempre persona ò ministro di mezzo doue resti appoggiata e scaricata ogni cattiua oppinione ò mal esito, che potesse sortirne. Aggira il consiglio di Stato co'l farli ueder quel poco che uoglia, et ordina spesso à Vicerè et à ministri segretamente tutto il contrario di quel, che sia stato decretato da loro. Usa tanta segretezza sino con li esecutori de'suoi pensieri, che pochi ne manda senza darli l'instruttione serrata, e da non aprirsi se non à certo tempo e à certo luogo. Per questo non si serue, se non di persone di basso lenguaggio e di demessi pensieri, quando anco si uogliono estollere li di primio come è auuenuto à Granuela et ad Ant°. Perez et alli grandi e primati di Spagna, non solo ha leuati li gradi eminenti, come è l'Arciuescouado di Toledo et i Maestrasghi, che soleuan già maltrattare e quasi conculcare la Corona. Ma con termini d'ambitioni li ha fatti indebitare e indurre in cosi fatta necessità e poca stima de'loro Vassalli, che doue à tempo di Carlo V. uno di essi era bastante e ardito à solleuarli i Regni, e la Corte, hoggi una uara d'un semplice Alguazzile gli fa andar tutti sbaragliati e dispersi. Cosi si uede, che egli ha acquistato tanta facilità di gouernare i suoi stati, che ogni giorno quieta mille solleuazioni e ribellioni, e conserua pacifiche et humili tante e si differenti nationi in cosi gran reuerenza del nome suo, et in tanto temore, e cosi ha superato le forze di Carlo V. acquistando il Regno di Portogallo e contaminata e conquassata la Francia riducendola ai termini, che hora si troua, e con la prudenza in effetto si mantiene, e gouerna, e guerriggia, e uince, e uiue quieto, formidabile, e glorioso.

La giustitia non è in lui punto alla prudenza inferiore, tenendo egli ordinata l'amministratione d'essa con esemplare utilità de' suoi Popoli con infinita sua lode, e senza alcuno suo trauaglio, come se in questo capo non fusse Principe. Perche egli procura porla in mano à suggetti idonei per bontà e suffitienza, non eletti per fauori ò sua propria uoluntà, ma passati per squittini et rigorose proue et esamini, e come li habbia messi al carico lascia loro cosi libera la cura di far la giustitia, che tal uolta per mostrarlo meglio raccomanda le cause dal canto come farebbe un Priuato. E nella morte del s.r Scouedo si uede per quei biglietti nel processo d'Ant.° Perez, che egli ua con tanto riseruo, come se all'hora douesse esser posto in carcere. Il che, se nasca da uera integrità ò da astuta simulatione, parebbe inutile ò mala intentionata curiosità ad esaminarlo, poi che se ciò torna commodo à lui sgrauandolo del più fastidioso peso, che si senta nel dominare, egli è altretanto e molto più profitteuole à suoi Vassalli ai quali è conseruata la giustitia da buoni ministri. Et quando non sieno tali, hanno senza fastidio del Re e con maggior sodisfatione loro la sferza del sindicato, con quali ogni tant' anni sono uisitati con somma diligenza e gastigati à tutto rigore.

Questo passa intorno alla giustitia commutatiua che riguarda l'egualità tra 'l Popolo nel dare et hauere, et anco in quella parte della distributiua, che riguarda le pene. Quant' all' altra parte, che consiste ne' premij, e mercedi, ella non è punto inferiore, perche de' benefizij ecclesiastici non solo li Arciuescouadi, e uescouadi, et altre pezze grandi, che egli ha facultà di poter conferire, ma etiandio i mezziani et i minori sino à una semplice cappellania ò Cantoria procede tanto rettamente e con tanto riguardo, che se ciò si può dire senza scrupulo, uolesse Iddio che cosi bene fussero conferiti à Roma. Egli tiene una regola e scala generale, che non possa hauer beneficio semplice, chi non habbia studiato tanto tempo. Con cura di rendita minore, chi non sia graduato di mezzana, dottorato di magg.[re] Theologo, degnità à lettori e professori di tant'anni di mano in mano sino à Vescouadi et Arciuescouadi, onde ne segue questo bene uniuersale, che il più idoneo non il più fauorito ha le degnità essendo prouiste quasi sempre persone di età molto matura, se ne fa più spesso l'elezzione, et alla sede Apostolica torna molto più utile ; e se bene si ueggon molti Vescouadi in persone principali e parenti li più fauoriti, come è il fratello del Marchese di Velada, e del Conte di Cincione (1) è per soprintendere alle cose di Saragozza et esser in fatto Vicerè, se ben altri ne ha il nome, tuttavia sono passati per i med.[mi] scrutinij, se bene non cosi rigurosi, perche in ogni casa grande di Spagna ui è questo ordine, che'l primo genito ueda il maiorasgo ; delli altri uno studia, e si fa Prete, l'altro ua alla guerra, l'altro si fa frate, e cosi si ua di mano in mano compartendosi la familia in maniera, che la roba non si diuide, et ogni casa ha de' letterati capaci di degnità et in pari grado S. M[tà]. gl'antepone come par cosa ragioneuole. Altri premij e mercedi che distribuisce S. M.[tà], ancorche sieno innumerabili e ricc.[mi] come sono tanti Vice-Reami, tanti gouerni di luoghi, tanti carichi militari, tante commende, tante pensioni e tanti habiti, nondimeno ò sia per la moltitudine de' Chieditori ò de' Benemeriti ò la poca liberalità del Datore, sono oggi le cose tanto ristrette, che non si fa mercede alc.[a] che non sia non solo à doppio ma sette e sett' anni come Racchel da Giacob duram.[to] seruita, et altretante uolte con danari et con sangue comprata. Perche oggi è di maniera serrata la porta à mercedi, di pensioni ò simili cose in danaro, che non se ne uede data à nessuno per qualsiuoglia seruitio anchorche grande, se non sia aguisa d'incetta ò di cambio con certa speranza di seruitij e ristori futuri, come si credette che fusse il presto e favorevol dispaccio di Piero Valpezzi per hauer egli hauuto mano alle cose di Saluzzo, et ultimamente la Catena dell'Ippomano datali per miracoloso augurio nella propria forma d'un Capretto, sia perche in quella Corte è una eroica massima di non ne mandare scontento nessuno, quando i Pretensori son quasi consumati dall'aspettare, ò ne sono mandati con qualche ambitioso titolo, come auuiene à molti, ò con uno habito, come uollon fare à Ridolfo Baglioni, ò se pur danno cose di sustantia, ò si imbroglia il dispaccio, come fecero al Marchese Vitelli, et ad Hercole Gonzaga, ò se ne detiene nel'esecutione, come al Sig.[r] Prospero Colonna, et à molti altri auuiene giornalmente.

La fortezza e uigor del'animo, che sia molto debole in questo principe,

(1) Andrés de Cabrera y Bobadilla, fils du conde de Chinchon (Diego Fernández de C y B.), archevêque de Saragosse 1587—1592.

l'età, e la complessione sua lo dimostrano, tra esse un segno naturale assai certo se ne uede, che quando ha qualche nuoue spiaceuoli, e trauagliose, subito si li stempera il corpo, e li uengono le camere come alli capri, à conigli et ad altri timidi animali ueggiamo auuenire. Mostralo l'uniuersal diffidenza sua di ciasc.º à lui tanto laboriosa se bene utilissima à suoi Vassalli, che è il far uedere per tanti consigli e si minutamente ogni negotio e non fidarsi per questo interamente di nessuno, come di sopra habbiamo detto. Il uedersi oltre à ciò allungata non i mesi ma gli' anni ogni minima resoluzione non procede forse meno da questa cagione che da quella prudenza, che crede il mondo, poi che lo mostra il grande danno, che da questa sola lentezza ne risulta uedendosi perdere le flotte orientali quasi intere per non partirsi all'lor tempo e l'occidentali per la maggior parte esser cosi ricca come ridicolosa preda de' Corsari Inglesi, si che il Regno di Portogallo ne resta costretto, contandosi più d'800 legni tra grossi e piccoli perduti, da che è in mano di S. M., e l'armata nauale si sta otiosa nel porto del ferrech (1) consumando i milioni nel sostentarsi infruttuosamente per pura timida irresolutione di farla uscire à suoi tempi. Due anni sono, quando uenne in Portogallo l'armata Inglese per la paura, sbigottimento et irresolutione non restò che la Corugna, poi si stima che tutto quel Regno fusse in mano de' nemici, e ui restaua fermamente, se Dio non hauesse presto l'armi per lor fauore togliendo à lor nemici il senno e la uita con miracolosa e repentina mortalità, sicome all'incontro miracolosa scienza e giustitia diuina si scorge à consolatione, e sicurezza delli altri Principi, et à confusione di lui, che con si fatta potenza e moltitudine di forze sia congiunta tanta timidità e freddezza d'animo, poiche se quelle hauessero hauto riscontro non dico in un Carlo Quinto, ma in assai meno armigero Principe non solo l'Italia, ma l'Europa e quasi il mondo tutto si saria uisto in continua turbolenza e trauaglio, come all'incontro se questo Re hauesse hauto appetto un Re Francesco ò altro Re armigero, non li saria rimasto un hora di quiete nè forse un palmo in Italia nè nelle Indie, nè anco in Spagna, le quali cose fanno assai gagliardo argomento, che la morte del Re non sia per generar nouità, perche non perdendo forze non può la persona, che succeda esser più demessa che quella che hora regna.

Deue hora dirsi della moderatione e della temperanza nelle passioni proprie di quel Principe cosi uerso di se med.^{mo}, in che si considerano le delizie, la presuntione e grandezza, come uerso d'altri si considera l'affettione alla robba ò alle persone, che è amore ò amicitia ò pietà ò suoi contrarij, che saranno odio, crudeltà e maleuolenza, e uenendo à parlare per questo ordine della grandezza e stima di se med.^{mo} egli è ben uero, che non è stato nè è hoggi il magg.^{r} Principe Christiano di lui, ma è ben anco uero, che egli s'è sempre conosciuto tale, e tale ha uoluto sempre farsi conoscere. Vedesi nel

(1) El Ferrol, — port militaire de l'Espagne.

vantaggio de' titoli, e de' trattamenti ne' quali egli ua riseruato e con magg.^{r} punto di superiorità che l'Imperadore, non solo con i Principi d'Italia e con li altri Re, ma etiamdio con l'Imperadore stesso, e con l'Imperatrice sua sorella, alla quale da solo da Altezza. Ma quel che è di non poca consideratione sino con li ecclesiastici e con i Cardinali stessi trattandoli non solo egli proprio come egli uole, ma imponendo leggi à popoli suoi sopra ciò e co'l Papa ancora al quale non da titolo di Santiss.^{mo}, ma di » muy santo », non di sig.^{re}, ma di Padre, e non come à Principe supremo ancora nel temporale per tanti feudi, ma come à Vicario di Christo e solo à riguardo di religione accomoda moderate le forme, e le cortesie.

Et quel che più importa nella sustanza istessa, poiche nell' elettione di S. S.^{tà} egli fa nomina cosi numerosa et spesso dichiara non uuole à fine che creda più facilmente, che egli inhabbia parte per non dire sia fatto da lui come seguiua per consento delli Imperadori, e come di lui s'afferma in Spagna, et ardirono d'esporlo in publica oratione gl'Ambasciadori Milanesi à Gregorio XIII con scandalo di chi ui potette remediare, che solo osserua in se q.^{o} punto, ma lo fa ancora osseruare da ministri e Vassalli suoi, anchorche sig.^{ri} et Ducchi, i quali ristora con sua grandezza in far che si trattino al pari de' sig.^{ri} et Duchi d'Italia, mostrando con loro strane rag.^{ni} che il Vassallaggio d'un Re cosi grande iguagli la libertà e richezza delli altri, cosi ogni titolo e maniera di procedere de' suoi ministri uiene loro precisamente ordinata in uoce et in scritto da S. M.^{tà}, nè ad altri, che à lei attribuisci, nè haucrebbe ardito senz'ordine espresso il conte d'Oliuares recusato di metter il ginocchio in terra nel consistorio de' Cardinali, come non ad altri che à lui deue far capo, chi pretenda da quelle genti trattamento differente, e poco intende di quel Paese, che promette profitto per altro cammino, e si osserua che in S. M.^{tà} sia tanto magg.^{r} auidità di grandezza, quanto è lo studio che ui si pone in conseruarla e defenderla in qual si uoglia maniera, perche prima si cerca à mantenere il fatto ò il disegno suo con ogni perfidia et impermutabilità, come gli succedette nella Pramatica de'titoli doue comprese anco i Cardinali, che non ostante la poca uoluntà di Sisto V. uerso di lui la sua risentita natura et il romore che egli ne fece non per q.^{o} fu bastante la santità sua à farlo remouere.

Di poi quando ciò non riesca, si ricorre à richieste e preghiere ancora poco degne e conforme all'altre attioni, come auuenne ultimamente co' Genouesi ai quali con lettera cortesissima ha chiesto per gratia la preminenza del salutare, e conseguitala gli ha ringraziati per altra lettera restorandoli co'l far su questa congiuntura trattare di Serenissimo il Duge loro dal Principe Doria. Hauendosi colà per regola generale messa in atto sempre, che occorra che sia lecito usar termini non degni nè honoreuoli per acquistare ò conseruar degnità, et honore, e secondo q.^{o} si riceue tante cortesie d'esteriorità, e parole, e se bene addormentano con esse ogni sorte di persona, e la gente nuoua ne resta tanto inebriata, e porfia, che nessuno è, che non dia prima ad se poi à loro sig.[ri] d'hauer cosi bene, et à si prospero, e si presto euento incamminati i negozij, e che sono tanto fauoriti e stimati da S. M.[tà] e da quei ministri, e che in somma hanno fatto miracoli. Ma al ristretto poi, et alla resolutione nessuna cosa conseguero, ò conchiudon meno che quanto hanno à se et ad altri promesso.

Raccoglesi ancora questa grandezza, et superiorità dall'intromettersi nell'autorità e giurisditione ecclesiastica, nella maniera che habbiamo detto di sopra, et in ultimo per non li multiplicare dal non lasciarsi già tanti anni quasi come Deità mai uedere in publico, non ammetter mai nessuno grande ò altro signore ad intenderlo, et il non parlar mai con alcuno nè permettere, che altri li parli.

Dell'amor lasciuo non occorre che io ne parli, poiche il freddo dell'età può hormai hauere ammorzato tal fuoco, e quando ciò non fusse il tempo dispensato da lui come ho detto non li da luogo à preuaricar pur co'l pensiero. Et concetto troppo empio anchorche di persona qualificata era quello, di chi diceua che egli guardasse e carezzasse la figliuola con altro occhio e con altro fine, che paterno. Nelli anni più caldi fu di carne come gl'altri, ma prudente al solito, e tacito come priuato e forse con più riseruo, fu amico di Vergini e non s'affettionò mai caldamente, ma solo per sua uoglia sempre tenne basse quelle che egli amò, e quel poco resulse la Principessa d'Euoli hebbe la sua ricoperta del fauor del marito. Non c'hebbe fortuna perche non fu amato, e le mogli non gli durauano, e le tribulationi d'Ant.[o] Perez da q.[a] cagione son procedute nell' altre sorti di amor lecito, che è affettione et amicitia, tanto fu meno feruente quanto meno ui hebbe di suo comodo e piacere, perche à quello allentò e ritirò il freno secondo che l'util proprio, ò il proprio sospetto lo persuase, ò li diede stimolo. E senza far di ciò più minuta esamina basterà dir due cose, l'una, che di quanti ministri l'habbino seruiti non si ne conseruano forse 3, che habbino continuato sino alla morte in sua gratia, l'altra, che per sospetto di stato non habbia perdonato al proprio figliuolo e forse fatto il med.[mo] al fratello et all'ult.[ma] moglie.

La crudeltà et odio di q.[o] Principe uien detta con la timidità et amore, perche chi non ama, non odia, chi è timido, non è collerico, chi è di poco sangue, non è crudele, onde si può concludere, che egli sia apparentemente patientissimo e clementissimo. La sua patienza è nota per continue proue non si essendo mai ueduto alterar per qualsiuoglia cagione et hauendo saputo ottimamente dissimulare e trapassare ogni auuersità etiamdio con qualche suo danno e vergogna, come sono gl'insulti che riceue ogni anno dalla Regina d'Inghilterra, che sono tali tenuti, che parebbe poco auuenturar la Spagna per liberarsene, il che quando nasce per troppa fredezza e quando per prudente uantaggio, come uediamo pur hora ne' tumulti d'Aragona essere auuenuto la clementia pur grande e pietosa in apparenza, ma l'effetto non può esser contrario, perche egli è d'ordinario induratissimo et ostinatissimo al non perdonare hauendo per cosa regia l'essere impermutabile, sia per natura sua poco di ciò amica, come è seguito nel fatto di Ant.º Perez, ò per superbia, ò punto reale, come seguì nel Duca d'Alua vecchio, di cui uolle seruirsi senza perdonarli e senza uederlo, si che il Duca di Cena, che andaua à conquistarli Reami nelle catene e ne' ceppi ; suol bene usare un arte che quando ha determinato qualche mala esecutione contro alcuno, lo inebria prima e lo addormenta, con qualche straordinario fauore, che come ha fatto ad Ant.º Perez à quel suo fattore à quel Giovanni Fernandez Tesorier, che ha scritto loro biglietti amorosi, nonche fauoreuoli avanti la cattura, e à quel figliuolo del Duca d'Alua, la notte che fu preso, il Re, che mai parla, lo fauorì con dirli andate alla buona notte, onde è un Prouerbio in Spagna : Che Dio ui guardi dalle carezze straordinarie del Re.

Della fortuna di sua M.tà se ne fa uario giudizio ; alcuni lo tengono sfortunatissimo, altri felicissimo. Quelli che poco fortunato lo stimano, si fondano su la uniuersal ragione della sua infinita prudenza, la quale oue riluca più, iui sia meno di fortuna, e uenendo al particolare dicono esser di consideratione, che un Re di tanta Monarchia di tant'anni di Regno e di tanta prudenza resti poi inferior di gloria, di fattioni eroiche e d'acquisti à qual si uoglia più piccolo, poiche in tant'anni del suo Imperio non si è uista una impresa Regia nè una conquista gloriosa da lui intrapresa. Tal che fu satirico ma non fuor di ragione il concetto di chi figurò scritta la sua uita in un bel libro con ampi titoli e degne inscrittioni, ma tutto bianco, anzi quel ch'è di uergogna e di danno si uede hauer perduto delle miglior pezze e più importanti al suo nome, et al Christiano interesse, come è stato la Goletta, e la Fiandra nè hauersi potuto arrisicare à cosa alcuna, poi che quando l'ha fatto, li è riuscito, come ultimamente nell'impresa d'Inghilterra, oltre à questo essere stato infelice nella successione hauendo hauto à meter mano nel proprio sangue, e restarli hora una figliuola che non troua marito, et un bambino per successore à un pondo di tanti Regni, e di tanti imbarazzi.

Ma coloro, che l'hanno tenuto non meno ricco di fortuna che di numero di stati, discorrendo per i beni mondani, dicono di quei dell'animo, come è sapienza, cautela, acortezza, patientia, discorso, giuditio, simulationi, et altre parti simili, egli habbia auanzato tutti i Principi di tutti i secoli. A quei del corpo passando, dicono che ragioneuol forma e robustezza con molta salute ha godato sin quì, et hora non ha nessuna pena, ò infirmità di quelle che uengono à uecchi e molto più à principi, eccetto che rare uolte poca e legger gotta, come s'è detto, e uenendo agli altri beni danno à mala educatione l'hauer perso don Carlo, à irresolutione superba non casar l'Infanta, et à gratia diuina l'hauer hauto un successore in età si matura, prosperando tanto. S. M., che hormai potrà quasi gouernar con tutela ordinaria e leggera.

Li Regni sono hormai tanti, che la felicità loro consista non in crescerli, ma in conseruarli. Come non diremo huomo infelice, se doppo 25 anni non cresca, e fu dono celeste non che fortuna, che li anni passati la Corugna e poi Lisbona si saluasse, e la Nauale armata per Inghilterra per miracolo tornasse in gran parte, quando per humano auuedimento suo, e de' suoi e per mondana ragione tutte queste cose erano disperatamente perdute senza alcun rimedio, nè esser gran cosa di Fiandra, e della Goletta à si gran Monarchia, come in una città doue case rouinino, ò in un Palazzo qual che Colonna si rompa, nè fu colpa di fortuna ma di superbi et infidi ministri. E chi ha all'incontro l'acquisto di Portogallo, per il quale è stato tanto dalla fortuna aiutato, che sono prima morte 22 persone, come bisognaua per fargli luogo à quel diritto, che li ha dato cagione di pretenderlo ; onde chi secondo questa diuersità giudica, lo tiene in tutto fortunato, fuorche nel guerreggiare ; poi che nelle prosperità sue la fortuna ci ha hauto la maggior parte, e le infelicità hanno hauto sempre in compagnia qual che sua cagione, ò di timidità, ò di tardanza, ò di arroganza, ò di pretensione, che li hanno alterato quella prudenza, che egli ha d'ordinario.

Cosi uolendo quasi in uno specchio uedere insieme e subito l'immagine di questo Principe per quanto inferma ma fidel mano, et habilità l'habbia potuto ritrarre, lo sgorge religiosissimo in apparenza, poco osseruatore della fede per esaltatione Regia, e populare humiltà,prudentissimo e sagacissimo negotiatore, ma sfiducciato sin quasi di se medesimo, sublimatore degl'infimi, concultatore de' Grandi, formidabile anchorche timido, tremendo senza ualore, inuitto senza cimento, e uittorioso senza combattere. Guerreggiatore più in Camera co'l'Insidie e con l'oro, che in campo con le forze e co'l ferro. Auido tanto di gloria, che per quella solo usa cortesie straordinarie, e cose poco pie e meno degne. Giustissimo non co'l far ragione, ma co'l farla fare, e non alterarla. Egualissimo contributor di degnità, et officij, riseruato nel dar poco, e cauteloso. Vantaggioso ne' contratti, si che sempre uole restare con l'altrui. Timido e freddo, cosi per natura come per prudenza. Amante infelice et interessato, amico indurabile, e poco grato per non dir fiero destruttore de' suoi. Mansueto in apparenza, patiente, e dissimulato, etiamdio con uergogna per uenire al suo fine. Constantissimo nel odio, graue nelle uendette e seuero sino al suo sangue, ostinato nelle resolutioni, e pericoloso ne' fauori straordinarij, fortunato in ogni cosa, eccetto che nel guerreggiare. Vtile alla Christianità, amato da suoi, temuto da tutti, uero et perfetto maestro del arte del Regnare. Sopra qual si uoglia passato e presente Principe.

Da quel che si è detto della uita di sua Maestà e della forma, che tiene hoggi il mondo stordito, e sbattuto da questa potenza, non è molto dificile racorre, quali sieno i fini della Maestà sua e quale il suo procedere con li altri Principi. Pero trattando prima, quali sieno le sue mire principali troueremo, che non sono punti difformi dalla sublimità della sua grandezza et al fondato discorso de' suoi disegni et conforme ad essi sia il procurare non solo di conseruar nella sua successione quelli stati, e preminenze, che hora possiede, ma ancora, che la dignità Imperiale, che tanto tempo è stata nella sua casa si conduca nel suo proprio ramo, e se sia possibile nel proprio figliuolo. Il modo sia l'istesso che ha grandito la Casa d'Austria, che sono i casamenti, e cosi dar l'Infanta non all' Imperatore come si è procurato e detto sin quì, ma al Principe Ernesto, et una figliuola dell'Arci-Duca Carlo al Principe suo figiuolo, e con questo far condescendere l'Imperatore e li altri di casa sua, à che il detto suo figliuolo sia eletto Re de' Romani, ò quando di lui non riuscisse, sia eletto il Principe Ernesto da casarsi con l'Infanta ; et per meglio sicurezza non conchiudere afatto nè l'un casamento nè l'altro, prima che la cosa non succeda nella prossima Dieta ritardata forse qual che tempo per questo fine, et qual sieno le uere cagioni di mandar à posta in Germania l'Ambasciador Cesareo, il quale hormai stanziato per diciotto anni alla Corte Cattolica, argomenta cosa maggiore che il casamento del Infanta con l'imperadore tante uolte conchiuso e disfatto oltre, che l'andar egli carico di ricchi e curiosi presenti à nome di S. M. C. nel donar di più far eleggere, ò l'Infanta, ò chi li sarà per marito per Re ò Regina di Francia accommodando Guisi, ò con danari, ò con qual che membro di quel Regno, e cosi distender i confini del suo Imperio da Oriente ad Occidente et congiunger la Spagna la Francia, e la Fiandra con la Germania, donde resti spianato il camino alla conquista non solo d'Inghilterra e di Scozia, ma ancora d'Italia et casi piantati li più stupendi et solidi fondamenti della maggior Monarchia, che mai sia stato al Mondo in un sol Principe, ò in una sola Republica.

Ma chi rimira à dentro le difficultà, che sono e sempre saranno à fermare un piè in un piccolo cantone della Francia tiene per uano et impossibile cosi uasto pensiero, come è stato tenuto poi auido che prudente lo ingolfarsi tanto nelle loro guerre, poiche si uede manifestamente, che quei Populi pigliaranno il Tartaro, il Turco prima che Spagnuoli ; e che sicome sino à hora si seruono dell'aiuto di S. M.tà solo ad ingrassarsi d'Argento e d'oro, cosi quando il Re Catt.o se ne ritiri, ò scopri il suo animo, uerranno con uno accordo inpensato, ò con qual che simil nouità à fare accorgere con pentimento, quanto sia impossibile congiunger la Spagna con la Francia, naturalmente in eterna disgiunta, e con si aspri confini, ò se bene il Catt.co ua circunspetto in tener cattiuato le teste principali di quel Regno et tanto cauto à non mostrar interesse, quanto accorto in far poco senz'esso, come è seguito nella Brettagna, doue non ha uoluto impiegar gente nè denari senza hauer in mano porti e facultà di fortificare e guardare, non per questo se ne sono curati molto i francesi per hauer denari, uiuendo sicurissimi, che in poche hore, nè porti, nè forti, nè guardie possian loro resistere, quando si risoluino à cacciarneli, come nella Prouenza ueggiamo auuenire sopra i progressi di S. M.tà Catt.ca, et di Sauoia, et questo il parere del consiglio di stato incluso cosi più uolte, è non mai creduto, nè commesso da S. M.ta.

APPENDICE II

LES INQUISITIONS ROMAINE ET VÉNITIENNE PUNISSAIENT PLUS SÉVÈREMENT QUE L'INQUISITION ESPAGNOLE

Voir la lettre suivante adressée de Rome au temps d'*Urbain VIII* par un ecclésiastique espagnol à un ami d'Espagne. B. N. M. ms. D. 118, fol. 114 et suiv.

... En quanto al modo de proceder las caussas, solo se puede decir en general, que en quanto al procesar con attencion, secreto y recate, se haze mejor en España, en quanto a determinarla se va acá de mas rigor, por que en todos los sospechos de heregia, como cassados dos vezes, solicitantes, etc., les dan tormento sobre la intencion. Tambien las penas son mas graues porque a un cassado dos vezes que en España le condenamos a tres años de Galeras le condenan aqui en siete, y assi en los demas ; en el que celebra sin estar ordenado se executa todo el rigor de la Bulla porque lo relajan sin remision ; a los que condenan a Carcel perpetua, los tienen en Carcel secreta, y finalm.[te] en las abiuraciones assi todos los que en España son de leui, aqui son de vehementi. Auto no ha habido despues que yo estoi aqui excepto uno que se tubo en la Minerva. Dizenme que se tienen en la Iglesia de Minerva, y años passados en una complicidad de hechizeros, que intentaron matar con echizos a Urbano 8, se tubo en S. Pedro y fueron relajados tres, al principal le degollaron, a dos complices ambos religiosos dieron garrote y quemaron en el campo de fiori que es una plaza en medio de el Lugar.

Nous lisons dans une dissertation sur la polygamie, conservée comme manuscrit aux A. G. S. sala 40, libro 954, fol. 320 :

En la Inquisicion de Roma se le (sc. al poligamista) da tormento de vehementi y le dan açotes y galeras, y el no darle torm.[to] y abiurar de leui no mas, quia in Regnicolis præsumitur factum potius ex fragilitate quam ex errore intellectus.

Un exemple de l'excessive sévérité de l'Inquisition vénitienne se trouve dans Karl *Benrath* (né en 1845) : Ein Inquisitionsprocess aus dem Jahre 1568. Aus venetianischen Akten, (» Historisches Taschenbuch «, herausgeg. von W. Maurenbrecher VI, I, 159-173. Leipzig, F. A. Brockhaus, 1882).

Parmi les nombreux procès de polygames que j'ai examinés je puis en signaler un qui fut instruit à Valladolid, en 1579, par l'Inquisition. L'accusé — un paysan portugais — s'était marié avec quinze femmes, » siendo las mugeres biuas «. Il ne fut condamné qu'à 200 coups de rotin (açotes) et aux galères à perpétuité. Voir B. N. P. ms. Espagne 60, fol. 242-247.

***

LES PROTESTANTS ESPAGNOLS ET L'INQUISITION

Il n'est pas sans intérêt de faire remarquer que ce furent précisément des Luthériens espagnols qui, les premiers, écrivirent des livres sensationnels sur l'Inquisition espagnole. Comme, jusque dans ces derniers temps, tous les historiens protestants ont puisé abondamment et aveuglément à cette source, je l'examinerai ici d'un peu plus près. Je veux parler surtout du livre paru à Heidelberg, en 1567, sous le nom de Reginaldus Gonsalvius *Montanus* et intitulé : Sanctæ Inquisitionis Hispanicæ artes, etc. (1). Nous ne savons rien de certain touchant ce Montanus, sauf ce qu'il raconte lui-même, à savoir qu'il avait fait partie de la communauté de Séville d'où il avait réussi à s'enfuir en Allemagne. Comme son nom ne figure pas sur la liste des Luthériens de Séville ou de Valladolid, on est porté à en conclure que ce nom est un pseudonyme qui cache peut-être plusieurs personnes. Le livre fit sensation ; dès l'année suivante, il était traduit en français et anglais, et l'année d'après, en hollandais et en allemand (2).

Comme ce livre fut dicté par une haine implacable du Catholicisme et de l'Inquisition, l'on ne saurait compter y trouver une description objective de l'état des choses. Aussi sa valeur historique est-elle très problématique. Lorsque Montanus et, après lui, Cipriano de *Valera* évaluent à 800 le nombre des Luthériens incarcérés à Séville, en l'année 1559, c'est là certainnement une exagération, quoique ce nombre soit relativement faible.

Parli les autres Espagnols qui, à l'étranger, ont écrit sur l'Inquisition,

(1) En 1611, Joachim *Ursinus* édita de nouveau le livre de Montanus qui constitue le noyau de son : Hispanicæ Inquisitionis et carnificinæ Secretiora, etc. (Ambergæ. apud Johannem Schönfeldium, M.D.CXI, in-8°, 334 pp.). On pense qu'Ursinus peut être identifié avec Joachim *Beringer* (Bär = ursus), pasteur d'Amberg (Palatinat), 1610-1620,

(2) Ce ne fut qu'en 1851 qu'il en parut une traduction espagnole par Luis de *Usóz y Rio*. (Artes de la Inquisicion española, primer traduzion castellana de la obra escrita en latin por el español Raimundo Gonzales Montes, s. l. in-8°. 18-330-86 pp.).

on peut citer Francisco de *Enzinas* (1515- vers 1560) qui, sous le nom francisé de *Du Chesne* (1), écrivit sur les Pays-Bas et la religion en Espagne (2).

*
* *

L'INQUISITION A NAPLES

Ferdinand le Catholique essaya, en 1510, d'introduire l'Inquisition dans le royaume de Naples. Mais la population qui détestait la domination étrangère, s'opposa énergiquement aux plans du roi, et l'on fut obligé de conserver l'ancienne juridiction épiscopale romaine. A Naples, l'Inquisition s'appelait officiellement : Sanctum Officium Curiæ Archiepiscopalis Neapolitanæ (3). Son dignitaire le plus élevé portait le titre de « Ministro Generale ».

Un nombre considérable de documents relatifs à l'Inquisition napolitaine se conservent à la B. N. N., sous la dénomination de : De Sancto Inquisitionis Officio, Inquibus et eorum Bonis. Dans le tomo VIII, p. 79, se trouve une lettre de Philippe montrant clairement qu'il ne désirait pas que l'Inquisition espagnole fût introduite à Naples. Cette lettre est ainsi conçue :

— Por quanto hauiendonos supplicado por parte de la nuestra ciudad y Reyno de Napoles fuessemos seruido declarar nuestra intencion cerca las cosas de eregia que alli succediere. Por ende por tenor de la presente diximos, y declaramos no hauer sido ni ser de nuestra mente, ó intencion, que en la dicha ciudad, y Reyno se ponga la Inquisicion en la forma de España, sino que se proceda por la via ordinaria, como hasta aqui, y que assi se obseruará y cumplirá con effecto en lo de adelante sin que en ello haya falta... En Madrid a diez de marzo de 1565.

Yo el Rey
Vargas secretario.

(1) *Mélanchthon* (1497-1560) qui estimait beaucoup son savant élève, le recommande à Thomas *Cranmer* (1489-1556) sous le nom de *Dryander* ; les Allemands l'appelaient *Eyckman*, et les Flamands, *van Eycken*.

(2) L'ouvrage, très rare aujourd'hui, portant pour titre : Histoire de l'Estat du Païs-Bas, et de la Religion d'Espagne. Saint Marie (Genève), Françoys Perrin, 1558, in-8°, 247 pp.). Il existe une édition moderne avec notices et annotations par Ch-Al. *Campan* (texte latin inédit avec la traduction française du XVIe siècle en regard, 1543-1545). Bruxelles 1862-63, 3 vol. in-8°. De nos jours, il a paru une traduction allemande de cet écrit sous le titre de : Denkwürdigkeiten vom Zustande der Niederlande und von der Religion in Spanien, übersetzt von H. Böhmer. Mit Einleitung und Anmerkungen von E. *Böhmer*, Bonn, Carl Georgi, 1893, in-8°. X, 302 pp. (imprimé à 100 exempl.) 2e édition, Leipzig, Dürr'sche Buchhandlung, 1897, gr. in-8°, 252 pp.

(3) Voir *Zurita* : Anales de Aragon. Lib. VIII, Cap. 34.

L'INQUISITION MARITIME

Aux A. G. S.,sala 40, lib. 113, fol. 2 se trouve un acte du 21 mars 1575 par lequel l'inquisiteur général Gaspar de *Quiroga* nomme le docteur don Rodrigo de *Mendoça*, inquisidor apostolico en el Reino de Aragon, à la charge de » Juez ordinario eclesiastico para las personas que ban debaxo de la obediencia del ex^{mo} señor don Juan de Austria capitan general de la mar en la jornada que su mag.^{d} le a mandado hazer. «

Il ressort de l'instruction du 22 mars de la même année (ibid., fol. 4), que le nouvel inquisiteur maritime touchera un traitement annuel de 1.000 ducats. Il lui est recommandé de « attender con mucho cuydado alospital del exercito, paraque aquello se haga con mejor orden que se pueda, atendiendo mucho al seruicio de nro sñr y a quelos pobres que ael ocurrieran sean bien curados y se les de el mejor rrecaudo que fuere possible... Por su persona terná cuydado de uisitar los pobres enfermos ynformandose dellos, si se les provee lonescess^{o} y procurará, que los enfermeros y enfermeras biuan recogida y onestamente, y los que no hizeren sus off^{os} como conuiene, los hará despedir y recebir ottros en su lugar. »

APPENDICE III

L'EXTÉRIEUR DE PHILIPPE II
DÉCRIT PAR PLUSIEURS CONTEMPORAINS

Cabrera, que *Vander Hammen* et *Porreño* suivent presque littéralement :

— Tenia la frente señoril, clara espaciosa ; los ojos grandes despiertos, garzos, con mirar tan grave, que ponia reverencia el mirarlos y le agradaba. La hermosura digna de imperio ; era de gran ornamento en la forma del cuerpo, conveniente a su dignidad, con partes con cierta gracia y perfeccion entre si, y con el ánimo tan correspondiente, que de los rusticos que ni le conocieron ni vieron en compañia ó solo, en una selva, juzgándole digno de toda veneracion, era saludado con reverencia.

Vol. I, p. 4-5.

Pedro *Salazar de Mendoza* (✝ 1629), chanoine de Tolède :

— Fué el Rey de mediana estatura y disposicion bien sacada, ayroso y derecho, de miembros bien proporcionados y repartidos ; de buena gracia y donayre, de manera que la vista se recreaba en mirarle ; combidaba á quererle, amarle y respetarle. Tenia cuerpo bien organizado y compuesto : era de muy hermoso rostro, grave sereno y agradable, blanco y colorado : la barba y cabello rubio : los ojos claros, rasgados, grandes y alegres ; la frente ancha y llana ; la nariz bien formada y asentada, el labio superior menor que el inferior, como ha muchos años que le tienen los de la Casa de Austria.

Monarquía de España, vol. II, p. 283 (Madrid, 1770).

* * *

L'ambassadeur vénitien Michele *Suriano* dans sa « Relatione al Senato », 1559.

Benchè serbi in tutte le attioni sue riputazione et gravità reggia, alla quale è habituato per natura e per costume, non è però manco grato anzi questi fanno parere maggiore la cortesia, che Sua Maestà usa con tutti. Gli accresce anco la gratia la forma del corpo, la presenza virile, gli atti et le parole miste di maestà et dolcezza. Et, benchè sia piccolo di persona, è però cosi ben fatto, e con ogni parte del corpo cosi ben proporzionata e correspondente al tutto, et veste con tanta pulitezza et con tanto giuditio, che non si può vedere cosa più perfetta.

Albéri : Relazioni, etc. Serie I, vol. III, p. 378-379, cit. *Gachard* : Relations, etc., p. 128.

J'ai trouvé une description identique de Philippe dans un manuscrit conservé à la B. A. R. (n° 776) sous le titre suivant : Succinta et breue narratione delle cose più importanti del Re di Spagna, in-8, 26 ff. Dans une « epistola nuncupatoria » ce petit écrit est dédié « al molto ill^re^ Sig^re^ il sig^r^ Lorenzo *Benozzi* Sig^r^ mio sempre osseruandiss^o^. In Roma dell' anno MD. xciiij. L'auteur de ce grossier plagiat s'appelle, sur la feuille de titre, Francesco *Marcaldi*.

*
* *

John *Elder*, gentilhomme anglais qui fut témoin de l'entrée de Philippe à Londres en juillet 1554, le décrit de la façon suivante dans une lettre à l'évêque de Caithness :

— Touching his height I can well compare him to John Hume my Lord of Jedward's kinsmann. Of visage he is well-favoured with a broad forehead, and grey eyes, streight-nosed and manly countenance. From the forehead to the point of his chin, his face groweth small ; his pace is princely, and gait so straight and upright as he loseth no inch of height ; with a yellow head and a yellow beard. And, thus to conclude, he is so well-proportioned of body, arm leg and every other limb to the same, as nature cannot work a more perfect pattern. And, as I have learned, of the age of twenty eight years. Whose majesty I judge to be of a stout stomach, pregnant-witted and of a most gentle nature.

Cité dans P. F. Tytler (1791-1849) : England under the reigns of Edward VI and Mary, etc. (London, R. Bentley, 1839, 2 vols gr. in-8vo), vol. II, p. 257.

*
* *

Dom Philippe de *Caverel* qui, en 1582, suivit Dom Jean *Sarrazin*, abbé de Saint-Vaast, envoyé près le roi d'Espagne par le duc de Parme, nous a laissé la description suivante :

— Je vis en Lisbonne deux choses que je désirois grandement de veoir, et dont je receus grand contentement. La première estoit S. M. mesme (comme ce désir naturel est nai avec nous de cognoistre et nous unir ce que nous aymons), en laquelle j'admirois (car nous pouvions veoir souvent, fût au palais, fût ès paroisses et autres églises, nous y estant donné libre accès par les archers et gardes, qui, pour estre du païs, nous estoient amis), j'admirois, dis-je, une clémence et modestie naturelle, cette doulceur qui reluit en sa face, son œil, son parler, son geste, son port, esloigné de grandeur, d'insolence, de cruaulté.

Quant à sa personne, elle n'atteint pas la stature moyenne, chose qui ne luy sied pas mal : les espaules et la poictrine luy estans larges, la face assez longue et pasle, le nez tirant plus sur le camus que sur l'aquilin, la bouche vermeille, les lèvres aulcunement prominentes, signamment celle d'embas, marque de l'origine d'Autriche, les yeulx aulcunement rouges, comme l'homme qui lit et travaille beaucoup aux affaires, mesme de nuit, depuis qu'il a ordonné que quasi toutes choses passent par ses mains, après avoir expérimenté qu'aucuns s'y estoient comportés moins que suffisamment (1); le front large et aulcunement cornu qu'on appelle, la barbe touffue, plus large et longue que ne portent les Italiens ni les Espagnols, aprochant la façon de laquelle on se l'accoustroit en ces provinces (2), avant que les façons et mœurs estrangers y eussent tant de lieu : ce qui luy donne quelque majesté, accreue par la couleur grise, tellement meslée avec ce qui peult rester de la première couleur, qui estoit fort blonde, que, peu excepté, elle paroist entièrement blanche, comme aussy la perruque ou chevelure, laquelle semble un petit prématurée, aucuns en rapportant la cause au taint premier, qui estoit blond, comme s'il estoit plus aisé de blond devenir blancq ou chenu, que de noir ; autres à la multitude des affaires, ne pouvant estre advenu que S. M. ait maintenu tant de provinces en paix, appaisé tant de guerres, et les continue si longuement en autres endroits, sans un grand soin, bien que l'on dic n'estre sa coustume de se contrister excessivement par perte qui advienne, ni s'esjouyr que raisonnablement pour victoires, signallées qu'elles soient, prenant avec action de graces du Seigneur tout-puissant ce qu'il lui plaist envoyer ; autres l'attribuant à l'eage, car S. M. est eagée de cinquante-six ans cest année 1582...

— Extrait du MS. 304 in-fol. de la Bibliothèque d'Arras, publié pour la première fois par *Gachard* dans : Relations des Ambassadeurs Vénitiens, etc. (Bruxelles, 1855), p. LXIX-LXXII.

(1) Allusion à Antonio Pérez
(2) En Flandre.

APPENDICE IV

LA PERSONNE DE PHILIPPE DÉCRITE PAR PLUSIEURS CONTEMPORAINS

L'ambassadeur florentin Bongiano *Gianfigliazzi* nous a laissé une « Relazione », écrite en 1587. L'original s'en trouve à l'A. S. F. Archivio Mediceo filza 4917. Nous en citons un extrait :

— E questo Re poco soggetto alle passioni ò per inclinazione naturale ò per costume, e quasi non appariscono in lui i primi mouimenti nè dell'allegrezza nè del dolore nè dell'ira ancora : onde non si troua, che per qualsiuoglia caso dicesse giamai una torta parola à niuno de' suoi seruitori, sempre apparisce d'un uolto, e d'una temperatura modesima. La qual cosa à chi ha considerato gli accidenti, che gli sono accorsi, delle morti de'figli, e delle mogli, ha fatto credere, che fusse crudele. Ma chi per altra parte ha veduto, et non ha perseguitato con quella acerbità d'odio, che sogliono i cosi fatti le'ngiurie senza di chi harebbe potuto nuocerli di nuoue, reputa che quel mostrarsi superiore alle disgrazie fusse segno d'animo moderato. Perche nel uero l'amore, e l'odio delle cose graui parlando, è stato da lui misurato col bene della sua Corona. È amico di risoluzioni mature e non precipitose. È amiciss.[mo] d'udire nelle cose d'importanza i pareri di più persone, e non de' suoi solam.[te], ma ne fa anche domandare à degli altri come io posso per esperienza esser testimonio... La sua giustizia, che tiene con ognuno le bilance del pari, è cagione della tanta quiete che si gode in Madrid : poiche in luogo non serrato di mura, e pieno d'abitatori di diuerse nazioni non si sentono nè zaffe, nè ammazzamenti ; come che il portar l'arme ciascheduno e il trattenim.[to] delle donne, delle quali n'è copia grandissima ne somministrano la materia...

Quasi ogni mattina sull'ora di desinare da audienza quando non è impedito da malattia.

Dans un manuscrit anonyme, conservé à la B. A. M. (G. 289) in-fol., un

Milanais, après avoir parlé de Charles-Quint, s'exprime de la manière enthousiaste suivante en parlant de Philippe :

— Basti questo del padre, passiamo al figliolo imperochè le cose che ho à dire sono molte e quasi infinite, e il tempo è breue, passiamo dico al Re Filippo, il quale se io chiamerò Cattolico e difenditore della santa fede, ancor non sia bastante titolo, se Potentissimo, pur anche mi parra basso, se grandissimo, nè questo del tutto proportionato, se alla fine prudentissimo, giustissimo, clementissimo, liberalissimo, stimerò che maggior pur anche ne meriti, e che io non ne sappia trouare i conuencuoli.

Antonio *Clementino*, qui pendant l'été de 1577 expédia les affaires de la nonciature après la mort du nonce Niccolò *Ormaneto*, écrit, entre autres, dans une lettre du 2 août 1577 adressée au cardinal de Côme, Tolomeo *Gallio* (1525-1607), secrétaire d'Etat du pape :

— Questo Re da molti anni in quà, et hora più che mai si è ridotto à un stato di uita molto esemplare et s.to, et fugge ogni sorte di conuersatione, et passatempo, et si uede che in qo si pasce dolcissimamte et gli piace di essere imitato nella bontà di uita, et che sia il uero, egli stesso mette inanzi tante riforme et fa si può dire il riformatore non solo di regolari, ma anc.a di secolari, et ha in mal concetto coloro che deuiano da qo suo procedere, et è tanto bene informato et auuisato non solo di ogni minutezza di sua Real Casa, ma delle attioni di tutta qa Corte et de' suoi stati, che è cosa stupenda, et sa sin à quello che ogni ministro qui mangia, et in che spende il tempo.

Voir A. S. S. R. : Nunziatura di Spagna, tom. X, p. 640.

Torquato *Tasso* (1544-1595) dit quelque part de Philippe II :

Chi oserà dire, che per la vecchiezza degeneri la Famiglia di Austria ; la quale a nostra memoria ha prodotto Carlo Quinto, il più forte, il più valoroso e il più glorioso Imperadore, che abbia avuto mai il Christianesimo ; ed in cui or vive Filippo Re cosi grande, cosi prudente, cosi giusto, cosi pietoso, e cosi amatore della religione, e dell'onesto, che non trova nè superiore, nè eguale in tutta la memoria de'secoli passati, et in tutta la lettura dell'istorie Cristiane e Gentili.

Voir : Dialoghi di T. T., Pisa, Niccolò Capurro, 1822, gr. in-8o « Opere » vol. VIII, p. 192. La première édition de ces dialogues est de Vicenza, 1581, in-4to : Il Forno primo e secondo overo della Nobiltà.

François-Christophe comte de *Khevenhiller* (1) (1588-1650), qui fut, pendant 16 ans, ambassadeur de l'empereur près la Cour de Madrid, nous

(1) Un autre membre de cette célèbre famille noble autrichienne Jean Comte de Kh. (1537-1606), de la ligne de Frankenburg, fut pendant 33 ans, ambassadeur de l'empereur à Madrid. Ses dépêches et rapports se conservent au « Haus-Hof-und Staatsarchiv » de Vienne et ont été utilisés pour la première fois dans « Annales Ferdinandei ».

communique dans ses célèbres : « Annales Ferdinandei, etc. » (Leipzig, M. G. Weidmann, 1721-1726, 8 vol. in-fol.) plusieurs traits jetant la lumière sur la vie privée de Philippe. Il écrit à propos de sa mort :

— Seine letzsten Wort sein gewest : Er sterb als ein gut Catholischer Christ, und gehorsamber Sohn der Rœmischer Kirchen, und ist also diser grosse Monarch (von dem alle Fürsten leben und sterben lehrnen kœnnen) eben mit der vernunfft, mit welcher er gelebt, gestorben, daher bleibt ihm billig das prædicat, so ihm die gantze Welt Freundt und Feind gibt, Princeps prudens.

Franciscus *Dusseldorpius* (✝1630), juriste connu, qui en 1608 fut nommé chanoine à Utrecht et acquit une grande célébrité comme prédicateur, a écrit une précieuse collection d'« Annales » qui n'ont été publiées qu'au cours de ces dernières années dans :

Werken uitgegeven door het Historisch Genootschap gevestigd te Utrecht, III. Serie, n° 1, sous le titre de : Uittreksel uit Francisci Dusseldorpii Annales, 1566-1616. Uitgegeven door R. *Fruin*. (s'Gravenhage, Martinus Nijhoff, 1893. gr. in-8vo. CXXIV-589 pp.).

Dusseldorpius caractérise Philippe II de la façon suivante :

— Fuit sane Philippus princips omnibus virtutibus longe ornatissimus, justitiæ severus cultor, usque adeo ut moriens confessus sit, non esse se conscium umquam illam a se negatam. Maxime tamen excelluit pietate in Deum et ecclesiam, contra quorum hostes immensis laboribus et sumptibus tota vita sua luctatus est. Corporis valetudine usus est semper prospera, quod corpore esset breviore et bene compacto, nec crapula vel illicita venere illud debilitarit. Hollandi ceterique rebelles et haeretici ipsum tyrannum appellabant et velut alterum Pharaonem vel Herodem a pediculis corrosum affirmabant ; sed plane falso et pro more ipsorum mendaciter. Ceterum tanti principis laudes mirabitur et praedicabit odii favorisque vacui posteritas.

Voir : Uittreksel, etc., p. 266.

Dans les nombreux mémoires que possède la littérature française du xvie siècle nous voyons Philippe mentionné et caractérisé plusieurs fois. Parmi les auteurs qui nous ont laissé des renseignements détaillés et exacts sur certains personnages de leur temps, il faut citer Philippe *Hurault*, comte de Chiverny (1528-1599). Durant la dernière génération du xvie siècle, il joua un rôle important dans la politique française. Grâce à la protection du cardinal Charles de *Lorraine* (1525-1574) et de Catherine de Médicis même (1519-1589), il obtint, en 1562, l'importante charge de maître des requêtes. Par son mariage avec la fille de Christophe de *Thou* (1510-1574), président du Parlement, il fut lié intimement avec Henri duc d'*Anjou* (1551-1589). Lorsque celui-ci devint roi de Pologne (1573), Hurault prit le titre de « chancelier d'Anjou et de Pologne ». Il travailla énergiquement pour l'élection de Henri comme successeur de Charles sur le trône de

France et en fut récompensé par le titre de « grand chancelier de France. » Il fut également fort estimé par Henri IV.

Les mémoires de Hurault qui sont rédigés fort négligemment et ne semblent pas destinés à la publicité, ne parurent qu'en 1636, sous le titre : Les mémoires d'Estat de Messire Philippes Hvrault, comte de Chiverny, chancelier de France, avec vne Instruction à Monsieur son Fils (Philippe Hurault, abbé de Pontlevoy, évêque de Chartres (1578-1620). Ensemble la généalogie de la maison des Hvravlts, dressée sur plusieurs Titres, Arrest des Cours Souveraines, Histoires, et autres bonnes preuves. A Paris, chez Pierre Billaine, M. D. C. XXXVI. in-4, 5 ff. n. ch. 584 pp.

C'est p. 290 et ss. que nous trouvons les paroles caractéristiques suivantes sur Philippe II :

... Ledit Roy d'Espagne Philippe II fut de fort petite stature, et néantmoins de rencontre agréable, encores qu'il eust la lèvre d'embas de la maison d'Austriche : fut de poil blond, auec le teint assez blanc ayant plustost la façon d'vn Flamand que d'vn Espagnol, et eut vne complexion si bonne et si saine pendant tout le cours de sa vie, qu'il n'eut jamais de maladie que celle de mort, excepté qu'il estoit quelquesfois sujet à des esuanoüissemens, qu'aucuns attribuoient au mal caduc : Il estoit grandement deuotieux & Catholique, & ennemy juré & déclaré de toutes Heresies, assistant tous les iours à plusieurs Messes primes, & n'omtettant jamais de dire le Breviaire Romain, & ne manquant iour de sa vie à se prosterner à genoux, trois fois chacun iour, à sçauoir sur les dix heures du matin, ou à vne heure plus tard, selon les saisons, à midy & au soir, lorsque l'on sonne le pardon : & pour le reste du temps qu'il avoit à soy & qu'il n'employoit à escrire de sa main, comme il le faisoit quelques fois pour les plus importantes affaires, il l'employoit encores volontiers à quelque meditation ou lecture de quelque bon liure, s'il n'estoit au conseil, & interests de son Estat : auec cela il estoit ferme & d'vn courage releué, qui recognoissoit incontinent & preuoyoit la fin des choses, par vne sagesse & prudence admirable, n'estant capable d'aucune sorte d'estonnemens, ou eblouïssemens, soit de prosperité ou d'infortune, etc., etc.

A la B. V. R. se conserve sous la marque : Barb. Lat. 5118 un document très intéressant, intitulé : Instruttione per il Nunziato di Spagna, daté Madrid, l'ultimo di luglio 1581 (in-8°, 98 ff.).

Cette instruction, rédigée vraisemblablement par Mgr. Filippo *Sega*, évêque de Ripatransone (province d'Ascoli Piceno), nonce à Madrid, du mois d'août 1577 au mois de décembre 1581, contient une foule de renseignements précieux sur la situation et les hommes politiques de cette époque. Il y est aussi amplement question de Philippe II. J'en cite ici deux extraits :

— Venendo al particolare del Re moderno dico che è grand^{mo} Christiano, et che in quanto si tratta dell'osseruanza della Relig.^{ne} Cat.^{ca} non occorre pensare non che ponere punto di dubbio nella molta integrità et zelo suo... (fol. 77).

— Concludendo bene con l'oppinione de' più, che quantunque S. M.tà sia padrona di molti stati, possede nondimeno in essi pochi animi, et certo che se tutti li suoi vassalli potessero trattare personalmte con la M.tà sua le seriano eternamente, ò che s'egli si risoluesse di gouernare più di sua determinatne et di essercitar la pena et il premio con li Ministri mezi da far scoprir l'animo, la intentione, et il fine suo, si scopriria cosi pio, giusto et santo che tutto il Mondo hauria causa di amarlo, et desiderargli lunga uita et felice (fol. 93).

Francesco *Soranzo*, ambassadeur de Venise à Madrid en 1598, écrit au Sénat, peu d'heures après la mort de Philippe (13 septembre) la lettre caractéristique suivante que nous publions d'après l'original de l'A. S. V., Dispacci di Spagna, cod. 30 :

— Il Re è morto. Li Nobili, il popolo, li ricchi, et li poueri ne mostrano universal et grand.mo dispiacere, et tutte le cose passano fin' hora con gran quiete. Ha perduto la Christianità un Principe d'animo molto pio, christiano, et ueramente catt.co.... È stato Principe che ha combattuto più con l'oro che con ferro, et più con artifici, che non fece suo Padre trauagliando con gl'esserciti, et con le guerre... È stato grand'osseruatore della religione, amatore della pace, et della quiete... Nelle cose grandi, nel trattar le guerre nel sostentar le divisioni in Francia, nella magnificenza delle fabriche non ha stimato la spesa, in esso è stato poco accurato, et ha profuso l'oro senza pensarui ; ma nelle picciole, nel gouerno della propria casa, nel donare, nel premiare, è stato ristretto, et parco più del bisogno... Non s'ha lasciato dominar da suoi affetti, ma si è dimostrato sempre inalterabile, et immutabile, Ha simulato et dissimulato l'ingiurie, ma non ha perduto occasione di uendicarle. Ha abbhorrito la uanità in tutte le cose, però non ha mai voluto, che si scriua la sua uita, et mai dicono, che sia stato ueduto in collera, ma paziente, flegmatico temperato, et malanconico. Ha in somma lasciato gloriosa la memoria del suo Real nome, et che potrà seruire di grand' essemplar non solo à posteri, et successori suoi, ma alli stranieri, et allieni ancora.

En 1621, *Quevedo* écrivit un « discurso político » à l'occasion de la mort de Philippe III. Il y traite particulièrement de la vie et des actions de ce roi et de ses ministres : car il déclare dans l'avant-propos qu'il écrit ce qu'il a vu lui-même et non ce qu'il a entendu (1). Ce petit écrit qui porte pour titre : Grandes Anales en quince dias, contient également une courte caractéristique de Philippe II que nous communiquons ici in extenso, parce que nous ne l'avons vue citée par aucun historien. Les « Grandes Anales » ne furent imprimées qu'en 1788. Elles parurent ensuite, en 1852, dans la

(1) Yo escribo lo que vi, y doy á leer mis ojos, no mis oidos.

« Biblioteca de Autores Españoles » (Madrid, M. Rivadeneyra, in-4, p. 193-220). C'est cette dernière édition que nous citons (p. 216) :

— Don Felipe II fué hijo del cesar Carlos V, glorioso emperador del mundo, que empezando á vencer por la fortuna que se le opuso divirtiendole con las comunidades, venció los reyes, desposeyó los tiranos, justició los infieles, atemorizó los monarcas, y las desordenes de su ejercito saquearon á Roma ; las libertades de Italia fueron desperdicio de su magnanimidad ; y cebado en vencer á todos, se entró por si mismo (santa ambicion de victoria) para Dios, y estimando mas el saber despreciar el mundo que haberle vencido, á triunfar de sus afectos se retiró á Yuste renunciando las coronas en don Felipe su hijo, cuya imagen escribo.

Fué de mediana estatura. Bien proporcionado, el rostro hermosamente grave, á quien la majestad armaba de respeto ; facciones elocuentes, pues con mirar el decretó muchas veces castigos, reprendiendo con la vista porque era su semblante ejecutivo en advertir descuidos ; supo entretener la mocedad, supo disimular la vejez ; trató con facilidad las armas donde hizo guerra, y acompañó los soldados. Atendió á conservar lo que su padre habia adquirido, y era mas formidable cuando solo trataba consigo las razones de Estado, que acompañado de fuerzas y gente ; y con los enemigos valió por muchos ejercitos su providencia. Su advertencia balanzó el mundo ; y enfermo y retirado fué arbitro de la paz y de la guerra.

Favoreció en diferentes tiempos criados suyos, y peligraron los que no le supieron conocer. Tuvo á su lado en la postrera edad hombres tan á su corazon, que se ocupaban tanto en imitarle como en servirle ; y eran tales sus ministros, que ninguno para la calumnia quedó desabrigado con su muerte, ni la mocedad que siguió á sus dias dejó de respetar en ellos la eleccion de aquel gran Rey : antes necesitó aquel impetu de acariciarlos y entretenerlos : y mientras duraron, hicieron en esto que se ha gastado defensas de tal (1).

Tuvo entendimiento menudo, diligente y justificado ; memoria tan socorrida, que servia de recuerdo á los tribunalos, y era alivio á los secretarios, y á veces castigo.

Fué esplendido y magnifico, como lo han de ser los reyes, no como quieren que sean los codiciosos : daba y no vertia ; premiaba meritos, no hartaba codicias. La condicion tratable, no ocasionada á familiaridad. Fué justiciero de modo que se conocia deseaba ser piadoso. Dejó paz en sus reinos, reputacion en sus armas, amor en sus vasallos, temor en sus enemigos, porque vivió disponiendo su muerte, y murió acreditando su vida. Su miedo fué muy costoso, y supo pocas veces replicar á sus sospechas.

(1) **« Esto no se entiende »**, ajoute l'un des manuscrits. Ni l'éditeur Aurelio *Fernández- Guerra y Orbe* (m. en 1894) ni nous ne savons expliquer ces paroles obscures.

A la B. N. N. se trouve, dans un manuscrit marqué « Miscellanee, X. E. 25, » (in-8), fol. 49, le « Sonetto in lode del Re Cattco Filippo 2do, 1592, » que nous citons ci-après :

Tesori e stati il Re dona, non toglie,
Brama la pace, non la guerra segue,
Trama l'accor o, non rompe le tregue,
Iquori (1) al bene unisce, non discoglie.

Onori comparte, non rapisce spoglie,
Chiama, non scaccia : il stabile non lieue,
Ama, non odia : Altrui dolce non greue,
fauori e grazie non apporta doglie.

Aita (2) il dritto, non il torto abbraccia,
La Chiesa ci alza, non ricchezze merca,
Vita promette, non morte minaccia.

Giusto, non empio. Al ciel tende, non basso,
Difesa ha Francia, nè l'Italia cerca,
Augusto, non Neron ; Numa, non Crasso.

* * *

On pourrait citer aussi un sonnet d'Alessandro *Tassoni*, inédit jusqu'à nos jours. Le célèbre poète italien, auteur des « Filippiche contra gli Spagnuoli », ne fut assurément pas un ami ou admirateur des Espagnols. Néanmoins il sait apprécier les qualités personnelles de Philippe II dans son : In morte di Filippo II, voir : Rime di Alessandro Tassoni, raccolte su i codici e le stampe, Bologna, Gaetano Romagnoli, 1880, in-8o, 79 pp. (tirage de 202 exemplaires) de la collection : Scelta di curiosità letterarie, inedite o rare, etc., p. 41 :

(1) Cuori.
(2) Ajuta.

In morte di Filippo II.

O terrene grandezze, o fasto umano,
Quant' è lieve e fugace il vostro volo :
Colui che potea far col guardo solo
Tremar tutta la terra e l'oceano.

Il gran Filippo, il gran monarca ispano,
Che i regni ampi dell' onde e il fermo suolo
Scosse e diè legge all' uno e all' altro polo,
Tronco inutile or giace e nome vano.

Sol la giustizia e la pietà, che in lui
Splenderon sí che furo spenti e sparsi
Di questa nostra età gli orrori indegni,

Di miglior vita e di più certi regni
Ponno arricchirlo, e gli altri pregi sui
Mostrarsi in paragon fallaci e scarsi.

* * *

Parmi les nombreux éloges chantés par les poètes espagnols, grands et petits, à la mort de Philippe, on pourrait citer les douze « quintillas » composées par *Cervantès* à l'occasion des obsèques célébrées par la ville de Séville. Voir Francisco Gerónimo *Collado* : Descripcion del túmulo y relacion de las exequias que hizo la ciudad de Sevilla en la muerte del rey Don Felipé Segundo, por el licenciado... [En Sevilla, José María Geofrin, 1869, in-12, XLI–229 pp.], p. 217–219.

* * *

Pour ce qui regarde les qualités personnelles de Philippe on peut consulter également ce qu'en dit le cardinal Guido *Bentivoglio* dans sa « Guerra di Fiandra », vol. III, p. 287-290 (Cologne, 1639).

APPENDICE V

Extrait de l'Instruction de l'empereur à Philippe « hecha en Pálamos á quatro de mayo 1543 », publiée par Francisco de *Laiglesia* dans : Instrucciones, etc., Madrid, 1908, p, 58-59.

— Hijo plaziendo a dyos presto os casareys y plega a el que os favoresca para que viuays en este estado como conuyene por vuestra salvaçion y que de los hijos que el sabe seran menester : mas porque tengo por muy cierto que me aueys dicho verdad de lo pasado, y que me aueys conplido la palabra hasta el tienpo que os casaredes, no poniendo duda en ello no quiero hablar syno en la exortaçion que os tengo de dar para despues de casado, y es, hijo, que por quanto vos soys de poca y tierna edad, y no tengo otro hijo sy vos no, ny quiero auer otros, conuyene mucho que os guardeys y que no os esforçeys a estos principios de manera que reçybyessedes daño en vuestra persona, — porque demas que esso suele ser dañoso, asy para el creçer del cuerpo como para darle fuerças, muchas vezes pone tanta flaqueza que estorva hazer hijos y quita la vida, como lo hizo al prinçipe don Joan por donde vyno a heredar estos rreynos.

Çierto es que no os caso con estos fynes sino para todo lo contraryo, y myrad que inconuenyente serya sy vuestras hermanas y sus maridos os vuyessen de heredar y que descanso para my vejez : por eso os aueys mucho de guardar quando estuvyeredes cabo vuestra mujer, y porque eso es algo dificultoso, el rremedyo os apartaros della lo mas que fuere possible, y assy os rruego y encargo mucho que, luego que aureys consumydo el matrimonyo, con cualquier achaque os aparteys y que no torneys tan presto ny tan amenudo a verla y quando tornaredes, sea por poco tienpo. Y para que en esso no aya falta, aunque ya de aquy adelante no aueys menester ayo, quiero que en este caso solo lo sea don Joan, y, conforme a lo que os dixe en su presençia, no hagays en ello syno lo que el os dixere, y por esto le mando que en aquello, avnque os enojasse, no dexe de dezir y hazer todo lo que en el fuere para que asy lo hagays ; y osrruego, hijo, que no os enojeys con el ny tomeys a mal lo que el hiziere, y para no venyr en esso os rruego que con sola su admonestaçion y consejo lo hagays de manera que yo quede contento y satisfecho dello.

APPENDICE VI

L'ASTUCE ET LA CRUAUTÉ DE PHILIPPE

Lorsque les historiens traitent de l'astuce et de la cruauté de Philippe, ils citent souvent, comme preuve, cette parole de *Cabrera* : « Su risa y cuchillo eran confines », ce qu'ils traduisent par : Son sourire et son poignard étaient l'un près de l'autre (1).

Si Cabrera lui-même, qui doit être d'ailleurs compté parmi les admirateurs de Philippe, laisse échapper une telle parole, il faut — concluent les historiens — que ce prince ait été à un haut degré perfide, cruel et astucieux. La tradition a continué à bâtir sur cette remarque et nous a tracé le portrait d'un tyran sombre, intrigant et vindicatif qui ne riait jamais. Et s'il arrivait qu'il sourît à quelqu'un, malheur à celui-là : son heure était sonnée.

Il faut d'abord faire remarquer que le mot *cuchillo* ne saurait guère se traduire par poignard, mot qui se rend en espagnol par *puñal*, *daga*, *navaja*, etc. *Cuchillo* signifie *couteau* ou *épée* et s'emploie souvent au figuré pour désigner celui qui applique les châtiments prévus par la loi (2).

(1) Voir par ex. *Ranke :* Die Osmanen, etc. (Berlin, 1855), p. 155 : Cabrera merkt von nicht wenigen an, dass seine Ungnade sie getödtet. Das mochte es sagen wollen, wenn man am Hofe den Spruch hatte ; « von seinem Lächeln sei nicht weit bis zu seinem Dolch » *Prescott :* Philip II, etc. (London, Bentley, 1855), p. 471 : « His dagger followed close upon his smile ; *Baumstark*, qui attribue cette parole à Antonio *Pérez ;* Philippe II, etc. (Liège 1877), p. 209. « Du sourire au poignard, il n'y a chez Philippe que l'épaisseur d'un dos de couteau ». Dans Ant. Pérez, l'on trouve la phrase : « No hay dos dedos de la risa al cuchillo », (Il n'y a pas deux doigts du sourire à l'épée), et il ajoute qu'il l'a entendue lui-même du vieux comte *Chinchon*, père de Diego Fernández *Cabrera y Bobadilla*, conde de Chinchon, qui fut majordome de Philippe et siégea au conseil d'Etat à partir de 1593. Voir « Relaciones », p. 50 (Madrid, 1849).

(2) Voir : Diccionario de la Lengua Castellana por la Real Academia Española (Madrid, 1899), p. 293. Cf. les expressions : meter, pasar á cuchillo, condamner à mort. Au XVIe siècle aussi ce mot s'employait comme synonyme de *espada*. Voir *Muñoz-Gayangos :* Viaje de Felipe Segundo, etc. (Madrid, 1877), p. 63, où Philippe est précisément appelé « cuchillo y espada para todos los rebeldes á la corona Real ».

Pour montrer avec quelle légèreté les historiens agissent parfois en citant des autorités, et quelles graves conséquences il peut en résulter, nous examinerons la phrase en question en connexion avec son contexte. C'est à l'occasion de l'emprisonnement de don Carlos que Cabrera s'exprime de la manière suivante : « A la cour, beaucoup en parlèrent, les uns avec admiration, les autres avec scandale, suivant que leur sympathie était pour le roi ou pour le prince. Les plus sages se contentaient de se regarder les uns les autres et, le doigt sur la bouche, ils gardaient le silence. Mais, s'ils s'en expliquaient, les uns l'appelaient sage, les autre sévère, parce que son sourire et son épée étaient l'un près de l'autre » (1).

Il est ici question des hommes de cour contre lesquels, on le sait, Philippe sévissait avec une sévérité inexorable, lorsque leur conduite inconvenante ou déréglée provoquait son intervention personnelle (2). Ils avaient l'occasion d'être témoins et de sa conduite pleine d'amabilité et de son courroux vengeur. Mais ni dans la phrase citée ici, ni dans aucun autre passage de Cabrera, il n'est insinué que Philippe souriait à celui dont il avait résolu la perte.

Il est tout naturel que Philippe s'attirât la haine et l'inimitié de tous ceux qui furent l'objet de sa colère vengeresse ; car, comme Cabrera le remarque en un autre endroit : « Les méchants supportent mal l'autorité des bons ; elle leur cause une terreur singulière » (3).

(1) Voir I, p. 562 : « Dixeron muchos con admiracion en la Corte y escandalo, conforme á las intenciones en favor del Rey, y del Principe. Mirábanse los más cuerdos sellando la boca con el dedo y el silencio ; y rompiéndola, unos le llamaban prudente, otros severo, porque su risa y cuchillo eran confines ».

(2) *Porreño* cite une phrase de Philippe lui-même relative à l'égalité de tous devant la loi. « Dichos y Hechos », p. 140 : Se habian hecho las penas para los ricos, asi como para los pobres, y no habian de ser los Tribunales como las telas de las arañas, que detienen la mosca, y dejan pasar el lagarto. Carlo *Pallaviccino*, ambassadeur de Savoie, parle dans une lettre du 1 mars 1584, de plusieurs sentences de mort contre des grands d'Espagne. Voir A. S. T. Spagna, Lettere, Ministri, Mazzo 3.

(3) I. p. 318 : Los malos sufren mal el señorio de los buenos, y para ellos es prodigio espantoso.

APPENDICE VII

PHILIPPE ET LES FONCTIONNAIRES
INSTRUCTIONS DIVERSES

A l'A. H. N. M. se conservent une foule d'instructions rédigées par Philippe. Elles nous donnent une idée très nette de sa manière d'envisager la mission et les devoirs des fonctionnaires. L'une des premières est une « Instruccion secreta para el Duque de Alcalá (Parafan de *Ribera*, vice-roi de Naples de 1558 à 1571). Elle se trouve dans l'Estado, legajo 3028, et est datée de Bruxelles, 10 septembre 1558. Il y est dit entre autres choses :

— Lo primero haueis de suponer, que como el Pueblo no fué echo por causa del Principe, mas el Principe instituydo a instancia del Pueblo, y vos haueis de representar nuestra Persona, y hazer lo que nos, si allá estubiessemos presente, vuestro principal intento y fin ha de ser trabajar para el Pueblo (1) que teneis a cargo y que uiua y descanse en mucha paz y quietud, justicia y sosiego, para que pueda dormir sin cuydado, y finalmente para hazer quenta, no tomar este cargo para olgar, ni para uiuir a vuestro placer, ni para prouecho alguno vuestro, sino como dicho es, para el reposo, descanso y utilidad del dicho Pueblo.

... Entre otras cosas buenas que ha de procurar vn buen Príncipe (y por el consig.te elque estubiere en su lugar) son dos principales, sin las quales no se puede bien gouernar : Ser temido, y amado de los buenos...

... Ningun delicto, por graue que sea, castigareis con ira ó enojo, porque entonces está oprimida la razon y podriades exceder en lo que mandan y ordenan las Leyes...

Dans le même legajo se trouve une « Instruccion para el Presidente y los de la Cámara », datée du 6 mai 1588, où il est dit :

(1) La même idée a été prononcée par *Sénèque* : de Clementia, I, 19 : Rex probavit non rempublicam suam esse, sed se reipublicæ. Cfr. aussi ce que dit Frédéric II, roi de Prusse, au prince Charles de Württemberg : Der Fürst ist nichts als der erste Diener des Staates.

— Si se probare que alguno ha alcanzado, ó procurado hauer oficio de Justicia ó otra cosa eclesiastica que sea a mi provision con pagar dinero ó presea ; quiero y es mi voluntad que luego sea declarado por incapaz de tenerle, y si huviere alcanzado que sea excluido de el.

L'on possède une lettre autographe de Philippe, datée du 8 juin 1581 et adressée à « el licenciado Salazar », où il est question de l'inspection des officiers de justice en Castille. Voir A. H. N. M. Estado, legajo 6441. La lettre est ainsi conçue :

— Licen.^{do} Salazar de mi cons.^{o} de la Sta general Inqui.^{on}, sabed que por una cedula scripta y firmada de mi mano, dada en Madrid a doze de febrero de 1580 años entendiendo que assi cumplia al serui.^{o} de nuestro s^{r} y mio y al buen gouierno y administracion de la Justicia, hauiendo accordado de mandar visitar todos mis secretarios que tenian titulo en los libros de Castilla, antes que se començasse en publica forma la visita me parescio cometer al Obispo de Auila (1), que con todo secreto y recato recibiesse Ynformaciones si los dhos secretarios y sus officiales hauian hecho sus off.^{os} como deuian, y si hauian lleuado derechos demasiados, ó, cohechos, ó, recibido presentes y dadiuas, ó, si hauian sido parciales, ó, tenido mal despacho en sus officios de qualquiera manera que fuesse y hiziesse todas las diligencias que para enterarse de la verdad le paresciessen conuen.^{tes}, dandole para ello y para compeler quales quier personas, que dixessen ante el sus dichos de qualquier qualidad que fuessen, poder cumplido qual en tal caso se requiera, y que hechas las dichas diligencias y Ynformacion me hiziesse relacion dellas para que mandasse proueer lo que conueniesse, y por que hauiendo el dicho obispo començado a entender en ello, no lo pudo acabar por su fallecim.^{to}, ylo que conuiene se acabe teniendo yo mucha satisfacion de vuestra persona, y confiando que entendereis en todo lo dicho con el cuidado, integridad y diligencia que la qualidad y Ymportancia dello requiere, para que a los Ynocentes no se imputen falsas culpas, ni se encubran los culpados, me ha parescido cometeroslo y encargaroslo como por la presente lo hago, y os doy el mismo poder en forma que el dicho obispo tenia para todo lo suso dicho, y para todo lo a ello anexo y dependiente dello / dada en Almeria a ocho de Junio de 1581 años, de mi mano,

Yo el Rey.

(1) Sancho Busto de Villegas († 1581).

APPENDICE VIII

PHILIPPE COMME POETE

Manoel de *Faria e Souza* (1590-1649), poète et historien d'origine portugaise, qui habitait à Madrid, nous a laissé un ouvrage manuscrit intitulé : « Cancionero recopilado por Don Manuel de Faria, dedicado al Conde de Haro (in-4, 106 ff.). On ignore où ce manuscrit se trouve à présent ; mais il a été décrit par le célèbre bibliophile Bartolomé José *Gallardo* dans son « Ensayo de una Biblioteca Española de libros raros y curiosos, etc. », publié aux frais de l'Etat (Madrid, Rivadeneyra, 1863, Bailly-Baillère, 1866, et M. Tello, 1888-1889, 4 vol. gr. in-4), II, col. 992-1000.

Faria cite une « glosa », écrite en « quintillas » (strophes de 5 lignes) et dit qu'elle est attribuée au roi Philippe II (1). Nous communiquons ici cette « glosa » qui n'est pas d'une beauté poétique ordinaire et qui trahit une profonde philosophie chrétienne, parfaitement conciliable avec l'idée que l'on avait à cette époque de la personne de Philippe.

La « cancion », à laquelle cette poésie se rattache est la strophe bien connue :

Contentamiento, do estás ?
Que no te tiene ninguno.
Si piensa tenerte alguno,
No sabe por donde vas.

et la « glosa » attribuée au roi Philippe :

(1) Voir en outre : Panegyrico por la poesia, Montilla, Manuel de Payua, 1627 in 12°, 59 ff 5 ff. n. ch. (table) fol. 47 : El prudentissimo don Felipe Segundo en la esfera de su Magestad hizo tan buenos versos deuotos como me han certificado personas graues, y que son suyos estos : Cruz remedio de mis males / ancha soys, pues cupo en vos / el gran Pontifice Dios / con cinco mil Cardenales.

Lo que se debe entender,
Fortuna de tu caudal,
Es que, siendo temporal,
No puedes satisfacer
Al alma que es inmortal.

Tu me diste y me vas dando
Honra, estado, reino y mando ;
Y es tan poco cuanto das,
Que digo de cuando en cuando :
Contentamiento, do estas ?

No estas entre los favores
Deste mundo y sus floreos,
Ni en el fin de sus deseos,
Ni en sus riquezas y amores,
Ni en victorias y trofeos.

En fin no te halla alguno,
Que todos dicen que no ;
Y entienda el mundo importuno,
Que, pues no te tengo yo,
Que no te tiene ninguno.

Buscar contento en la tierra
Es buscar pena en el cielo,
Y en el abismo consuelo,
Tranquilidad en la guerra,
Y calor dentro en el hielo.

Dentro ni fuera de España
No le hay, porque acompaña
En su trono al Trino y Uno ;
Y fuera de aquí se engaña,
Si piensa tenerte alguno.

Quien te busca entre contentos
Contento, tenga entendido
Que te pierde y ha perdido,
Porque entre los descontentos
Sueles estar escondido.

Y si Dios, fuera de tí,
Padeció penas por mí.
Para entrar adonde estás,
El que no va por aquí,
No sabe por donde vas.

APPENDICE IX

A l'A. S. F., Archivio Mediceo 4919, fol. 534, se trouve un « Traslado de una carta de su Mag^d^ á los Procuradores de Corte », où Philippe s'explique brièvement, mais avec une grande énergie sur son métier de roi. Cette lettre est écrite peu après la malheureuse expédition contre l'Angleterre et est ainsi conçue :

El Rey !

Yo he trahido sobre mis hombros la carga de la defensa destos Reynos, y la que me ha causado la Jornada de Inglaterra, y sabe nuestro señor, que no me ha mouido a ello cobdicia de mas Reynos y Senoríos (1), que con los que su Diuina Mag^d^ me ha dado estoy contento, y le doy muchas gracias, y de que me haya dado tan leales Vassallos, sino çelo de su seruiçio y deseo de ensalçar su Sta fe, yo he consumido mi patrimonio y la causa de Dios y la Reputacion mia y del Reyno : Ved este papel y conferid entre uosotros lo que se pudiere hazer, y oyd lo que de mi parte os dixiere mi Presidente a quien he cometido que os hable. De S. Lorenzo a VII de octubre de 1588.

Yo el Rey.

(1) Voir aussi ce que dit Pierre de Ségusson, sieur de *Longlée* (1540-1597) résident de France à Madrid dans une lettre au secrétaire d'Etat, Nicolas de Neufville, seigneur de *Villeroi* (1543-1617), datée du 1er février 1584 : « Il ne ce parla y a longtemps moings du gouvernement du monde qu'il fait à présent ». Voir Albert *Mousset* : Un résident de France en Espagne, etc., p. 49, note.

BIBLIOGRAPHIE

Adriani, Giovambattista (historien italien, 1511—1579) : Istoria de' suoi tempi di... Gentiluomo Fiorentino. Divisa in libri ventidve, di nuovo mandata in luce con li sommarii, e tavola delle cose più notabili.

In Firenze, nella Stamperia dei Giunti, 1583.

in-fol. 941 pp.

Albèri, Eugenio (historien italien, 1809—1878) : Relazioni degli Ambasciatori Veneti al Senato, raccolte, annotate, ed edite da... a spese di una società.

Firenze, Tipografia all' insegna di Clio, 1839—1863.

gr. in-8vo, 15 vols. [voir surtout les vols. III, V et VI de la série I].

Altamira y Crevea, Rafael (savant historien espagnol, né en 1866) : Historia de España y de la civilización española por..., catedrático de la Universidad de Oviedo, etc.

Tomo III. Illustrado con 130 fotograbados.

Barcelona, Herederos de Juan Gili, 1906.

in-8vo, 749 pp.

Alvarez, Vicente : Relacion del camino y buen viage que hizo el Príncipe de España D. Felipe nuestro señor año del nascimiento de nuestro Salvador y Redentor Jesu Christo de 1548 años que pasó de España en Italia, y fue por Alemania hasta Flandes, donde su padre el Emperador y Rey D. Carlos nuestro señor estaba.

En la villa de Bruselas, Guillermo de Millis, 1551.

in-8vo, n. ch.

Andrea, Alexandro de, Napolitano : De la Gverra de Campaña de Roma, y del Reyno de Napoles, en el Pontificado de Pavlo IIII. Año de M. D. LVI y LVII. Tres libros dirigidos al Catholico Rey Don Filippe Nuestro Señor, II, deste nombre.

Impresso en Madrid, en casa de la Viuda de Querino Gerardo, año de M. D. LXXXIX.

pet. in-4to, 6 ff. n. ch., 320 pp. et table.

Apologie ov defense de tres illvstre prince *Gvillavme* par la grace de Diev prince d'Orange : Comte de Naszau, de Catzenellenbogen, Dietz, Vianden, etc. Burchgrave de Anvers, & Viscomte de Besançon : Baron de Breda, Diest, Grimberge, d'Arlai, Nozeroi, etc. Seigneur de Chastelbellin, etc. Lieutenant general es païs bas & Gouverneur de Brabant, Hollande, Zelande, Utrecht, & Frise : & Admiral, etc. Contre le Ban & Edict publié par le Roi d'Espaigne, par lequel il proscript ledict Seigneur Prince, dont apperra des calumnies & faulses accusations contenues en ladicte Proscription.

Presentee a Messievrs les Estats Generauls des Païs bas. Ensemble ledict Ban ou Proscription.

De l'Imprimerie de Charles Syluius (Delft), 1581.

in-4to, 5 ff. n. ch. 242 pp. [il existe une édition moderne avec introduction et annotations de Albert *Lacroix*. Leipzig, Emile Flatau, 1858, in-8, XIV-295 pp.]

Arendt, (professeur à l'Université de Louvain) : Notice sur la mort de l'infant don Carlos. Séance publique du 13 mai 1857. Voir Bulletins de l'Académie Royale de Belgique, 26e année, 2e série, tome II, Bruxelles, Hayez, 1857, in-8, p. 187-219.

[*Arnauld*, Antoine], (Avocat général de Catherine de Médicis, 1560—1619) : Anti-Espagnol, autrement les Philippiques d'un Démosthènes françois, touchant les menées et ruses de Philippe, roy d'Espagne, pour envahir la couronne de France. Ensemble l'infidélité, rébellion et fureur des ligueurs parisiens et jésuites, en faveur de l'Espagnol.

S. l., 1592, in-8vo, 39 pp.

Arrue, Francisco Martín : Campañas del duque de Alba. Estudios histórico-militares, por D... Capitán de Infantería y profesor de la Academia del arma.

Toledo, Fando é Hijo, Madrid, M. Murillo, 1879.

2 vol. in-8vo, 320 et 304 pp.

Avbery, Lovis Chevalier Seigneur du Maurier (diplomate et historien français, mort en 1687) : Mémoires pour servir à l'histoire de Hollande et des autres Provinces unies. Où l'on verra les véritables causes des Divisions qui sont depuis soixante ans dans cette République & qui la menacent de ruine.

Paris, Jean Villette, 1680.

in-8vo, 22—436 pp.

Balaguer, Victor, (poète, historien et homme politique catalan, 1824—1900), voir *San Miguel*.

Balmes, Santiago Luciano (théologien et philosophe catalan, 1810—1848) : Le Protestantisme comparé au Catholicisme dans ses rapports avec la civilisation européenne.

Cinquième édition.

Paris, d'Auguste Vaton, 1857.

3 vols in-8vo, X—432-433 et 501 pp.
[l'édition originale espagnole est de Madrid et Barcelona, 1842, 4 vols. in-8vo].

Barado y Font, Francisco : D. Luis de Requesens y la política española en los Países Bajos. Discursos leídos ante la Real Academia de la Historia en la recepción pública del señor D.... el día 27 de Mayo de 1906.
Madrid, Patronato de Huérfanos, 1906.
in-4to, 127 pp.

Baschet, Armand (historien français, 1829-1886) : La Diplomatie Vénitienne. Les princes de l'Europe au XVIe siècle. François I, — Philippe II — Catherine de Médicis — Les Papes — Les Sultans, etc., etc.. d'après les rapports des Ambassadeurs Vénitiens. Ouvrage enrichi de nombreux fac-simile.
Paris, Plon, 1862.
in-8vo, 616 pp. Voir sur Philippe II pp. 238-280.

Baumgarten, Hermann (historien allemand, 1825—1893) : Spanisches zur Geschichte des sechszehnten Jahrhunderts.
Historische Zeitschrift, herausgegeben von Heinrich von Sybel, der ganzen Reihe 39. Band (Neue Folge, III Band).
München, R. Oldenbourg, 1878.
p. 385—418.

Baumstark, Reinhold (hispaniste allemand, 1831—1900) : Philippe II, roi d'Espagne, traduit de l'allemand du docteur... par Godefroid *Kurth*, professeur d'histoire à l'Université de Liège.
Liège, Spée-Zelis, 1877.
in-8vo, VIII-220 pp.
[L'édition originale est de Freiburg, 1875].

Benedetti, Felice : L'Imprese della M. C. di D. Filippo d'Austria II Re di Spagna. Rappresentate nel tvmvlo per la sva morte eretto dalla fedelissima Città dell'Aqvila.
Ordinate, descritte, & dichiarate da... Canonico della Cathedrale dell' istessa Città all'Ill.mo e R.mo S.re il S.r Odoardo Farnese ampissimo Cardinal di S. Chiesa ; con licenza di svperiori.
Nell' Aqvila, appresso Lepido Facij, 1599.
pet. in-4to, 3 ff. n. ch. 99 pp.

Bentivoglio, [Guido] (historien et nonce apostolique, 1579—1644) : Della Gverra di Fiandra, descritta dal Cardinal... Con l'aggiunte fatteui dall'Autore.
Parte prima. In Colonia, l'anno 1634. Parte seconda, ibid., 1636. Parte terza, ibid., 1639. s. n. impr.
3 vol. in-4to, 3 ff. n. ch., 656, 429, 627 pp. et tables.

Bergenroth, G[ustav] A[dolf] (historien allemand, 1813—1860) : Calendar of letters, despatches and State Papers relating to the negotiations

between England and Spain preserved in the archives at Simancas and elsewhere, edited by...
London, Longman & Co., 1862—1868.
3 vol. gr. in-8vo.

Bermúdez de Castro, Salvador (diplomate et historien espagnol, 1817—1866) : Antonio Pérez, secretario de estado del Rey Felipe II. Estudios históricos por D...
Madrid, Establecimiento Tipográfico, 1841.
in-8vo, 409 pp.

Berwick y de Alba, duquesa de : Documentos escogidos del Archivo de la Casa de Alba. Los publica la... condesa de Siruela.
Madrid, Manuel Tello, 1891.
gr. in-8vo, XXIII—610 pp.

Biondi, Avrelio : Essequie della Sacra Cattolica Real Maestà del Re di Spagna Don Filippo II d'Avstria. Celebrate in Firenze dalla Nobilissima Nazione Spagnuola.
In Fiorenza, Givnti, MDIIC.
in-4to, 30 pp.

Birch, Thomas (ecclésiastique et historien anglais, 1703—1766) : Memoirs of the Reign of Queen Elizabeth, from the Year 1581 till her Death. In which the secret intrigues of her Court and the conduct of her Favourite, Robert Earl of Essex, both at home and abroad are particularly illustrated. From the original Papers of his intimate friend Anthony Bacon, Esquire, and other Manuscripts never before published, by... D. D. Rector of the United Parishes of St. Margaret Pattens and St. Gabriel Fenchurch and Secretary of the Royal Society.
London, printed for A. Millar, 1754.
2 vol. in-4to, 491—516 pp. et table.

Bleda, Jayme (dominicain espagnol, 1550 — vers 1620) : Coronica de los Moros de España, diuidida en ocho Libros : Por el Padre Presentado Fray..., Predicador general de la Orden de Predicadores, calificador de la Inquisicion de Valencia. Al Illustrissimo, y Excellentissimo Señor don Francisco de Sandoual, y Rojas, Duque de Lerma, Marques de la Ciudad de Denia, Cardenal de la Santa Ygleisa de Roma, etc.
En Valencia, en la Impression de Felipe Mey. Año 1618.
in-fol. 19 ff. prél. 1072 pp. et table.

Bœhmer, Ed[uard], (romaniste allemand, 1827—1906) : Inquisition und Evangelium in Spanien.
Berlin, 1852.
[dans : Deutsche Zeitschrift für christliche Wissenschaft und christliches Leben, Nr. 14, p. 100—112, in-4to].

Boglietti, Giov. (historien piémontais, né en 1836) : La politica di Filippo II, dans : La Rassegna Nazionale, vol. LII, p. 165—186.

gr. in-8vo. Firenze, 1890.

Boletín de la Real Academia de la Historia.
Madrid, T. Fortanet, 1877—1911.
59 vols. gr. in-8vo.

Bongi, Salvatore : Il principe D. Carlo e la Regina Isabella di Spagna, secondo i documenti di Lucca.
Lucca, Giusti, 1887.
in-8vo, 187 pp.

Bor, Christiaensz Pieter (historien hollandais, 1559—1635) : Nederlantsche Oorloghen, beroerten, ende Borgerlijcke oneenicheyden, beginnende mette Oprachte selver Landen / ghedaen by Keyser Carel de V. aen synen zoon Coninck Philippus van Spangien / tot de droevighe Toodt van syn Excellentie Willem Prince van Orangien hooghl. memorie. Beschreven door...
1621, t'Amsterdam, by Michiel Colijn.
6 vol. in-fol. illustrés.

Borgnet, [Claude-Joseph-] Adolphe (historien belge, 1804—1875) : Philippe II et la Belgique, résumé politique de l'histoire de la révolution belge du XVIe siècle. (1551—1598).
Bruxelles, Méline, 1850.
gr. in-8vo, 230 pp.

Bornemann, Gustavus Andreas Wernigerodensis : Dissertatio Academica, de Justitia Actionum Philippi II. Hispaniæ & Indiarum Regis, qvam arbitrante Adamo Eberto D. & Professore Juris extraordinario 1687 ad diem 28. Maj. publicæ Eruditorum censuræ exhibiturus...
Francofurti cis Viadrum, Literis Friderici Eichornii.
in-4to, 136 pp.

Boronat y Barrachina, Pascual, Pbro : Los Moriscos Españoles y su expulsión. Estudio histórico crítico por D... (L. de Ontalvilla), con un prólogo del exmo. Sr. D. Manuel Danvila y Collado.
Valencia, Fr. Vives y Mora, 1901.
2 vols. gr. in-8vo, LIX—690 ; VII — 744 pp.

Bovcher, Jehan (ecclésiastique et homme politique français, 1548—1644) : Oraison funebre svr le trespas de tres havlt, tres grand, et tres pvissant monarqve Dom Philippe second, roy d'Espaigne, etc.
Prononcée aux obseques de sa Ma^té^, en l'Eglise de Nostre-Dame de Tournay, le lundy XXVI. Octobre. M. D. XCVIII.
par... Docteur en Theologie en l'vniversité de Paris, & Chanoine de ladicte eglise.
Seconde édition reueue & enrichie.
A Anvers, en l'imprimerie Plantinienne, chez Jean Moretus, CIↃ.IↃC.
in-8vo, 14—150 pp.

Bozzo, Stefano Vittorio : Corrispondenza particolare di Carlo di Aragona, duca di Terranova, marchese d'Avola, principe di Castelvetrano, presidente del regno, con S. M. il Re Filippo II (Giugno 1574—Maggio 1575).

Documenti inediti trascritti da un codice della Biblioteca Settimiana, coordinati e pubblicati da...

Palermo, Michele Amenta, 1879.

in-4to, XI—190 pp.

Série I, vol. II, des : Documenti per servire alla Storia di Sicilia, pubblicati a cura della « Società Siciliana per la Storia Patria. »

Brantôme, Pierre de Bourdeille, abbé séculier de (mémorialiste français, 1540-1614) : Œuvres complètes de... et d'André, vicomte de Bourdeille. Edition revue et augmentée d'après les manuscrits de la Bibliothèque Royale, avec notices littéraires par J. A. C. *Buchon*.

Paris, Société du Panthéon littéraire, 1842.

in-4to, XVI—788, 683 pp. et tables.

Büdinger, Max (historien allemand, 1828—1902) : Don Carlos' Haft und Tod, insbesondere nach den Auffassungen seiner Familie.

von... Professor der Geschichte an der Wiener Universitaet. Mit Don Carlos' Portrait in Heliogravüre.

Wien und Leipzig, Wilhelm Braumüller, 1891.

gr. in-8vo, VI---317 pp.

Büsching, Antonius Fridericus (géographe et historien allemand, 1724—1793) : Commentatio de vestigiis Lvtheranismi in Hispania, qva ad avdiendam orationem inavgvralem A.D. XIX April. CIϽIϽCCLV pvblice recitandam ea qva par est reverentia et observantia invitat... philos. doct. eivsdemqve prof. extraord. adivnctvs fac. theol. et societatis cosmographiae collega.

Goettingae, typis Hagerianis s. a. (1755).

in-4to, 27 pp.

Cabié, Edmond : Ambassade en Espagne de Jean Ebrard, Seigneur de Saint-Sulpice, de 1562 à 1565 et mission de ce diplomate dans le même pays en 1566. Documents classés par...

Albi, Nouguies, 1903.

in-8vo, XXVII et 472 pp.

Cabrera de Córdoba, Luis (diplomate et historien espagnol, 1559—1623) : Filipe Segundo Rey de España.

Al Serenísimo Príncipe su nieto esclarecido D. Filipe de Austria,... criado de Su Majestad y del rey Don Filipe Tercero, Nuestro Señor. Edición publicada de Real orden [par le comte de *Toreno*].

Madrid, Aribau y C.a, 1876—1877.

in-fol., 4 vol.

Calendar of Letters and State Papers relating to English affairs preserved principally in the Archives of Simancas. Vol. I Elizabeth, 1558-1567. Vol. II Elizabeth, 1568-1579. Vol. III Elizabeth, 1580-1586. Vol. IV,

Elizabeth, 1587-1603. Edited by Martin A. S. *Hume*, F. R. Hist. L. London, Eyre and Spottiswoode, 1892, 1894, 1896, 1899. 4 vols. gr. in-4, LXIII-708 ; LII-742 ; LVI-720 ; LXVIII-782 pp.

Calvete de Estrella, Juan Christoual (historiographe espagnol, mort en 1592) El felicissimo viaie d'el mvy Alto y mvy Poderoso Principe Don Phelippe, Hijo d'el Emperador Don Carlos Quinto Maximo, desde España à svs tierras de la baxa Alemaña : con la descripcion de todos los Estados de Brabante y Flandes. Escrito en quatro libros, por...

En Anuers, en casa de Martin Nucio, Año de M.D. LII.

pet. in-fol., 8 ff. n. ch., 335 ff. et 18 ff. n. ch.

Campana, Agostino : Svpplimento all'Historia della Vita del Catolico Re delle Spagne, etc. D. Filippo II d'Avstria, cioè Compendio di quanto nel mondo è auuenuto dall'anno 1583 sino al 1596. Et Historia Vniversale di quant'è occorso dal 1596 sino al 1599. di *Cesare Campana* Aqvilano.

Venetia, appresso Bartolomeo Carampello, 1609.

in-4to, 10 ff. n. ch., 244 ff.

Campana, Cesare (historien italien, † 1606) : Della Gverra di Fiandra fatta per difesa di Religione da Catholici Re di Spagna Filippo Secondo, Filippo Terzo di tal nome, per lo spatio di Anni trenta cinque ; descritta fedele, e diligentemente da... Gentilhvomo Aqvilano.

Parte prima, parte seconda, parte terza.

In Vicenza, Apresso Giorgio Greco, 1602.

3 vol., in-4to, 15 ff. n. ch. 218, 8 n. ch. 155, 10 n. ch. 188 ff.

Campana, Cesare : La vita del Cattolico e invittissimo D. Filippo Secondo d'Avstria, Re delle Spagne, etc.

Vicenza, Giorgio Greco, 1605.

3 vol., in-4to, 129, 166, 136, 188, 187, 151 et 244 ff.

[Suit généralement l'histoire de *Herrera y Tordesillas*].

Campistron, J. Galbert de (auteur dramatique français, 1653—1723) : Andronic, tragédie en 5 actes.

Paris, Ribou, 1715. in-12mo. (Représenté pour la première fois à Paris le 8 février, 1685).

Campori, Giuseppe : Nuovi documenti per la vita di don Carlo figlio di Filippo II. Re di Spagna.

Dans : » Atti della Deputazione di Storia Patria «. Sér. II, tome II, p. 39-51. Modena, 1878.

Cañete, Manuel (auteur dramatique espagnol, 1822-1891) : ¿ Porqué no llegó á su apogeo el idioma castellano hasta la segunda mitad del siglo XVI ?

Discurso leído ante la Real Academia Española en la sesión pública inaugural de 1867.

Madrid, M. Rivadeneyra, 1867.

in-4to, 57 pp.

Capefigue, [Jean-Baptiste-Honoré-Raymond] (historien français, 1802—1872) : La Réforme et la Ligue par M... Troisième éd.
Paris, Bélin-Leprieur, 1843.
in-8vo, 594 pp.
[La première éd. est de 1836].

Cappa, Ricardo, de la Compañía de Jesús : La Inquisición Española. Editor : D. Gregorio del Amo.
Madrid, Antonio Pérez Dubrull, 1888.
gr. in-8vo, 299 pp.

Caramuelis, Joan. Voir : *Lobkowitz.*

Carnero, Antonio : Historia de las gverras civiles qve ha avido en los Estados de Flandes desde el año de 1559 hasta el de 1609, y las cavsas de la rebelion de dichos Estados, recopilada y escrita por el Contador ... que ha sido de los exercitos de dichos Estados. Dirigida a la Ser.ma Infanta Doña Isabel Clara Evgenia, etc.
En Brvselas, en casa de Ivan de Meerbeqve, 1625. Cum privilegio de 12 años. in-fol. 5, 565 pp. et table.

Carnicero, José Clemente : La Inquisicion justamente restablecida, ó impugnacion de la obra de D. Juan Antonio Llorente : Anales de la Inquisicion de España, y del Manifiesto de las Cortes de Cádiz.
Madrid, M. de Burgos, 1816.
2 vol. in-12mo, XIV, 324, XX et 320 pp.

Castro, Adolfo de (littérateur espagnol, 1823—1898) : Historia de los Protestantes Españoles y de su persecucion por Felipe II. Obra escrita por...
Cádiz, Revista Médica, 1851.
in-4to, 460 pp. et index.

Cayet, Pierre Victor [Palma] (historien français, 1525-1610) : Chronologie Novenaire contenant l'Histoire de la gverre, sovs le regne dv tres-chrestien Roy de France & de Navarre, Henry IIII. Et les choses plvs memorables advenuës par tout le monde depuis le commencement de son regne, l'an 1589, iusques à la Paix faicte à Veruins en Iuin 1598, entre sa Maiesté tres-Chrestienne, & le Roy Catholique des Espagnes, Philippes II. Par Me... Docteur en la sacrée Faculté de Théologie, & Chronologue de France. A Paris, par Iean Richer, ruë S. Iean de Latran à l'Arbre verdoyant. Et en sa boutiqve au Palais, sur le Perron Royal, vis à vis de la gallerie des prisonniers, 1608.
in-8vo, 3 gros vols.

Certain Advertissements out of Ireland, concerning the Losses and Distresses happened to the Spanish Navy, upon the West Coasts of Ireland, in their Voyage intended from the Northern Isles beyond Scotland, towards Spain.
Imprinted at London, by J. Vautrollier, for Richard Field, 1588.
[Réimprimé dans « The Harleian Miscellany », I, p. 128—137].

Cervera de la Torre, Antonio (chapelain de la Cour royale, 1549-1608) : Testimonio avténtico y verdadero de las cosas notables que passaron en la dichosa muerte de Don Felipe II, que santa gloria aya ; con muchas adiciones nuevas de otras virtudes y casos singulares de su vida, que lleuan esta señal ☞. Avtor, sv Capellan el licenciado Frey don..., Sacristan mayor de la Orden de Calatraua, natural de Ciudadreal. Dirigido al Catolico y Potentissimo Rey de las Españas, y del Nuevo mundo, don Felipe III. nuestro señor.

En Madrid, por Luis Sanchez : Año 1600.

in-4to, 11 ff. prél. 211 pp. et table.

[Réimprimé dans Luis Cabrera : Filipe Segundo, Madrid, 1876—77, vol. IV, p. 297-333].

Céspedes y Menéses, Gonzalo de (poète et historien français du commencement du XVIIe siècle) : Historia apologética en los sucessos del reyno de Aragon y su Ciudad de Çaragoça, Años de 91. y 92. y relaciones fieles de la verdad, que hasta aora manzillaron diuersos Escritores. Por Don.....

Zaragoça, Juan de Lanaja y Quartanet, 1622.

in-4to, 2 ff. n. ch. 236 pp.

Chappvis, Gabriel (historiographe français, interprète royal pour l'espagnol, vers 1550-1612) : Histoire generale de la gverre de Flandre, divisee en devx tomes ; contenant tovtes les choses memorables aduenuës en icelle depuis l'an 1559, iusques à la Trefue concluë en la ville d'Anvers, le 9. Auril, 1609. Par.... Tovrangeav, Secretaire Interprete du Roy, en la Langue Hespagnole.

A Paris, chez Robert Foüet, ruë sainct Jacques, à l'Occasion, deuant les Mathurins, 1611.

in-4to, 13 ff. n. ch. 672—491 pp. et table.

Circourt, [Anne-Marie-Joseph] Albert de (littérateur français, 1809—1896) : Histoire des Mores, Mudejares et des Morisques ou des Arabes d'Espagne sous la domination des Chrétiens. Par M....

Paris, G.-A. Dentu, 1846.

3 vol. gr. in-8vo, 447, 487 et 372 pp.

Cirni, Anton Francesco (historien florentin, 1510— vers 1585) : Svcessi dell' armata della M^tà^ C^ea^ destinata all'impresa di Tripoli di Barberia, Della presa delle Gerbe, e progressi dell'armata Turchesca, scritti per ....Corso.

In Fiorenza appresso Lorenzo Torrentino, con priuilegii, MDLX.

in-16mo, 157 pp. et 3 ff. n. ch.

[*Cloppenburg*, Jean Everhardts] : Le Miroir de la cruelle & horrible Tyrannie Espagnole perpetree au Pays Bas, par le Tyran Duc de Albe, & aultres Commandeurs de par le Roy Philippe le deuxiesme.

On a adjoinct la deuxiesme partie de les Tyrannies commises aux

Indes Occidentales par les Espagnols. Nouvellement exorné avec taille douçe en cuyvre.

tot Amsterdam, Ghedruckt by Ian Everts Cloppenburg, op 't Water, tegen over de Koorn-Beurs in vergulden Bijbel, 1620.

in-8vo, 3 ff. n. ch., 87 et 68 ff.

Cock, Henrique (flamand en service dans la garde du corps de Philippe II, † vers 1610) : Relacion del viaje hecho por Felipe II, en 1585 á Zaragoza, Barcelona y Valencia escrita por .... notario apostólico y archero de la guardia del cuerpo real, y publicada de real orden por Alfredo *Morel-Fatio* y Antonio *Rodríguez Villa.*

Madrid, Aribau, 1876.

gr. in-8vo, XVII et 314 pp.

Cock, Enriqve : Jornada de Tarazona hecha por Felipe II en 1592 pasando por Segovia, Valladolid, Palencia, Búrgos, Logroño, Pamplona y Tudela recopilada por.... archero de su Mag.d, notario y escribano público, precedida de una introducción, anotada y publicada de real orden por Alfredo *Morel-Fatio* y Antonio *Rodríguez Villa.*

Madrid, Tello, 1879.

gr. in-8vo, XXIII et 138 pp.

Colección de documentos inéditos para la Historia de España.

Madrid, 1842—1895.

112 vols. gr. in-8vo. Voir la note 120, p. 164-165.

Colmenares, Diego de (prêtre et historien espagnol, 1586—1651) : Historia de la Insigne Ciudad de Segovia y Compendio de las Historias de Castilla. Autor... Hijo y Cura de San Iuan de la misma Ciudad y su Coronista.

En Segovia por Diego Diez. Inpresor. A costa de sv avtor. Año 1637.

in-fol. 8 ff. n. ch. 652 pp.

Coloma, Carlos (guerrier, diplomate et historien espagnol, 1573—1640) : Las Guerras de los Estados Baxos desde el año de M. D. LXXXVIII hasta el de M. D. XCIX. Recopiladas por.... Cauallero del Abito de Santiago, Comendador de Montiel y la Ossa, etc. a Don Diego de Ibarra, Cauallero del Abito de Santiago, Comendador de Villa Hermosa, etc.

En Amberes, Iuan Bellero, 1635.

in-4to, 2 ff. n. ch. 651 pp.

Conestaggio, Jeronimo de' Franchi (archevêque de Capoue, chapelain de Philippe III, 1555—1635) : Dell' Vnione del Regno di Portogallo alla Corona di Castiglia, Istoria del Sig.... gentilhvomo Genovese.

In Genova, appresso Girolamo Bartoli, 1589.

in-4to, 22, 7 og 412 pp. [la prem. éd. est de 1585].

[*Haym*, *Brunet* et d'autres bibliographes prétendent que l'auteur de cet ouvrage fût Juan de *Silva*, ambassadeur de Philippe II à la cour de Sebastiáo, roi de Portugal.]

Conti, Natale (historien milanais, 1520—1582) : Delle Historie de' svoi tempi. Di latino in volgare nuovamente tradotte da M. Giovan Carlo *Saraceni*. Aggiunteui di più e postille, et un' ampissima Tauola delle cose notabili dell' istesso tradottore.
In Venetia, Damian Zenaro, 1589.
2 vols in-4to, 4 ff. n. ch., 491 et 495 ff. et tables.

[*Courchetet d'Esnans*, Luc.] (historien français, 1695—1776) : Histoire du Cardinal de Granvelle, archevesque de Besançon, viceroi de Naples, ministre de l'empereur Charles-Quint et de Philippe Second, roi d'Espagne.
Paris, Duchesne, 1761.
in-12mo, 615 pp.

Coxe, William (ecclésiastique, historien et voyageur anglais, 1747—1828) : History of the House of Austria from the foundation of the monarchy by Rodolph of Hapsburgh to the death of Leopold the Second, 1218 to 1792 by.... F. R. S. F. A. S. Archdeacon of Wilts, and rector of Bemerton.
London, T. Cadell and W. Davies, 1807.
3 vol. gr. in-4to.

Croze, Joseph de : Les Guise, Les Valois, et Philippe II.
Paris, d'Amyot, 1866.
2 vol. gr. in8-vo, IV, 426 et 428 pp.

Cunninghame Graham, Gabriela (femme de lettres anglaise, morte en 1906) : Santa Teresa, being some account of her life and times together with some pages from the history of the last great reform in the religious orders by....
London, Adam and Charles Black, 1894.
2 vol. gr. in-8vo. VIII—463, VI—452 pp.

Danvila, y Burguero, Alfonso : Diplomáticos españoles. D. Christóbal de Moura, primer Marqués de Castel Rodrigo (1538—1613) por...., Secretario de Embajada.
Madrid, Fortanet, 1900.
in-4to, 929 pp.

Danvila y Collado, Manuel (arabisant et historien espagnol, 1830 — 1906) : El poder civil en España. Memoria premiada por la Real Academia de ciencias morales y políticas en el concurso ordinario de 1883. escrita por el Exmo. Sr. D..... individuo de número de la Real Academia de la Historia.
Madrid, Manuel Tello, 1885—1886.
gr. in-8vo, 6 vols.
(Sur Philippe II, voir vol. II, p. 251-506 et V, p. 465—735).

Danvila [y Collado], Manuel : Desarme de los Moriscos en 1563.
[Boletín de la Real Academia de la Historia, tom. X, p. 273—306, Madrid, 1887.]

Danvila y Collado, Manuel : La expulsión de los Moriscos Españoles. Conferencias pronunciadas en el Ateneo de Madrid.
Madrid, Fernando Fé, 1889.
in-8vo, 351 pp.

Davila, Ferdinandus : Oratio in fvnere Philippi II. Avstriaci potentissimi, Hispaniarvm, Indiarvm ac vtrivsque Siciliæ Regis Catholici, habita a Fr..... Ord. Minorum de Obseruantia S. Francisci, episcopo Ascvlano. In Archiepisc. Ecclesia Neapolitana Kal. Februarij. M. D. IC.
Neapoli, apud Paulum Venturinum, Typis Io. Iacobi Carlini, et Antonij Pacis, 1599.
in-4to, 66 pp.

Davila, Henrico Caterino (historien italien, 1576—1631) : Historia delle Guerre Civili di Francia di.... nella quale si contengono le operationi di quattro re Francesco II, Carlo IX, Henrico III, Henrico IIII cognominato il Grande,
Con l'Indice delle cose più notabili, licenza de' superiori, e privilegi.
In Venetia, Tomaso Baglioni, 1630.
in-4to, 16 ff. n. ch. 1056 pp.

De' Brognoli, Vincenzo : Riflessioni imparziali sull' Inquisizone di Spagna, per.... arcade e socio della Pontificia Accademia Tiberina.
Roma, Marini e Chiapperini, 1876.
in-8vo, 4 ff. n. ch. 160 pp.

Diedo, Gerolamo (historien vénitien, XVIe siècle) : La battaglia di Lepanto, descritta da....
Milano, G. Daelli e Comp., 1863.
in-12mo, XX—47 pp.
[Dans la : » Biblioteca Rara «, tom. 7 : Imprese navali. La première éd. est de Venise, 1588, in-4to.]

Discours [Le vray] de l'armee, qve le roy catholiqve Dom Philippe a faict assembler au port de la ville de Lisbone, au Royaume de Portugal, en l'an 1588. contre l'armee Angloise.
Laquelle commença de sortir dudit Port, le 29 May, et acheua le 30. et se meit à voile. Nostre Seigneur l'achemine à son sainct seruice. Traduit d'Espaignol en François ; à Paris chez Guillaume Chaudiere, ruë S. Iacques, à l'enseigne du Temps, & de l'Homme sauvage M. D. LXXXVIII. Auec Permission.
in-12mo, 46 pp.

Discovrs veritable de ce qvi s'est passé entre les deux armees, de mer d'Angleterre & d'Espaigne depuis le Vendredy 29. de Iuillet, 1558, iusques à l'vnziesme du moys d'Aoust prochain de la mesme annee.
(s. l. ni nom d'imprimeur) M. D. LXXXVIII.
in-12mo, 6 ff. n. ch.

Dœllinger, Joh. Jos. Ign. von (savant catholique allemand, 1799-1890) :

Dokumente zur Geschichte Karls V', Philipps II. und ihrer Zeit. Aus spanischen Archiven.
Regensburg, Georg Jos. Manz, 1862.
gr. in-8vo, XVI et 656 pp.

Douais, C[élestin] (prélat et historien français, né en 1848) : Les dernières années d'Élisabeth de Valois, reine d'Espagne, d'après ses lettres inédites et les dépêches de M. de Fourquevaux, ambassadeur (1565—1568).
Toulouse, Édouard Privat, 1896.
in-8vo, VIII—69 pp.

Douais, C[élestin] : Dépêches de M. de Fourquevaux, ambassadeur du roi Charles IX en Espagne, 1565-1572.
Paris, Leroux, 1896—1900—1904.
3 vols. gr. in-8vo.

Droin, Moïse (prêtre réformé de Genève, 1807—1897) : Histoire de la Réformation en Espagne, par....
Lausanne, H. Mignot, Paris, J. Bonhoure & Cie, 1880.
2 vol. in-8vo, 304 et 240 pp.

Dumesnil, [Louis] Alexis [Lemaître] (publiciste français, 1783—1853) : Histoire de Philippe II, roi d'Espagne. Par....
Paris, Delaunay, 1822.
gr. in-8vo, VI—411 pp.

Dumont, J[ean, baron de Carels-Croon] (historiographe impérial, historien français, † 1726) : Corps universel diplomatique du droit des gens ; contenant un recueil des traitez d'alliance, de paix, de trève, de neutralité, de commerce, d'échange, de protection & de garantie, de toutes les conventions, transactions, pactes, concordats, & autres Contrats qui ont été faits en Europe, depuis le règne de l'empereur Charlemagne jusques à présent ; avec les capitulations impériales et royales, etc., etc. Le tout tiré en partie des archives de la très-auguste Maison d'Autriche, etc., etc. par M[r]....
A Amsterdam, P. Brunet, R. et G. Wetstein, etc., à La Haye, P. Husson et Charles Levier, 1726—1739.
13 vol. in-fol. [Sur le règne de Philippe II, voir tomes IV, V et X.]

Du Prat, [Antoine-Théodore] Marquis (historien français, 1800—1866) : Histoire d'Élisabeth de Valois, reine d'Espagne (1545-1568) par le...
Paris, Techener, 1859.
in-8vo, VII—511 pp.

Dusseldorpius, Franciscus (juriste néerlandais, † 1630), voir *Fruin*, R.

Erslev, Kr[istian Sofus August] (historien danois, né en 1852) : Don Carlos hos Schiller og i Virkeligheden.
Maanedsskriftet Tilskueren, sjette Aargang, p. 58—84. in-8vo.
Kjœbenhavn, P. G. Philipsen, 1889.

Escobar, Antonio de (officier espagnol) : Recopilacion de la felicíssima jornada qve la Catholica Real Magestad del Rey don Phelipe nuestro señor hizo en la conquista del Reyno de Portugal : ansí en las cosas de la guerra como despues en la paz antes que bolueisse a Castilla. Siendo Capitan general el Duque de Alua. Compuesta por.... que se halló presente en toda aquella guerra, siruiendo a su Mag. con su persona y armas, criados, y caualleros.

[in fine] : Valencia, en casa de la viuda de Pedro de Huete, año 1585.
in-4to, 8 ff. n. ch. 110 ff. et table.

Esser, Fred. (jésuite allemand, né en 1854) : Den spanske Inkvisition, ved... I Kommission hos And. Fred. Hœst & Sœn.
København, 1907.
in-8vo, 148 pp.

Estebáñez Calderón, Serafín (poète espagnol, 1799—1867) : La conquista y pérdida de Portugal por.... [El solitario].
Madrid, M. Murillo, 1885.
in-8vo, 350 pp.

Fabraquer, [José *Muñoz Maldonado*, conde de] (1807-1875) : Causas célebres españolas, por el excmo señor ....ex-ministro de los tribunales supremos de Guerra y Marina, Ordenes y Cruzada, antiguo ministro del Consejo de Castilla, etc., etc.
Madrid, Mellado, 1858.
in-4to, 2 ff. prél., 436 pp.
(Don Carlos, Antonio Pérez, Montigny, el pastelero de Madrigal et Don Martín de Acuña).

Fea, Pietro (historien militaire italien, né en 1849) : Alessandro Farnese, duca di Parma. Narrazione storica e militare scritta colla scorta di documenti inediti da.... e corredata di due carte topografiche.
Torino-Roma-Firenze, Fratelli Bocca, 1886.
gr. in-8vo, XLVIII—530 pp.

Felipe II : *Testamento y codicilio* del rey D. Felipe II. Copia exacta tomada del original que existe en el archivo reservado del Monasterio de San Lorenzo del Escorial.
Madrid, E. Mengíbar, 1882. In-fol. 4 ff. n. ch., 52 pp.

Imprimé déjà en 1600 à Mayence, chez Zacharie Durand ; in-8°. Dans la B. N. P. : Oc 247, on conserve un : Testament de Philippe II, Roy d'Espagne, s. l. n. d. ni nom d'impr. in-4°, 23 pp. C'est « la vraye Coppie des instruccions secrettes, laissées au Roy Philippes III d'Espagne, par Philippe II, son Père. La préface est datée : Cassel, ce 27 octobre 1598 (!!)

Fernández Duro, Cesáreo (historien militaire espagnol, 1846-1908) : La Armada Invencible, por el capitán de navío.... de la Real Academia de la Historia.
Madrid, suces. de Rivadeneyra, 1884—1885.
2 vol., in-8vo, X—535 et 539 pp.

Fernández Duro, Cesáreo : Estudios históricos del reinado de Felipe II. El desastre de los Gelves (1560—1561). Antonio Pérez en Inglaterra y Francia (1591—1612) por.... de la Real Academia de la Historia.
Madrid, M. Tello, 1890.
in-8vo, 460 pp.
(tome 88 de la » Colección de escritores Castellanos «).

Fernández Montaña, José (théologien et historien espagnol, né en 1842). Nueva luz y juicio verdadero sobre Felipe II por el presbítero D.... Segunda edición adicionada con notas y documentos importantes.
Madrid, Greg. del Amo, 1891.
gr. in-8vo, XII—591 pp.

Fernández Montaña, José : Más luz de verdad histórica sobre Felipe II el Prudente y su reinado con documentos inéditos y descripción novísima del Escorial, por.... presbítero, auditor del Supremo Tribunal de la Rota Española.
Madrid, Greg. del Amo, 1892.
gr. in-8vo, XXIV—664 pp.

Folchi, Antonio : Orazione sopra le lodi della catholica Maestà del Re di Spagna, Don Filippo II d'Avstria. Recitata da lui in S. Maria Novella di Firenze il dí 22 di Dicembre 1598 nell' essequie fatteui per detta Maestà dalla nazione Spagnuola.
In Firenze, Givnti, MDIIC.
pet. in-4to, 22 pp.

Forbes, [Patrick] : A full View of the public Transactions in the Reign of Queen Elizabeth : or a particular account of all the memorable affairs of that Queen, transmitted down to us in a series of Letters and other Papers of State, written by herself and her principal Ministers with whom she had Negotiations ; published from original and authentic Manuscripts in the Paper Office, Cottonian Library, and other public and private Repositories at home and abroad. By Dr..... London, printed by J. Bettenham, and sold by G. Hawkins, at Milton's Head between the two Temple-Gates, Fleetstreet. MDCCXL-XLI.
2 vol., in-fol. XI-507 pp. et table ; 2 ff. n. ch. 500 pp. et table [1558-1563].

Forneron, H[enri] (historien français, 1834-1886) : Les Ducs de Guise et leur époque, étude historique sur le seizième siècle.
Paris, Plon, 1877.
2 vol. gr. in-8vo, 420 et 448 pp.

Forneron, H[enri] : Histoire de Philippe II.
tome premier : l'Espagne et l'Europe durant les premières années du règne.
tome second : l'Espagne et l'Europe jusqu'au départ de Don Juan d'Autriche pour les Pays-Bas.

tome troisième : Conquête de Portugal — Alexandre Farnèse — Invincible Armada.

tome quatrième : Rivalité de Philippe II et de Henri IV.

Paris, E. Plon, 1881—1882.

gr. in-8vo, IV—424, 431, 406 et 400 pp.

Fourquevaux, Noble Raimond de Rouer, sieur de (diplomate français, 1508—1574) : Voir : *Douais* : Dépêches, etc.

Froude, James Anthony (historien anglais, 1818—1894) : The spanish story of the Armada and other essays. [Antonio Pérez : an unsolved historical riddle — Saint Teresa, etc.] by.... Copyright edition.

Leipzig, Bernh. Tauchnitz, 1892.

in-8vo, 302 pp.

[L'édition originale est de Londres, Longmans, Green and Co., gr. in-8vo, VII—328 pp.]

Fruin, R. : Uittreksel uit Francisci Dusseldorpii Annales 1566—1616. Uitgegeven door....

's Gravenhage, Martinus Nijhoff, 1893.

gr. in-8vo, CXXIV—589 pp.

[De la collection : Werken uitgegeven door het Historisch Genootschap gevestigd te Utrecht, III. Serie, nº 1.]

Gachard, [Louis-Prosper] (savant historien belge, 1800—1885) : Particularités inédites sur les derniers moments de Philippe II.

Bruxelles, F. Hayez, 1848.

[dans : Bulletins de l'Académie royale de Belgique, t. XX, année 1848, partie IIme, p. 396-412].

Gachard, Louis Prosper : Correspondance de Philippe II sur les affaires des Pays-Bas, publiée d'après les originaux conservés dans les Archives royales de Simancas.

Bruxelles, 1848—1879. 5 vols. gr. in-4to.

CCXVI—542, C—748, XVI—XVI—885, XXIV—807, XXII—859 pp.

(Renferme 2051 lettres jusqu'au 14 juillet 1577).

Gachard, Louis Prosper : Sur la mort de Floris de Montmorençy, baron de Montigny et de Leuze, exécuté dans le château de Simancas par ordre de Philippe II, notice de M.....

Bruxelles, Hayez, 1852.

in-8vo, 37 pp.

[Extrait des Bulletins de l'Académie des sciences, tome XIX, 2me partie, p. 105—139].

Gachard, Louis Prosper : Relations des Ambassadeurs Vénitiens sur Charles Quint et Philippe II.

Bruxelles, Hayez, 1855.

gr. in-8vo, LXXX—329 pp.

Gachard, Louis Prosper : La déchéance de Philippe II.

Bruxelles, Hayez, 1863.
in-8vo, 18 pp.
[Extr. des Bulletins de l'Académie des sciences, etc. 2e série t. XVI, p. 573—591.]

Gachard, Louis Prosper : Don Carlos et Philippe II. Deuxième édition, revue et augmentée.
Paris, Michel Lévy frères, 1867.
in-8vo, VII—XII—503 pp. [l'éd. origin. est de Paris, 1863].

Gachard, Louis Prosper : Marguerite d'Autriche, duchesse de Parme régente et gouvernante des Pays-Bas par....archiviste général du royaume ; membre de l'Académie et de la Commission Royale d'Histoire ; des Académies de Vienne, Madrid, Amsterdam, etc.
Bruxelles, Thiry-Van Buggenhoudt, 1867.
in-4to, LXXXVIII pp.
[Estrait de la préface du tome 1er de la Correspondance de Marg. d'Autriche, etc. avec Philippe II].

Gachard, Louis Prosper : Correspondance de Marguerite d'Autriche Duchesse de Parme avec Philippe II, publiée par M..... archiviste général du royaume ; membre de l'Académie et de la commission royale d'Histoire ; des Académies de Vienne, Madrid, Amsterdam, etc.
Bruxelles, C. Muquardt, 1867, 1870 et 1881.
3 vol. in-4to, LXXVIII—598, LXXXIV—584, XXX—607 pp.

Gachard, Louis Prosper : Marguerite d'Autriche duchesse de Parme, régente et gouvernante des Pays-Bas ; deuxième étude par.... archiviste royal du royaume, etc.
Bruxelles, H. Thiry, 1870.
in-4to, LXXXVIII, pp.

Gachard, [et *Piot*] : Collection des voyages des souverains des Pays-Bas publiée par M..... de l'Académie et de la Commission Royale d'Histoire, des Académies de Vienne, de Madrid, d'Amsterdam, etc.
Bruxelles, F. Hayez, 1874—1882.
4 vol. gr. in-4to.

Gachard, Louis Prosper : Lettres de Philippe II à ses filles, les Infantes Isabelle et Catherine écrites pendant son voyage en Portugal (1581-1583). Publiées d'après les originaux autographes conservés dans les archives royales de Turin, par M.....
Paris, Plon, 1884. in-8vo, 232 pp.

Gaillard, Gab[riel]-H[enri] (historien français, 1726-1806) : Histoire de la Rivalité de la France et de l'Espagne, contenant l'Historie de la Rivalité, 1° des Maisons de France et d'Aragon, 2° des Maisons de France et d'Autriche ; par...., ci-devant l'un des quarante de l'Académie françoise, et doyen de l'Académie des Inscriptions et Belles-Lettres.
Paris, Lavillette et Comp., 1801.

8 vol. in-12mo. [voir tome V et VI].

Galeratus, Iacobus Mainoldus (juriste italien, XVIe siècle) : Iacobi Mainoldi Galerati Cremonensis de Titvlis Philippi Avstrii Regis Catholici liber. Atque in ipsas titvlorvm successiones tabulæ. Index Capitum.

Bononiæ, Apud Peregrinum Bonardum. Venia à Superioribus concessa, M. D. LXXIII.

in-4to, 120 ff., 4 ff. n. ch.

Gams, P. Pius (catholique allemand, auteur d'une histoire de l'Eglise, 1816—1882) : Zur Geschichte der spanischen Staatsinquisition. Separatabdruck aus dem Werke : Die Kirchengeschichte von Spanien von... O. S. B.

Regensburg, G. J. Manz, 1878.

gr. in-8vo, 96 pp.

Garibay y Çamalloa, Esteuan (historien espagnol, 1533 — vers 1600) : Los XL Libros d'el Compendio Historial de las Chronicas y vniuersal Historia de todos los reynos de España. Compuestos por...., de nacion Cantabro vezino de la villa de Mondragon, de la provincia de Guipuzcoa.

Con licencia y priuilegios de la Catholica Magestad, para diuersos reynos y señoríos de España y fuera. I de la Cæsarea Magestad para el Imperio Romano.

Impresso en Anueres por Christophoro Plantino, Prototypographo de la Catholica Magestad. A costa d'el Autor, 1571.

3 vol. in-fol. 15 ff. prél., 1530, 1166 pp. et tables.

Garibay [y Zamalloa], Estevan : Illvstraciones genealogicas de los Catholicos Reyes de las Españas, y de los Christianissimos de Francia, y de los Emperadores de Constantinopla, hasta el Catholico Rey nuestro señor Don Philippe II y sus serenissimos hijos. Las mesmas hasta svs Altezas de muchos Sanctos confessores de la Iglesia Catholica Romana, sus gloriosos progenitores : como lo mostrará la pagina siguiente. Para el mvy alto y mvy poderoso Principe de las Españas, y del Nueuo Mundo, Don Philippe nuestro Catholico señor. Compuestas por...., Chronista del Catholico Rey su padre, y con su Real priuilegio impressas.

En Madrid, Por Luis Sanchez : Año 1596.

gr. in-fol. 296 pp.

Garibay [y Zamalloa, Estéban de] : Memorias de.....

Dans : Memorial Histórico Español : coleccion de documentos, opúsculos y antigüedades, que publica la Real Academia de la Historia, tomo VII.

Madrid, José Rodríguez, 1854.

gr. in-8vo, XVI—753 pp.

[*Gayángos* [y Arce], Pascual de] (arabisant espagnol, 1809—1897) : Viaje de Felipe Segundo á Inglaterra por Andrés *Muñoz* (impreso en Zaragoza en 1554), y relaciones varias relativas al mismo suceso. Dálas á luz la Sociedad de Bibliófilos Españoles.

Madrid, Aribau y C.ª, MDCCCLXXVII.
gr. in-8vo, XXIX—226 pp.
[Édition de luxe, tirage de 300 exemplaires seulement.]

Gayarré, Charles [Etienne Arthur] (historien américain, 1805—1891) : Philip II of Spain, a biography with an introductory letter by George *Bancroft*.
New-York, W. J. Widdleton, 1866.
in-8vo, XII—366 pp.

Gómez, Valentín (littérateur espagnol † 1907) : Felipe II, Estudio histórico-crítico con una carta-prólogo de D. Marcelino *Menéndez Pelayo*.
Madrid, A. Pérez Dubrull, 1879.
in-8vo, XVI—192 pp.

González [y Carvajal], Tomás [José] (historien espagnol, 1753—1834) : Apuntamientos para la historia del rey don Felipe Segundo de España por lo tocante á sus relaciones con la reina Isabel de Inglaterra, desde el año 1558 hasta el de 1576, formadas con presencia de la correspondencia diplomática original de dicha época por D....
Memorias de la Real Academia de la Historia, tomo VII, Madrid, J. Sancha, 1832 [in-4° XLIV—578 pp.], p. 249-467.

Gossart, Ernest (historien belge, né en 1837) : Charles-Quint et Philippe II. Étude sur les origines de la prépondérance politique de l'Espagne en Europe par..... conservateur à la Bibliothèque Royale. Présentée dans la séance de la Classe des lettres, le 13 avril 1896.
[Dans : Mémoires couronnés et autres mémoires publiés par l'Académie Royale des sciences, des lettres et des Beaux-Arts de Belgique. Collection in-8vo, tome LIV].
Bruxelles, Hayez, 1896.
XIV—52 pp.

Gossart, Ernest : Philippe II d'Espagne.
Dans la : » Biographie Nationale « publiée par l'Académie Royale, etc. de Belgique. tome XVIIe.
Bruxelles, Bruylant-Christophe et Cie, 1903.
col. 254—290.

Gossart, Ernest : Espagnols et Flamands au XVIe siècle. La domination espagnole dans les Pays-Bas à la fin du règne de Philippe II, par.....
Bruxelles, H. Lamertin, 1906.
gr. in-8vo, VIII—303 pp.

Gounon-Loubens, J. : Essais sur l'Administration de la Castille au XVIe siècle.
Paris, Guillaumier & Cie, 1860. gr. in-8vo, 360 pp.

Grahl, Ernst : Philipp II von Spanien und sein Minister Antonio Pérez.
Dans le : Historisches Taschenbuch, 4. Folge, 10. Jahrg. p. 211—256.
Leipzig, F. A. Brockhaus, 1869. in-8vo.

Granvelle[Antoine Perrenot], Cardinal de (homme d'état espagnol, 1517—1586) : Papiers d'État du...., d'après les manuscrits de la bibliothèque de Besançon publiés sous la direction de M. Ch. Weiss.
Paris, Imprimerie Royale, 1841—1852.
in-4to. 9 vol.
[C'est la première série : Histoire politique, de la Collection de Documents inédits sur l'histoire de France, publiés par les soins du ministre de l'Instruction Publique.]

Granvelle, Cardinal de : Correspondance du...., 1565—1586, publiée par M. Edmond *Poullet,* professeur à l'université catholique de Louvain, membre correspondant de l'Académie Royale des Sciences, Lettres et Beaux-Arts de Belgique, membre de la Commission Royale d'Histoire.
Faisant suite aux Papiers d'État du Cardinal de Granvelle, publiés dans la Collection de Documents inédits sur l'histoire de France.
Bruxelles, F. Hayez, 1877—1896.
12 vol. in-4to.

Graunius, Cass. Henr. (théologien luthérien, 1659—1710), *Schroeder,* Jo. Dan. resp. : Carolus Hispaniarum Princeps Philippi II filius. Dissertatio.
Wittenbergæ, Henckelius, 1687.
in-4to, 26 ff. non chiffrées.

Greppi, Giuseppe comte de (diplomate et historien italien, né en 1819) : Notices et extraits de quatre relations d'Ambassadeurs vénitiens sur Philippe II conservées aux archives de cour et d'état, à Turin ; par M. le.....
Extrait du tome IX, n° 1, 2me série, des Bulletins de la Commission royale d'histoire (s. l. n. d.).
in-8vo, 34 pp.

Groen van Prinsterer, G[uillaume] (homme d'état et historien hollandais, 1801—1876) : Archives ou correspondance inédite de la maison d'Orange-Nassau.
Recueil publié avec autorisation de S. M. le roi.
Première série, tome I—VIII et supplém., Leide, S. et J. Luchtmans, 1835—1847. 9 vol. gr. in-8vo. Deuxième série, tome I (1584—1599).
Utrecht, Kemink et Fils, 1857.
gr. in-8vo, XXXVIII—465 pp.

Grotius, Hugo (homme d'état et historien hollandais, 1583—1645) : Annales et historiæ de rebus Belgicis.
Amstelædami, Joan. Blaev, 1658.
gr. in-8vo, 7 ff. n. ch., 567 pp. et table.
[La première éd. est d'Amsterd., 1657, in-fol., trad. franç. par N. N. l'Héritier, Amsterd., 1672, in-fol.]

Güell y Renté, José (littérateur et homme politique catalan, 1819—1884) : Philippe II et Don Carlos devant l'Histoire par D....., docteur en droit, ex-député aux Cortès constituantes de 1854. — Ouvrage orné de XI portraits à l'eau-forte par A. Muraton d'après les originaux du Musée de Madrid et de l'Escurial.

Paris, Calmann Lévy, 1878.

gr. in-8vo, VIII—X—353 pp.

Guerra y Aragón, Francisco : Comentarios de los Sucesos de Aragón en los años de 1591 y 1592 escritos par D..... Publícalos D. Marcelino *Aragón y Azlor*, Duque de Villahermosa, de la Real Academia de la Historia.

Madrid, Pérez Dubrull, 1888.

gr. in-8°, XIII—635 pp.

Gysius, Ioannes (historien hollandais, † 1652) : Oorspronck, ende Voortgang der Nederlandscher Beroerten. Midgaders, de voornaemste Tyrannijen, Moorderijen, ende andere onmenschelycke wreedheden, die onder de regeeringe der Coningen von Spaengien, Philippus de II ende III van dien name, door hare Stad-houders in de Nederlanden in' t werck gestelt geduyrende dese Inlandsche Troublen ende Oorlogen.

Hier zijn oock by-gevoeght, meest alle de Placcaten, Brieven, ende Remonstrantien, met de Afbeeldinghe der Princen ende groote Heeren die in diese Nederlanden getyranniseert hebben ; als mede die Tyranniger wijse aldaer zijn om-gebraght.

Oock de Tyrannije vanden Admirant van Arragon, bedreven in VVestphalen.

VVt verscheyden so beschreven, als gedructe Copijen by een gestelt, ende tot vvaerschouvvinge vande Nederlanders uyt-gegeven, door Ioannem Gysium.

Tot Delft, Gedruckt by Ian Andriesz.

Cloeting Boeck-vercooper aen't Marckt-velt in't Gulden A. B. C. 1626.

in-4to, 4 ff. n. ch. 605—21 pp.

Hæbler, Konrad (historien allemand, né en 1857) : Die wirtschaftliche Blüthe Spaniens und ihr Verfall.

Berlin, Gaerntner, 1888.

in-8vo, VIII, 175 pp.

[Vol. 9 des : Historische Untersuchungen hrsgeg. von J. Jastrow].

Hæbler, Konrad : Die Geschichte der Fugger'schen Handlung in Spanien. von..... Kustos an der kœnigl. Bibliothek in Dresden.

Weimar, Emil Felber, 1897.

gr. in-8vo, X—237 pp.

[Socialgeschichtliche Forschungen. Ergænzungsheft zur Zeitschrift für Social- und Wirtschaftsgeschichte.]

Harleian Miscellany, The (de Robert *Harley*, Earl d'Oxford (1661—1724), et son fils, Edward H. (1689—1741), or a collection of scarce, curious, and entertaining Pamphlets and Tracts, as well in Manuscript as in Print, found in the late Earl of Oxford's Library. Interspersed with

Historical, Political and Critical Notes. With a Table of the Contents, and an Alphabetical Index.
London, T. Osborne, 1744—1746.
8 vol. gr. in-4to.

Havemann, Wilhelm (historien allemand, 1800—1869) : Darstellungen aus der inneren Geschichte Spaniens wæhrend des XV., XVI. und XVII. Jahrhunderts.
Gœttingen, Dietrichsche Buchh., 1850.
in-8vo, VI et 422 pp.

Havemann, Wilh. : Das Leben des Don Juan de Austria. Eine geschichtliche Monographie.
Gotha, Perthes, 1865.
in-8vo, VI—329 pp.

Helfferich, Adolph : Don Carlos von Spanien.
Raumer's » Historisches Taschenbuch «, 3 Folge, 10. Jahrg.
Leipzig, F. A. Brockhaus, 1859.
in-8vo, p. 3—105.

Herre, Paul (historien allemand, né en 1876) : Papsttum und Papstwahl im Zeitalter Philipps II. von.... Privatdozent an der Universitæt Leipzig.
Leipzig, B. G. Teubner, 1901.
gr. in-8vo, XX—660 pp.

Herrera, Fernando de (célèbre poète espagnol, 1534—1597) : Relacion de la gverra de Cipre, y svcesso de la batalla Naual de Lepanto. Escrita por.... dirigido al Illustrissimo y Excelentissimo Señor don Alonso Perez de Guzman el Bueno, Duque de Medina Sidonia, y Conde de Niebla.
En Sevilla, Por Alonso Picardo, impressor de Libros, 1572.
in-8vo, 96 ff. n. ch. [Réimprimé dans la Colección de Documentos inéditos para la Historia de España, tome XXI, Madrid, 1852, p. 243—382.]

Herrera [y Tordesillas] Antonio de : Primera parte de la Historia General del Mundo, de XVI. años del tiempo del señor Rey don Felipe II el Prudente ; desde el año de M. D. LIX hasta el de M. D. LXXIIII escrita por.... coronista mayor de su Magestad de las Indias. Y su Coronista de Castilla, dirigida a Don Ivan de Zvñiga, Avellaneda, y Baçan ; Conde de Miranda, Marques de la Bañesa, señor de la Valduerna, Presidente de los Consejos supremos de Castilla y de Italia : y de los Consejos de Estado, y Guerra.
En Madrid, por Luis Sanchez, 1601.
in-fol. 15 ff. n. ch., 617 pp.
[Dans la réimpression de ce vol., Valladolid 1606, le récit commence l'année, 1554].

Herrera [y Tordesillas], Antonio de : Segunda parte de la Historia general del Mundo de XI años del tiempo del Señor Rey don Felipe el Prudente, desde el año de M. D. LXXV hasta el de M. D. LXXXV, etc.

En Madrid, por Pedro Madrigal, 1601.

in-fol. 12 ff. n. ch., 475 pp.

Herrera [y Tordesillas], Antonio de : Tercera parte de la Historia general del Mundo, de XIV años del tiempo del señor Rey don Felipe II el prudente, desde el año de 1585 hasta el de 1598 que passó a mejor vida, etc.

En Madrid, por Alonso Martin de Balboa, 1612.

in-fol. 3 ff. n. ch., 780 pp. et la table.

Hinojosa [y Naveros], Ricardo de (historien espagnol, f. 1861) : Estudios sobre Felipe II por G. *Maurenbrecher*, M. *Philippson* y C. *Justi*, traducidos del alemán por.... doctor en filosofía y letras.

Madrid, Ricardo Fé, 1887.

gr. in-8vo, XXI—309 pp.

Hinojosa y Naveros, Ricardo de : Los Despachos de la Diplomacia Pontefícia en España, memoria de una mision oficial en el archivo secreto de la Santa Sede.

Madrid, La Fuente, 1896.

tomo I. gr. in-8vo, LVIII et 423 pp.

Histoire de Ferdinand-Alvarez de Tolede, premier du nom, Duc *d'Albe*.

A Paris, chez Jean Guignard, devant la Ruë du Plâtre, à l'Image du S. Jean. Avec privilege du Roy. M. DC. XCIX.

2 vol. pet. in-8vo, 7 ff. n. ch., 389, 443 pp. et tables.

[Traduction de l'ouvrage anonyme intitulé : Vita Ferd. Toletani, ducis Albani, Salmanticæ, 1669. in-8vo].

Hooft, P[ieter] C[ornelius van] (historien et poète hollandais, 1581—1647) : P. C. Hoofts Nederlandsche Histoorien, sedert de ooverdraght der Heerschappye van Kaizar Karel den Vyfden, op Kooning Philipps zynen zoon.

I : Tot Amsterdam, by Louys Elzevier, Anno 1642. Met Privilegie.

II : Amsterdam, Ioan. Blaev, 1654.

2 vol. in-fol. 18 ff. n. ch. 899 pp., 2 ff. n. ch. 333 pp. et table.

[Raconte l'histoire jusqu'en 1587.]

Hopperus, Joachim (diplomate flamand, † 1576) : Recueil et Memorial des troubles des Pays Bas du Roy.

Voir *Papendrecht* : Analecta Belgica, La Haye, 1743. tom. II, pars II, p. 17—116.

Hume, Martin A[ndrew] S[harp] (hispanisant et historien anglais, 1847—1910) : Philip II. of Spain by..... editor of the » Calendar of Spanish State Papers of Elizabeth « (Public Record Office).

London, Macmillan and Co., Ltd., 1899.

in-8vo, X—267 pp. [La première éd. est de 1897].

Hume, Martin [A. S.] : Españoles é Ingleses en el siglo XVI. (Estudios

(históricos) por.... C. de los Reales Academias Española y de la Historia.
Madrid, Victoriano Suárez. Londres, Eveleigh Nash, 1903.
gr. in-8vo, XVI—310 pp.
Tome XVI de la : Biblioteca de Derecho y de Ciencias Sociales.

Hume, Martin A. S. : Spain under Philipp II.
Voir la : Cambridge Modern History, vol. III. The Wars of Religion.
Cambridge, University Press, 1904.
gr. in-8vo, p. 475—525.

Hume, M. A. S. : Two English Queens and Philip. With a frontispice in photogravure and twelve other illustrations. Con todo el mundo guerra y paz con Inglaterra.
London, Methuen & Co., 1908.
gr. in-8vo, XII—498 pp.

Hurtado de Mendoza, Diego (guerrier, diplomate et poète espagnol, 1504—1575) : Guerra de Granada hecha por el Rey de España, Felipe II, contra los Moriscos de aquel reyno, sus rebeldes. Historia escrita por D.....
Barcelona, Juan Oliveres, 1842.
in-8vo, XXVIII—177 pp.
[De la collection : Tesoro de autores ilustres, tomo IV. La première éd. est de Lisboa, 1627, in-4to.]

Illescas, [y Bauia, Luis] Gonçalo de : Historia pontifical y catholica, en la qval se contienen las vidas, y hechos notables de todos los Summos Pontifices Romanos. Con el discurso de la Predicacion Apostolica. Y el estado de la Iglesia Christiana Militante, dende que Christo nuestro Señor nasció, hasta nuestros tiempos. Con mas vna breve recapitulacion de las cosas de España y de la descendencia de los Reyes della. Dende Halarico Primero, hasta don Philippe Segundo nuestro Señor. Compuesta y ordenada por el doctor.... Abbad de Sant Frontes, y Beneficiado de Dueñas. Dirigida a los muy illvstres S. S. Depvtados del Reyno de Aragon, nueuamente por el Conseio Real vista y examinada, y por orden del Conseio de la Sancta y General Inquisicion corregida, y limada. Y por el mismo Author en muchos lugares añadida en esta Impression,
Barcelona, Sebastian de Comellas, 1606. Madrid, Luis Sanchez, 1630.
5 vol. in-fol. [La première éd. de la première partie est de Madrid en 1574].

Janer, Florencio : Condicion social de los Moriscos de España, causas de su expulsion y consecuencias que esta produjo en el orden económico y político. Obra laureada con el accessit, único premio adjudicado sobre este asunto por la Real Academia de la Historia en el concurso de 1857. Su autor Don...
Madrid, Imprenta de la Real Academia de la Historia, 1857.
in-4to, 378 pp.
[Traduction française par J.-S. *Magnabal*, Paris, Hachette, 1859.]

Jurien de la Gravière [Jean-Baptiste-Edmond] (historien maritime français, 1812-1892) : Les Chevaliers de Malte et la Marine de Philippe II, par le vice-amiral... membre de l'Institut.
Paris, Plon, Nourrit et Cie, 1887.
2 vols., in-8vo, XVI-188, 230 pp.

Jurien de la Gracière [Jean-Baptiste-Edmond] : La Guerre de Chypre et la Bataille de Lépante par le vice-amiral... membre de l'Institut. Ouvrage accompagné de quatorze cartes et plans.
Tome premier : La Guerre de Chypre.
Tome second : La bataille de Lépante.
Paris, E. Plon, Nourrit et Cie, 1888.
2 vols, in-8, XLVI—198, 262 pp.

Juste, Théodore (historien belge, 1818-1888) : Histoire de la révolution des Pays-Bas sous Philippe II.
Bruxelles et Leipzig, Ch. Muquardt, 1855-1867.
4 vol. gr. in-8vo, XV—496 ; 613 ; IV—429 et 213 pp.

Justi, Karl (historien et critique d'art allemand, né en 1832) : Philipp II als Kunstfreund.
Dans la : Zeitschrift für bildende Kunst von Prof. Dr. Carl von Lützen, Zechzehntes Band, Leipzig, T. A. Seeman, 1881.
in-4, p. 305-312 et 342-355.

Kervyn de Lettenhove, [Constantin-Bruno] baron de (homme d'Etat et historien belge, 1817—1891) : Les Huguenots et les Gueux, étude historique sur vingt-cinq années du XVIe siècle (1560—1585), par M. le... Président de la Commission Royale d'histoire, membre de l'Académie de Belgique, correspondant de l'Institut de France, etc.
Bruges, Beyaert-Storie, 1883—1885
6 vol. gr. in-8vo.

Kretzschmar, Johannes : Die Invasionsprojekte der katholischen Mæchte gegen England zur Zeit Elisabeths, von... Mit Akten aus dem vatikanischen Archiv.
Leipzig, Duncker et Humblot, 1892.
gr. in-8vo, 215 pp.

La Ciudad de Dios, revista religiosa, científica y literaria dedicada al gran padre San Agustín y redactada por alumnos de su orden.
Número dedicado al conmemorar el tercer centenario de la muerte de Felipe II., 3[a] época, año XVIII, vol. XLVII. Con aprobación eclesiástica.
Madrid, Fuentenebro, 1898.
gr. in-8vo, 207 pp.

La Ferrière, Hector comte de (diplomate et historien français, 1811—1896) : Deux années de mission à Saint-Pétersbourg, manuscrits, lettres et documents historiques sortis de France en 1789, par M..., membre non résident du comité des travaux historiques et des sociétés savantes.

Paris, Imprimerie Impériale (Auguste Aubry), MDCCCLXVII.

gr. in-8vo, III—264 pp.

Lafuente, Modesto (historien espagnol, 1806—1866) : Historia general de España.

Edicion económica.

Madrid, Mellado, 1861—1866.

15 vol. gr. in-8vo. Sur Philippe II voir les vol. VI, VII et VIII.

[la première éd. est de Madrid, 1850—1866, 30 vol.]

La Fuente [y Bueno], Vicente de (historien espagnol, † 1889) : Historia eclesiástica de España por D... doctor en teología y jurisprudencia, catedrático de disciplina eclesiástica en la universidad de Madrid, y académico de número en la Real de la Historia. Segunda edición corregida y aumentada, con aprobación de la autoridad eclesiástica.

Madrid, Compañía de impresores y libreros del reino, 1873—1875.

6 vol. gr. in-8vo.

La Fuente, Vicente de : Historia de las Universidades, Colegios y demas Establecimientos de Enseñanza en España por D...

Madrid, Viuda é Hijo de Fuentenebro, 1884—85—87—89.

4 vols. gr. in-8vo.

Laiglesia, Francisco de : Estudios históricos (1515-1555). Madrid, Asilo de Huérfanos, 1908.

gr. in-8, XIII—743 pp.

[*Lalaing*, Philippe comte de] : Mémoires des choses passées au Pays-Bas depuis l'an XVe septante-six jusques le premier de may 1580.

[publié par *Gachard*, dans la : Bibliothèque Nationale à Paris.

I, p. 136-225]. (Bruxelles, M. Hayez, 1875—1877, 2 vols. in-4to).

Lanario [*y Aragon*], Francisco : Las gverras de Flandes, desde el año de mil y quinientos y cincuenta y nueue hasta el de seiscientos y nueue. Por Don...

Madrid, por Luis Sanchez, 1623.

in-4to, 5 ff. n. ch., 154 ff.

[La première édition est en italien à Milano, Bidelli, 1606. in-8vo].

Languet, Hubert (homme politique et protestant français, 1518—1581) : Voir *Apologie* ov defense, etc.

L'Antiespagnol, Oder Ausführliche Erklerunge / Wie der Kœnig auss Spanien sich vnter dem vermumpten Schein der Religion / ohn allen rechtmessigen Tittel / ein Protector vber das gewaltige Frantzœsische Kœnigreich nemet : In welchem Ime die Laruen recht abgezogen / vnd seine vorhabende Practicken / wider gedachtes Kœnigreichs / entdeckt werden. Trewlich auss Frantzœsischer Sprache / durch einen natürlichen Castilianern / verdeudscht.

Gedruckt ausserhalb Madritt/ Durch Giovan Spinardum/ in Basilisco/ Im Jar/ 1590.
in-4to, 37 pp. n. ch.

Lanvza, Vincencio Blasco de (historien espagnol, mort vers 1650). Historias ecclesiasticas, y secvlares de Aragon en qve se continvan los annales de Çurita, desde el Año 1556 hasta el de 1618. Tomo segvndo. Dirigido a los Dipvtados del Reyno de Aragon. Por el doctor... Canonigo Penitenciario de la Santa Iglesia Metropolitana de Çaragoça, y Calificador del Santo Oficio de la Inquisicion. Año 1622. Con licencia y privilegio. En Çaragoça, por Ivan de Lanaia y Qvartanet, Impressor del Reyno de Aragon, y de la Vniversidad. A costa de Ivan de Bonilla, Mercader de libros.
in-fol. 5 ff. n. ch. 579 pp. et table.

Lassalle, Jules : La Réforme en Espagne au XVIe siècle, étude historique et critique sur les réformateurs espagnols, par...
Thèse publiquement soutenue devant la faculté de théologie protestante de Montauban en juillet 1883.
Montauban, Macabiau, et Paris, Fischbacher, 1883.
gr. in-8vo, 112 pp.

Laugel, Auguste : Fragments d'histoire. Philippe II. Catherine de Médicis. Coligny. Don Juan d'Autriche. Alexandre Farnèse. Gustave Adolphe et Richelieu par...... Paris, Calmann Lévy, 1886. gr. in-8°, 435 pp.

Lea, Henry Charles (éditeur et historien américain, 1825-1909) : The moriscos of Spain, their conversion and expulsion.
Philadelphia, Lea Brothers, 1901.
in-8vo, XII et 463 pp.

Lea, Henry Charles : A History of the Inquisition of Spain in four volumes.
New-York, Macmillan, 1906—1907.
gr. in-8vo, XII—620, XI—608, XI—575 et XII—619 pp.

Leti, Gregorio (polygraphe italien, 1630—1701) : Vita del Catolico Re Filippo II, Monarca delle Spagne, sornomato : Il Politico con tutti, il Prudente nei suoi interessi, l'Accorto co' Soprani, il Zelante co' suoi Popoli, l'Infatigable nel Gabinetto, l'Acquistatore di nuoui Mondi, il Seuero col suo Sangue, l'Amico della Pace, il Pio verso la Chiesa, & il Persecutor de' Nemici della Sede Apostolica. Scritta, anzi raccolta di quanto sin'hora s'è publicato dalle penne di tanti differenti Auttori, espurgata al possibile dell' altrui passioni, e ridotta in vn ordine disinteresato da... detto il Resvscitato.
Coligni, per Giovanni Antonio Choüet, M. DC. LXXIX.
2 vols. in-4to, 30 ff. n. ch.—598 pp., 18 ff. n. ch.—640 pp. et tables.

[*Levesque*, Prosper] (bénédictin et historien français, 1713—1781) : Mémoires pour servir à l'histoire du Cardinal de Granvelle, Premier Ministre de Philippe II, Roi d'Espagne. Par un religieux Bénédictin de la Congrégation de Saint-Vanne.

Paris, chez Guillaume Desprez, M. DCCLIII.

2 vols in-8vo, XLIV, 342 et 394 pp.

Lhermite, Jehan (littérateur flamand, 1560 — vers 1605) : Le Passetemps de... publié d'après le manuscrit original par Chr. *Ruelens*, Conservateur à la Bibliothèque royale de Belgique.

Gent, Ad. Hoste, 'S Gravenhage, Martinus Nyhoff.

Antwerpen, J.-E. Buschmann, 1890—1896.

2 vols. gr. in-8vo, XLIV—314, VI—413 pp.

Uitgaven der Antwerpsche Bibliophilen, nº 17 et 20.

Llorente, Jean Antoine (Chanoine et historien espagnol, 1756-1823) : Histoire critique de l'Inquisition d'Espagne depuis l'époque de son établissement par Ferdinand V jusqu'au règne de Ferdinand VII, tirée des pièces originales des archives du Conseil de la Suprême et de celles des Tribunaux subalternes du Saint-Office par...

Traduite de l'espagnol sur le manuscrit et sous les yeux de l'auteur par Alexis Pellier.

A Paris, Treuttel et Würtz, 1817—1818.

4 vols. gr. in-8vo, XLVIII—494 ; IV—554 ; XII—497 et VIII—504 pp.

Lobkowitz, Juan Caramuel y (cistercien, théologien et diplomate espagnol, 1606—1682) : Philippvs prvdens Caroli V. Imp. filivs Lvsitaniæ Algarbiæ, Indiæ, Brasiliæ, Legitimus Rex demonstratvs.

Antverpiæ, Plantin, 1639.

pet. in-fol., 430 pp.

[avec 19 portraits des rois de Portugal.]

López, Daniel : La política de Felipe II. Memoria leída en el Ateneo de Madrid por D... secretario primero de la seccion de Ciencias Históricas.

Madrid, Manuel G. Hernández, 1886.

in-4to, 32 pp.

López de Ayala y Alvarez de Toledo, conde de Cedillo, vizconde de Palazuelos, Jerónimo : Toledo en el siglo XVI.

Discursos leídos ante la Real Academia de la Historia en la recepción pública del Ilmo. Señor D... el día 23 de Junio de 1901.

Madrid, Hijos de M. G. Hernández, 1901.

in-4to, 271 pp.

López [de Hoyos]. Juan (professeur de Madrid, maître de Cervantès, mort vers 1583) : Hystoria y relació verdadera dela enfermedad, felicissimo transito y sumptuosas exequias funebres de la Serenissima Reyna de España doña Isabel de Valoys, nuestra Señora. Con los sermones, letras y epitaphios a su tumulo, dilatado con costùbres, y ceremonias varias de diferentes nasciones en enterrar sus defunctos, como paresce por la tabla deste libro. En el qual se comprehende el nascimiento y muerte de su Magestad.

Dirigido al Illustrissimo, y Reuerendissimó Señor Don Diego de Espinosa, Cardenal de la sancta Iglesia de Roma, titulo S. Esteuan de Monte Cœlio, Obispo y Señor de Siguença, Presidente del consejo Real, Inquisidor Apostolico General en los Reynos y Señoríos de España contra la heretica prauedad y apostasia, &c. Compuesto y ordenado por el Maestro... Cathedratico del Estudio desta villa de Madrid, in casa de Pierres Cosin, a las espaldas de la Victoria Año de M.D.LX.IX. Con privilegio Real. Esta tassado en dos reales y medio.

in-12, 15 ff. prél.—218—16 ff. n. ch.

[Ouvrage extrêmement rare qui se conserve dans la B. N. M., signature R. 12870. Il existe du même auteur une : Relacion de la muerte y honras funebres del SS. Principe D. Carlos, etc. Madrid, Pierres Cosin, 1568, in-12, 55 ff.].

Manrique, Cayetano : El principe D. Carlos, conforme á los documentos de Simancas.

Madrid, Imprenta á cargo de Diego Valero, 1867.

in-8vo, 31 pp.

Manrique, Cayetano : Apuntes para la vida de Felipe II y para la historia del santo oficio de España. (Colección de artículos publicados en *El Imparcial*) Por Don... En contestación al discurso académico del señor D. Manuel *Cañete*.

Madrid, Diego Valero, 1868.

in-8vo, 133 pp.

Manrique, Cayetano : Felipe 2º y los Iesuitas.

« Revista de España », vol. 50 (nº 199, p. 289—313, et nº 200, p. 433—460).

Madrid, Imprenta de I. Cayetano Conde, 1876.

Marcks, Erich (historien allemand, né en 1861) : Die Zusammenkunft von Bayonne. Das franzœsische Staatsleben und Spanien in den Jahren 1563 — 1567 von...

Strassburg, Karl. J. Trübner, 1889.

gr. in-8vo, XXVI—326 pp.

Marcks, Erich : Kœnig Philipp II von Spanien. Akademische Antrittsrede gehalten zu Freiburg am 1 Juli 1893.

Dans les : Preussische Jahrbücher, Band 73,2. Publié dans la : Deutsche Bücherei, Band 88, Berlin, 1910.

in-8, p. 46-68.

Mariéjol, Jean-H. (historien français, né en 1855) : L'œuvre de Philippe II, 1559—1598.

[Histoire Générale du IVe siècle à nos jours, ouvrage publié sous la direc-

tion de MM. Ernest *Lavisse* & Alfred *Rambaud*. Tome V : Les guerres de religion 1559—1648.
·Paris, Armand Colin et Cie, 1895. gr. in-8vo, 982 pp.]
p. 49—107.

Mármol y Carvajal, Luis del (guerrier et historien espagnol, 1520 — vers 1590), andante en corte de su Magestad : Historia del Rebelion y castigo de los Moriscos del Reyno de Granada.
Malaga, Juan Rene, 1600.
pet. in-fol., 245 ff.

Martínez de la Rosa, Francisco (célèbre littérateur espagnol, 1788-1862) : Bosquejo histórico de la política de España en tiempo de la dinastía Austríaca. Discurso leído en sesión pública en la Real Academia de la Historia el día 22 de abril de 1855, por el Exmo. Sr. D.... Académico de número. Madrid, José Montegrifo, 1855.
gr. in-8vo, 66—XXII pp.

Mateos, Juan : Felipe II y la cultura española en el siglo XVI.
Voir : » La Cuidad de Dios «, vol. XLVII, p. 86—137.

Maurenbrecher, [Karl Peter] Wilh. (Historien allemand, 1838—1892) : Don Carlos. Von Dr... Zweite durchgesehene und vermehrte Auflage.
Berlin, Carl Habel, 1876.
in-8vo, 47 pp.
[Publié d'abord dans la : Historiche Zeitschrift de Sybel, tome XI, p. 277—315. München, Cotta, 1864. Traduit en espagnol par *Hinojosa*, R. : Estudios sobre Felipe II, p. 195—230.]

Maurenbrecher, [Karl Peter] Wilh. : Die Lehrjahre Philipps II von Spanien. (Historisches Taschenbuch, sechste Folge, zweiter Jahrgang, p. 273 — 346. Leipzig, Brockhaus, 1883. in-8vo).
[Traduction espagn. : *Hinojosa*, R. : Est. sobre Felippe II, p. 3—85.]

Melgares Marín, Julio (archiviste espagnol, né en 1848) ; Procedimientos de la Inquisición ; Persecuciones religiosas, origen y carácter eclesiástico de la Inquisición. Escándalos de los Inquisidores, de los frailes y de los Papas. Terrible lucha de la Inquisición contra el pueblo español. Engaños, tretas, misterios, injusticias, crímenes, sacrilegios y aberraciones del clero inquisitorial. La inquisición y las Cortes de Cádiz. Procesos notables y originales, antes inéditos, y ahora por vez primera publicados por D...
Madrid, Leon Pablo Villaverde, 1886.
2 vols. in-8vo, XV, 364 et 489 pp.

Mendoza, Bernardino de (diplomate et historien espagnol, 1530—vers 1605): Comentarios de Don..., de lo sucedido en las Guerras de los Payses baxos, desde el Año de 1567, hasta el de 1577.
Madrid, Pedro Madrigal, 1592.
in-4to, 8 ff. n. ch., 336 ff. et table.

[Traduction française par Pierre *Crispet*, Paris, 1591].

Menéndez y Pelayo, Marcelino (célèbre historien littéraire, né en 1856) : Historia de los Heterodoxos Españoles, por el doctor... catedrático de literatura española en la Universidad de Madrid.

Madrid, Librería Católica de San José, 1880—1881.

3 vols. gr. in-8vo, 802, 786 et 891 pp.

[Ouvrage magistral].

[*Mercier*, Louis-Sébastien] (littérateur français, 1740—1814) : Portrait de Philippe II, roi d'Espagne. [Drame politique en 52 scènes].

Amsterdam, s. n. d'impr., 1785.

in-8vo, I : Précis historique, LXXVII pp.

II : Le drame, 242 pp.

[Le » Précis historique « fut publié, en 1786, sous ce titre : » Histoire du despotisme et des cruautés horribles de Philippe II «.]

Meteren, Emanuel [van] (historien français, 1535—1612) : L'Histoire des Pays-Bas d'Emanuel de Meteren, ou recueil des guerres et choses memorables advenues tant ès dits Pays, qu'ès Pays voysins, depuis l'an 1315 iusques à l'an 1612. Corrigé et augmenté par l'Autheur mesme, et enrichi outre la Carte du Pays-Bas de pres de cent portraits des principaulx Seigneurs desquels il est fait mention en ceste Histoire. Traduit de Flamand en Françoys par I. D. L. Haÿe. avec la vie de l'Autheur. En la Haÿe. Chez Hillebrant Jacobz Won. Imprimeur Ordinaire des Illust. Seig. Estats Generaux. 1618.

in-fol., 7 ff. n. ch., 720 ff. et table.

Mignet, [François-Auguste-Marie] : Antonio Pérez et Philippe II par M..., membre de l'Académie Française, secrétaire perpétuel de l'Académie des Sciences Morales et Politiques.

Paris, Imprimerie Royale, MDCCCXLV.

gr. in-8vo, V et 306 pp.

[Publié d'abord dans le » Journal des Savants «, cahiers d'août et de décembre 1844 et de janvier à juin 1845].

(*Montplainchamp*, Jean Bruslé de) (chanoine flamand, mort vers 1715) : Histoire de don Juan d'Autriche, fils de l'empereur Charles-Quint.

Amsterdam (Lebrun), 1683.

in-12 mo, 312 pp.

(*Montplainchamp*, Jean Bruslé de) : L'Histoire d'Alexandre Farneze, Duc de Parme et de Plaisance, gouverneur de la Belgique.

Amsterdam, Michils, 1692.

in-12mo, 6 ff. n. ch., 323 pp.

(*Montplainchamp*, Jean Bruslé de) : Histoire d'Emanuel Philibert, Duc de Savoie, gouverneur general des Païs-Bas.

A Amsterdam, Jacques le Noir, 1693. in-12mo, 268 pp.

Montes, Fr. Jerónimo O. S. A. : El carácter de Felipe II.
» La Ciudad de Dios «, vol. XLVII.
Madrid, Viuda é Hija de Gómez Fuentenebro, 1898.
gr. in-8vo, p. 59—85.

Morel-Fatio, Alfred (célèbre hispanisant français, né en 1850) : L'Espagne au XVIe et XVIIe siècle ; documents historiques et littéraires publiés et annotés par....
Heilbronn, Henninger Frères, 1878.
gr. in-8vo, XI—696 pp.

Morelli di Gregorio, Nicola : Biografia de' Re di Napoli ornata de' loro rispettivi rittrati. Scritta da Nic.[la] Morelli di Gregorio Vice Segretario dell' Acad.[a] R.[l] Mergellina, Socio Delfico, Corrispond.[e] Florimontano, membro de' Pericolanti di Messina, etc. e dall' Abate Cav.[re] Pasquale Panvini Medico Fisico.
Dedicata a. S. R. M. Francesco I. Re del Regno delle due Sicilie da Nicola Gervasi.
Tomo X[o] della Biografia degli Uomini Illustri Napolitani. Napoli MDCCCXXV. Presso Nicola Gervasi Calcografo. Con approvazione.
in-4to, 8 ff. n. ch., 608 pp. [Sur Philippe II : p. 325—350.]

Motley, John Lothrop (historien américain, 1814-1877) : The rise of the Dutch republic.
Complete in one volume.
London, Strahan & Co., 1863.
in-8vo, VIII—930 pp.
[La première éd. est de Londres et New-York, 1856.]

Mousset, Albert, (archiviste-paléographe) : Un résident de France en Espagne au temps de la Ligue (1583-1590) Pierre de *Ségusson*. Paris, Honoré Champion, 1908, gr. in-8vo, 105 pp.

Moüy, Charles-Louis-Stanislas comte de (diplomate et historien français, né en 1834) : Don Carlos et Philippe II. Ouvrage couronné par l'Académie Française. Troisième édition.
Paris, Perrin et Cie, 1888.
in-8vo, XXIV—368 pp. [La première éd. est de Paris, Didier, 1863.]

Muñoz, Andrés (laquais de don Carlos, mort en 1569) : Voir *Gayángos*, Pascual de.

Muñoz y Gaviria, José : Historia del alzamiento de los Moriscos, su expulsión de España y sus consecuencias en todas las provincias del reino. Por Don... Vizconde de San Javier, Abogado de los Tribunales Nacionales, etc., etc.
Madrid, Mellado, 1861.
in-8vo, VII—195 pp.

Muro, Gaspar : Vida de la princesa de Éboli con una carta por via de prólogo del Exmo. S. D. Antonio Cánovas del Castillo, individuo de número de las Reales Academias Española y de la Historia. Obra ilustrada con notas, documentos inéditos, el retrato de la princesa de Éboli, grabados y facsímiles.

Madrid, Mariano Murillo, 1877.

2 vol., gr. in-8vo, LXIII—267, 226 et 55 pp.

[Traduction française par A. *Weil*, Paris].

Namèche, Alexandre-Joseph (théologien et historien belge, 1811—1893) : Le règne de Philippe II et la lutte religieuse dans les Pays-Bas au XVIe siècle.

Paris et Louvain, Charles Fonteyn, 1885—1887.

8 vol., gr. in-8vo.

Nores, Pietro (littérateur italien, 1560 — vers 1646) : Storia della Guerra di Paolo IV, sommo Pontefice contro gli Spagnuoli, scritta da... corredata di documenti, volume unico.

Firenze, Gio. Pietro Vieusseux, 1847.

gr. in-8vo, XXXIII—512 pp.

[tome XII de l'Archivio Storico Italiano.]

Nueva Colección de Documentos inéditos, etc. ; voir : *Zabálburu*, Francisco de, etc.

Oliveira Martins, J. P. (historien littéraire portugais, 1845-1894) : Historia da Civilisaçáo Iberica, 4a. ediçâo.

Lisboa, A. M. Pereira, 1897.

in-8vo, XLIV—320 pp.

Orange, Guillaume d' ; voir : *Apologie*, etc.

Oratione di Carlo V. Imperadore de Romani, da S. Ces. Maestà recitata, nella dieta di Brusselle a gli Ordini, & Principi di Fiandra, in eleggere il Re Filippo suo figliolo, principe di quel paese.

Oratione de Mons. d'Arras primo Consigliere di Cesare, recitata nella dieta di Brusselle a' Principi di Fiandra nella elettione del Re Don Filippo.

Florentiae, 1556 (s. n. d'imp.).

in-4to, 7 ff. n. ch.

Ortí y Lara, Juan Manuel (philosophe espagnol, mort en 1904) : La Inquisición. Obra publicada por vez primera en el Siglo Futuro, por Don..., catedrático de Metafísica de la Universidad de Madrid.

Edición corregida y aumentada.

Madrid, Viuda é Hijo de Aguado, 1877.

gr. in-8vo, XIX—315 pp.

Otway, Thomas (auteur dramatique anglais, 1652—1685) : Don Carlos, prince of Spain, a Tragedy as it is acted at the Duke's Theatre, written by... The third edition corrected. Licensed, June 15, 1676, Roger L'Estrange.

London, printed for Richard Tonson, 1686, in-4to, 6 et 55 pp.

Panzano, Ybáñez de Aoyz, Joseph Lopercio (historien espagnol, mort en 1705) : Anales de Aragon desde el año mil quinientos y quarenta del Nacimiento de nuestro Redentor hasta el mil quinientos cinquenta y ocho. En que murió el Maximo Fortissimo Emperador Carlos V. Por D...
Zaragoza, Pasqval Bveno, 1705.
in-fol., 12 ff. n. ch., 568 pp., 17 ff., le testament de Charles-Quint et la table.

Papendrecht, C[ornelius] P[aul] Hoynck van (théologien et historien hollandais, 1686-1753) : Vita Viglii ab Aytta Zuichemi, ab ipso Viglio scripta, eiusque nec non Joachimi Hopperi et Joannis Baptistæ Tassii opera historica, aliaque analecta ad historiam scissi Belgii potissimum attinentia. In sex partes divisa. Collegit, Digessit, Notisque illustravit... archipresbyter Mechliniensis.
Hagæ Comitum, apud Gerardum Block, 1743.
in-4to, 6 vol.

Paris, Louis (historien français, 1802—1887) : Négociations, lettres et pièces diverses relatives au règne de François II tirées du portefeuille de Sébastien de l'Aubespine, évêque de Limoges par... bibliothécaire-archiviste de la ville de Reims.
Paris, Imprimerie Royale, 1841.
in-4to, XLVI—986 pp.

Pellegrini, Amadeo : Relazioni inedite di ambasciatori lucchesi alla Corte di Madrid (secoli XVI—XVII).
Lucca, Pellici, 1903.
in-4to, 96 pp.

Perdono (Il) *generale*, che il Re Filippo concede a tvtti paesi, stati et lvoghi di Fiandra che vorranno ritornare alla solita et anticha obedienza con il numero de personaggi che sono esclusi dal sudetto Perdono fuori. Et con la restitvtione de Beni, Honori, et Gradi a coloro che lo accettaronno. Publicato dal S. Comendator maggiore Capitano Generale, & Luogotenente per detta Maestà in quelle parti di Fiandra.
In Venetia e ristampato in Mantoua s. d. (1574).
pet. in-4to, 8 pp.

Pérez, Antonio (homme d'Etat espagnol, 1539—1611) : Cartas de... Secretario de Estado que fue del Rey Catholico Don Phelippe II de este nombre. Para diuersas personas despues de su salida de España.
Impresso en Paris. s. d. n. n. d'impr.
in-8vo, 148 pp.

Pérez, Antonio : Segundas cartas de... Fama meliore quam Fortuna. Mas los Aphorismos dellas sacados por el Cvrioso que sacó los de las primeras. Del mismo los Aphorismos del libro de las Relaciones.
Impresso en Paris por Fr. Hvby, 1603.
in-12mo, 263, 64 et 48 ff.

Pérez, Antonio : Las Relaciones de... secretario de Estado que fué del Rey de España Don Felipe II de este nombre.
Madrid, García, 1849.
2 tomes. in-8vo, 177 et 184 pp.
[tomes XI et XIV de la » Época, Biblioteca para todos «.]

Pérez de Herrera, Christoval (médecin ordinaire du roi, soldat et poète espagnol, 1558—vers 1639) : Elogio à las esclarecidas virtvdes de la C. R. M. del Rey N. S. Don Felipe II, que está en el cielo, y de su exemplar y cristianissima muerte, y carta oratoria al Poderosissimo Rey de las Españas y Nueuo Mundo D. Felipe III nuestro señor su muy amado hijo, por el Dr.... Médico de su Magestad y del Reyno, natural de la Ciudad de Salamanca.
En Valladolid, por Luis Sanchez, 1604, in-4to, 3 ff. prél.—269 pp.
[Réimpr. dans Cabrera : Filipe Segundo, Madrid, 1876—1877, IV, p. 335 — 402].

Pérez de Hita, Ginés (soldat et poète espagnol, mort vers 1610) : Guerras civiles de Granada por... vecino de Murcia.
Dos partes en un tomo.
Paris, Baudry, 1847.
gr. in-8vo, 442 pp.
[dans la : Colección de los mejores autores españoles, tome XLV. La première éd. est de Valencia, 1585].

Philipot, Thomas : The original and growth of the Spanish Monarchy, united with the house of Avstria. Extracted from those Chronicles, Annals, Registres and Genealogies, that yield any faithful Representation how the Houses of Castile, Aragon and Burgundy became knit and combined into one Body.
To which are added several Discourses of those Accessions and Improvements in Italy, Africk, with the East and West-Indies, that are now annexed by Alliance or Conquest to the Diadem of Spain. by... M. A., formerly of Clare-Hall in Cambridge.
London, printed by W. G. for R. Taylor, 1664.
in-8vo, 3 ff. prél. 264 pp.

Philippson, Martin (historien allemand, né en 1846) : Ein Ministerium unter Philipp II. Der Cardinal Granvella am spanischen Hofe (1579—1586) von...
Berlin, Sigfried Cronbach, 1895.
gr. in-8vo, VII, 642 pp.

Philippson, Martin : Philipp II von Spanien und das Pabstthum. Historische Zeitschrift herausgeg. von Heinrich von Sybel. Der ganzen Reihe 39. Band, (Neue Folge, III. Bd.).
München, R. Oldenbourg, 1878.
in-8vo, p. 269—315, 419—457.

Picatoste [y Rodríguez] Felipe (historien espagnol, 1834—1892) : Estudios sobre la grandeza y decadencia de España. Los Españoles en Italia.

Madrid, Viuda de Hernando y Cª. , s. d. — 1887.

3 tomes. gr. in-8vo, VIII—357, 148, 222 pp.

Pidal, Pedro José marqués de (historien espagnol, 1799—1865) : Historia de las alteraciones de Aragón el el reinado de Felipe II.

Madrid, 1876—1877.

3 vol. gr. in-8vo.

[La première éd. est de Madrid, J. Martin Alegría, 3 vols. gr. in-8vo 1862 —1863].

La Traduction française de J.-G. *Magnabal* a pour titre : Philippe II, Antonio Pérez et le royaume d'Aragon, Paris, Baudry, 1867, 2 vols. gr. in-8vo, XLIV—455, 435 pp..

Porreño,Baltasar,el licenciado (prêtre et historien espagnol,mort vers 1640): Dichos y hechos del señor Rey Don Felipe II, el Prudente. Potentísimo y glorioso Monarca de las Españas, por... visitador general del obispado de Cuenca, cura de las villas de Salcedón y Córcoles.

Valladolid, Cuesta, 1863.

in-12mo, XX—271 pp.

[La première éd. est de Cuenca, 1627].

Porreño, Baltasar : Historia del Serenissimo Señor D. Juan de Austria, hijo del invictissimo emperador Carlos V, Rey de España, dirigida á la excellentissima señora Doña Ana de Austria, hija de S. A. Abadesa perpetua y bendita del santo y real Monasterio de las Huelgas de Burgos por el licenciado..., cura de las villas de Salcedón y Córcoles en el obispado de Cuenca y examinador synodal del dicho obispado, publícala la Sociedad de Bibliófilos Españoles.

Madrid, Viuda é Hijos de M. Tello, 1899.

gr. in-8vo, XVI—596 pp.

Poullet, Edmond (historien belge, 1839—1882) : Voir : *Granvelle* : Correspondance de, etc.

Prescott, William Hickling (historien américain, 1796—1859) : History of the reign of Philip the Second, king of Spain.

London, Bentley Routledge, 1855—1859.

3 vols. gr. in-8vo, XIX—498, XII—551 et X—391 pp.

Proceso criminal, que se fulminó contra Antonio Pérez, Secretario de Estado del Rey Don Felipe II y del Despacho Universal, por su mandado : Sobre la muerte de Juan de Escobedo, Criado y Secretario del Señor Don Juan de Austria, hijo del Señor Emperador Carlos Quinto, que estaba gobernando los Estados de Flandes : Juez, el Licenciado Rodrigo Vazquez de Arce, Presidente de Hacienda, y despues del Consejo Real de Castilla : Alcalde el Licenciado Alvaro Garcia de Toledo, que le prendió el dia 29 de Junio de 1579 á las 11 de la noche, y le puso en la carcel de

Corte : Escribano de la Causa, Antonio Marquez. Con Privilegio y las Licencias necesarias.

Madrid : Por Don Antonio Espinosa. Año de 1788.

in-8vo, 314 pp.

Q., J. J. [*Quesnot de la Chesnée*] (poète français, huguenot, commencement du XVIIIe siècle) : Le Parallèle de Philippe II et de Louis XIV par M.... Cologne, chez Jacques le Sincère, 1709.

in-12mo, 204 pp.

Quevedo, José : Historia del Real Monasterio de San Lorenzo, llamado comunmente del Escorial, desde su orígen y fundación hasta fin del año de 1848, y descripción de las bellezas artísticas y literarias que contiene. Escrita por el bibliotecario de S. M. en dicho monasterio.

Madrid, Mellado, 1849.

gr. in-8vo, X—381 pp.

Rachfahl, Félix. (professeur d'histoire à Kœnigsberg, né en 1867) : Margaretha von Parma, Statthalterin der Niederlande, 1559—1567.

München, R. Oldenbourg, 1895.

gr. in-8vo, VII—275 pp.

[Dans la : Historische Bibliothek, publiée par la rédaction de la » Historische Zeitschrift «, n° 5.]

Rachfahl, Félix : Wilhelm von Oranien und der Niederlændische Aufstand.

Halle a. S., Max Niemeyer, 1906—1908.

3 vol. gr. in-8vo, XIV—642, 901 et (94) pp.

Ranke, Leopold von (historien allemand, 1795-1886) : Die Osmanen und die spanische Monarchie im sechszehnten und siebzehnten Jahrhundert. Dritte Auflage.

Berlin, Duncker und Humblot, 1857.

in-8vo, XXV—493 pp.

[La première éd. est de Hambourg, 1827.]

Ranke, Leopold von : Zur Geschichte des Don Carlos.

Wien, 1829.

[Dans les : Wiener Jahrbücher der Litteratur, vol. XLVI, p. 227—266. in-8vo.

Réimprimé dans les : » Historisch-biographische Studien «. Leipzig, Duncker u. Humblot, 1877. in-8vo, p. 451—544].

Raumer, Fr. L. G. von (historien allemand, 1781—1873) : Briefe aus Paris zur Erlæuterung der Geschichte des 16. und 17. Jahrhunderts, I—II.

Leipzig, 1831.

2 vol., in-8vo, XVIII—496 et XIV—536 pp.

[Voir surtout sur Philippe II, don Carlos, les Pays-Bas et le Portugal, I, p. 81—209].

Rayón, José Sancho, voir *Zabálburu*, Francisco de.

Reiffenberg, [Frédéric-Auguste-Ferdinand-Thomas], baron de (poète, historien et polygraphe belge, 1795—1850) : Correspondance de Marguerite d'Autriche, duchesse de Parme avec Philippe II, suivie des interrogatoires du comte d'Egmont et de quelques autres pièces, publiées pour la première fois, par le...

Bruxelles, Delevingne et Callewaert, 1841.

Imprimeurs de la Société des Bibliophiles de Belgique.

in-4to, XVIII —372 pp.

[Première publication de la : Société des Bibliophiles de Belgique.]

Relatione della givstitia fatta in Spagna nella città di Valladolid da l'officio della Santissima Inquisitione, contra molti lutherani, adi XXI del mese di Maggio MDLIX.

In Venetia, Appresso Domenico Farri, MDLIX.

in-4to, 7 pp. n. ch.

Reynier, Gustave : La vie universitaire dans l'ancienne Espagne par...

Paris, Alphonse Picard et fils. Toulouse, Édouard Privat, 1902.

in-8vo, VII—222 pp.

Ripamontius, Josephus Can. Scal. Chronista Vrbis Mediolani (historien milanais, historiographe espagnol, mort vers 1650) : Rerum Hispanarum a Philippo II regnante, libri octo.

Mediolani, Malatesta, s. a. (1648).

in-fol., 433 pp.

Rivadeneyra, Pedro de (savant jésuite, 1527—1611) : Historia ecclesiástica del Scisma del reino de Inglaterra, en la qual se tratan algunas de las cosas más notables que han sucedido en aquel reino tocantes á nuestra santa religion ; recogida de diversos y graves autores por el padre... de la compañía de Jesús.

Biblioteca de Autores Españoles, tomo LX, p. 177—357.

Madrid, M. Rivadeneyra, 1867.

in-4to. [La première éd. est de Madrid et de Çaragoça, Pedro Puig y la viuda de Ioan Escarilla, 1588. in-8vo, 8 ff. prél., 306 et 6 ff. de table.]

Rochau, A[ugust] L[udwig] von (historien allemand, 1810-1873) :

Die Moriscos in Spanien, von...

Leipzig, Avenarius & Mendelsohn, 1853.

in-8, 261 pp.

Romain G[eorges] (pseudonyme de Georges *Keszler*, littérateur français, né en 1819) : L'Inquisition, son rôle religieux, politique et social.

Deuxième éd.

Paris, Bloud et Barral, 1900.

in-8vo, 62 pp.

Romero Ortiz, Antonio (littérateur espagnol, 1822—1884) : Discursos leídos en la recepción pública del Exmo. Señor D... el día 30 de Enero de 1881. Las Libertades de Aragón.

Contestación del Académico de número D. Victor *Balaguer*.

Madrid, Man. G. Hernández, 1881.
gr. in-8vo, 57 pp.

Rosell [y López], Cayetano (historien espagnol, 1817—1883) : Historia del combate naval de Lepanto y juicio de la importancia y consecuencias de aquel suceso. Obra premiada por voto unánime de la Real Academia de la Historia en el concurso de 1853, su autor D...
Madrid, J. Rodríguez, 1853.
in-4to, 260 pp. et 2 planches lithogr.

Rousselot, Paul (prélat français, né en 1833) : Les Mystiques Espagnols Malon de Chaide, Jean d'Avila, Louis de Grenade, Louis de Léon, Ste Thérèse, S. Jean de la Croix et leur groupe par... agrégé, professeur de philosophie au lycée-impérial de Dijon.
Paris, Didier et Cie, 1867.
gr. in-8vo, VIII—500 pp.

Rustant, Joseph Vicente : Historia de Don Fernando Alvarez de Toledo (llamado comvnmente el Grande), primero del nombre, Duque de Alva. Escrita y extractada de los mas verídicos autores por Don... dedicada al Excelentisimo Señor Duque de Huescar, etc.
Madrid, Pedro Joseph Alonso y Padilla, 1751.
2 vol. in-4to, 11 ff. n. ch. — 279—314 pp. et tables.

Saenz, José Maria Baquero : Felipe II.
Madrid, 1887.
in-8vo, 75 pp.

[*Saint-Réal*, César Vichard l'abbé de] (historien français, 1639—1692) : Dom Carlos, nouvelle historique et galante.
Amsterdam, Jaques Amoureux, 1674.
in-12mo, 141 pp.
Dans le même vol. : Sentimens d'un homme d'esprit sur la nouvelle intitulée : Dom Carlos, p. 147—168.
[La première éd. est d'Amsterdam, 1672].

Salazar de Mendoza [Pedro] (chanoine et historien espagnol, mort en 1629) : Origen de las dignidades seglares de Castilla y Leon. Con relacion Summaria de los Reyes de estos Reynos : de sus actiones : casamientos : hijos : muertes : sepulturas. De los qve las han creado y tenido y de muchos Ricos Homes, confirmadores de priuilegios, etc.
Para el Principe de España don Felipe nuestro señor. Por el doctor... 1618.
(à la fin) : En Toledo por Diego Rodríguez de Valdiuielso, impressor de el Rey nuestro señor.
in-fol., 3 ff. n. ch., 189 ff.

Salazar de Mendoza, Pedro : Monarquia de España, escrita por el Doctor Don...

Madrid, D. Ioachin Ibarra, 1770.
in-fol. 2 vol., XXVIII—411, 443 pp.

Sanchez, Miguel (prêtre et historien espagnol, mort en 1889) : Felipe II y la Liga de 1571 contra el Turco, por D..., presbítero.
Madrid, Imprenta del Indicador de los Caminos de hierro, 1868.
gr. in-8vo, XIII—405 pp. et table.

Sandoval, Fray Prudencio (bénédictin et historien espagnol, 1560—1620) : Historia de la vida y hechos del emperador Carlos V. Max. fortissimo. Rey catholico de España y de las Indias, Islas y tierra firme del Mar Oceano. Al catholico Rey Don Felipe III deste nombre nuestro Señor. Por el Maestro Don... su Coronista, Obispo de Pamplona.
En Pamplona, Bartholomé Paris, 1614.
2 vols. in-fol., 13 ff. prél., 895—898 pp. et table.
[La première éd. est de Valladolid, 1604—1606].

San Miguel y Valledor, Euaristo duque de (homme d'Etat et historien espagnol, 1785—1862) : Historia de Felipe II, rey de España. Segunda edicion revista, corregida y reformada por su autor, y aumentada con su biografía, juicio crítico de la obra y un estudio sobre la época de Felipe II por D. Victor *Balaguer*.
Edicion de gran lujo, adornada con láminas en acero y boj representando retratos, batallas, vistas, etc., etc.
Barcelona, Salvador Manero, 1867—1868.
pet. in-fol., 2 vol., 864 et 817 pp.
[La première éd. est de Madrid, 1844—1846. 4 vol., in-8vo].

Sarrazin, Jean : Ambassade en Espagne et en Portugal (en 1582) de R. P. en Dieu Dom... abbé de St. Vaast, du conseil d'estat de Sa Majesté Catholique, son premier conseiller en Arthois, etc. par Philippe de *Caverel*, Religieux de St. Vaast.
Arras, A. Courtin, 1860.
in-8vo, LXIV—413 pp.
[Tome 3me des : Documents concernant l'Artois, publiés par l'Académie d'Arras.]

Schæfer, Ernst (historien allemand, né en 1872) : Beitræge zur Geschichte des spanischen Protestantismus und der Inquisition im sechzehnten Jahrhundert. Nach den Originalakten in Madrid und Simancas, bearbeitet von Dr... Privatdozent der Geschichte an der Universitæt Rostock.
Gütersloh, Bertelsmann, 1902.
3 vol., gr. in-8vo.

Schepeler, Andr. Dan. Berthold von : Beitræge zu der Geschichte Spaniens ; enthaltend : Ideen und Notizen über Künste und spanische Maler ; unbekannte Dokumente, betr. Karl. V., Filip II., Don Sebastian

v. Portugal, den Inf. Don Karlos, Don Juan v. Oestereich, den Herzog Alba, die unüberwindliche Flotte, etc.

Aachen und Leipzig, I. A. Mayer, 1828.

gr. in-8vo, X et 352 pp.

Schiller, [Johann Christoph Friedrich von] : Geschichte des Abfalls der vereinigten Niederlande von der spanischen Regierung. Herausgegeben von Friedrich Schiller.

Leipzig, Siegfried Lebrecht Crusius, 1788.

in-8vo, 548 pp.

Schmidt, Adolf (historien allemand, 1812—1887) : Epochen und Katastrophen. III : Don Carlos und Philipp II.

Berlin, A. Hofmann, 1874.

in-8vo, p. 253—385.

[*Schurtzfleisch*, Conrad Samuel] (philosophe et historien allemand, 1641—1708) : De vera origine Superiorum motuum Belgicorum Epistola ad Philippum II. Hispaniæ Regem, ex sermone Belgico in Latinum conversa. Recensuit...

Wittenbergæ, sumptibus Hæredum Joh. Bergeri, excudebat Christianus Schrœter, Anno 1674.

in--4to, 68 ff. n. ch.

Sepúlveda [Juan Ginés de] (savant historien espagnol, 1490—1574) : Ioan. Genesii Sepulvedæ Cordubensis opera cum edita, tum inedita, accurante regia historiae academia.

Matriti, ex typogr. reg. de la Gazeta, 1780.

4 vol., in-4to.

[Voir vol. III : De rebus gestis Philippi II. Hispaniarum et Indiarum Regis, libri tres priores octo regni ejus annos complectentes, sive historiam ab anno M.D. LVI ad M. D. LXIV. 7 ff. n. ch.—134 pp. — 7 ff. n. ch.].

Sigüenza, José de (hieronymite et historien espagnol, 1545—1606) : Segunda parte de la Historia de la orden de San Geronimo. Por Fray Ioseph de Sigüença.

Madrid, Imprenta Real, [in fine] Iuan Flamenco, 1600.

Tercera parte de la Historia de la orden de San Geronimo, etc.

Madrid, etc. [ut supra], 1605.

in-fol., 18 ff. n. ch., 767 pp. ; 22 ff. n. ch., 899 pp.

Il existe une édition moderne de la « tercera parte » publiée par Miguel *Sánchez y Pinillos* sous ce titre : Historia primitiva y exacta del Monasterio del Escorial, la más rica en detalles de cuantas se han publicado. Escrita el siglo XVI por el Padre Frey José de Sigüenza, Bibliotecario del Monasterio y primer historiador de Felipe II, arreglada por D...

Madrid, M. Tello, 1881, in-8, 560 pp.

[*Stapleton*, Thomas] (controversiste catholique anglais, 1535—1598) : Apologia pro Rege Catholico Philippo II Hispaniæ, etc. Rege. Contra varias & falsas accusationes Elisabethæ Angliæ Reginæ. Per Edictum suum 18 Octobris Richemondiæ datum, et 20 Novembris Londini proclamatum, publicatas et excusas.

In qua omnium turbarum & bellorum quibuscum his annis 30. Christiana Respub. conflictatur, fontes aperiuntur, remedia demonstrantur.

Avthore Didymo Veridico Henfildano. Constantiæ, apud Theodorum Samium, s. d. (mais 1592).

in-8vo, 14—275 et 13 pp.

Stirling-Maxwell, Sir William Bart. (historien et critique d'art écossais, 1818—1878) : Don John of Austria or passages from the history of the sixteenth century 1547—1578. Illustrated with numerous wood-engravings. In two volumes.

London, Longmans, Green, and Co., 1883.

in-4to, XIX—513, XIII—526 pp.

Strada, Famianus Romanus, e S. J. (jésuite et historien italien, 1572—1649) : De Bello Belgico decas prima ab excessu Caroli V. Imp. usque ad initia Præfecturæ Alexandri Farnesii Parmæ ac Placentiæ Ducis III. Additis hominum illustrium ad historiam præcipue spectantium imaginibus ad vivum expressis. Editio novissima, emendatior, et accuratior.

Juxta exemplar Romæ impressum apud Hermannum Scheus, 1653.

in-12mo, 4 et 520 pp.

[La première édition est de Rome, 1632 in-fol. traduction franç. par P. du Ryer, Paris, 1644, in-fol.]

Strada, Famianus Romanus, e S. J. : De Bello Belgico decas secunda, ab initio Præfecturæ Alexandri Farnesii Parmæ Placentiæque Ducis III. Anno MDLXXVIII usque ad Annum MDXC.

Juxta exemplar Romæ, apud Hæredes Francisci Corbelletti, 1658.

in-12mo, 8 et 642 pp.

[La première éd. est de Rome, 1641, trad. franç. de P. du Ryer, Paris, 1644. in-fol.]

Strype, John (historien ecclésiastique anglais, 1643—1737) : Ecclesiastical Memorials ; Relating chiefly to Religion, and the Reformation of it and the emergencies of the Church of England, under Henry VIII. King Edward VI. and Queen Mary the First. All which being New, and Such as have hitherto escaped our Writers and Historians, will communicate much more Light to those great Transactions in this Kingdom, etc., etc.

In three volumes, with a Large Appendix to each Volume, containing. Original Papers, Record, etc. by..., M. A.

London : Printed for John Wyat, at the Rose in St. Paul's Churchyard. 1721.

3 vol. , in-fol.

Stübel, Bruno : Die Instruktion Karls V für Philipp II vom 25. Oktober 1555. Deutscher Text herausgegeben von Dr...
Wien, Carl Gerold's Sohn, 1905.
gr. in-8vo, 68 pp.
[Aus dem Archiv für œsterreichische Geschichte, Bd. XCIII, II Hælfte, p. 181—248.]

Stübel, Bruno : Aus dem letzen Lebensjahre Kœnig Philipps II. von Spanien, von...
Extrait des « Mittheilungen des Instituts für œsterreichische Geschichtsforschung » Band XXII, gr. in-8vo, 12 pp.

Teulet, [Jean-Baptiste] Alexandre [Théodore] (archiviste français, 1807—1866) : Relations politiques de la France et de l'Espagne avec l'Écosse au seizième siècle, papiers d'État, pièces et documents inédits ou peu connus tirés des bibliothèques et des archives de France.
Paris, Renouard, 1862.
5 vols., gr. in-8vo.
[Le cinquième volume, XVI et 523 pp., est surtout espagnol, et nous reconnaissons à chaque page l'humeur laborieuse de Philippe II.]

Thomsen, Grimur [Thorgrimsson] (diplomate et esthéticien danois, 1820—1896) : Tiberius og Philip II, en historisk Sammenligning af...
Fuge, late, tace.
Kjœbenhavn, C. C. Lohse & Delbanco, 1852.
in-8vo, 120 pp.

Thuanus, Iacobvs Avg. (historien français, 1553—1617) : Historiæ svi temporis.
Parisiis, apud Ambrosivm & Hieronymvm Drovart, 1604—1606.
4 vol., in-8vo.

Tilton, William Frederic : Die Katastrophe der Spanischen Armada. 31 Juli — 8 August 1588. Inaugural-Dissertation zur Erlangung der philosophischen Doctorwürde vorgelegt der hohen philosophischen Facultæt der Albert-Ludwigs-Universitæt Freiburg i. B. von... aus Newport, R. I. Vereinigte Staaten.
Freiburg i. B., C. A. Wagner, 1894.
gr. in-8vo, VIII—150 pp.

Turba, Gustav : Beitræge zur Geschichte der Habsburger. Aus den letzten Jahren des spanischen Kœnigs Philipp II. Von Dr...
Wien, Carl Gerold's Sohn, 1898.
gr. in-8vo, 144 pp.
[Aus dem Archiv für œsterreichische Geschichte (Bd. LXXXVI, III. Hælfte, S. 309) separat abgedruckt.]

[*Uhagón y de Guardamino*, marqués de Laurencín, Francisco Rafael de] (littérateur et historien espagnol, né en 1854) : Relaciones históricas de

los siglos XVI y XVII. Publícalas la Sociedad de Bibliófilos Españoles. Madrid, [Tello]. 1896.
gr. in-8vo, VII—431 pp.

Valera, Cipriano de (luthérien espagnol, 1532—1625) : Los dos tratados, del Papa, i de la Misa escritos por... i por él publicados el a. 1588, luego el a. 1599, i ahora fielmente reimpresos.
Año de 1851, s. l. ni nom d'imprimeur.
in-8vo, 21 ff. prél. 610 pp. et notes.

Valera [y Alcalá Galiano], Juan (diplomate et poète espagnol, 1824—1905) : Discurso sobre el influjo de la Inquisición y del fanatismo religioso en la decadencia de la literatura española, Madrid 21 de Mayo de 1876.
Obras completas tom. I, p. 267—305.
Madrid, Impr. Alemana, 1905.

Vandenesse, Jean de : Journal des voyages de Philippe II.
Voir *Gachard* [et Piot] : Collection des voyages des souverains des Pays-Bas, vol. IV, p. 1—453.

Vander Hammen y León, Lorenzo (poète et historien espagnol, 1589—1660) : Don Filipe el Prvdente segvndo deste nombre, rey de las Españas y nveuo Mvndo, al excelentissimo señor Don Luis Fernandez de Cordoua, y Aragon, Duque de Sessa, Baena y Soma ; Conde de Cabra, Palamos, y Oliuito ; Vizconde de Iznajar ; Gran Almirante de Napoles y Capitan General del mar de aquel Reyno ; señor de las Baronias de Belpuche, Liñola, y Calonge ; Comendador de Albanchez y Bedmar de la Orden de Santiago, etc., por... natural de Madrid, y Vicario de Jubiles.
En Madrid, por la vivda de Alonso Martin. Año de MDCXXXII.
in-4to, 7 ff. n. ch., 137 ff.
[La première éd. est de Madrid, 1625].

Vander Hammen y León, Lorenzo : Don Ivan de Avstria. Historia por... natural de Madrid, y Vicario de Ivbiles.
En Madrid, por Luis Sanchez, impresor del Rey y del Reyno, 1627.
in-4to, 3 ff. prél. et 326 ff.

Viel-Castel, [Claude] L[ouis baron] de (diplomate et historien français, 1800—1887) : La justice politique en Espagne sous Philippe II. Mort de Montigny.
Colección de documentos inéditos para la Historia de España. — Madrid, 1844.
Revue des Deux-Mondes, XVIe année, nouvelle série, p. 256-293.
Paris, Impr. de Fournier et Cie, 1846.

Viglius ab Aytta Zuichemus (juriste hollandais, 1507—1577) : Vita Viglii ab Aytta Zuichemi, ab ipso Viglio scripta, eivsque opera historica.
[Dans *Papendrecht* : Analecta Belgica. La Haye, 1743. vol. I—III.]

Voltaire [François-Marie-Arouet de] (1694—1778) : Essay sur l'Histoire générale et sur les mœurs et l'esprit des Nations, depuis Charlemagne jusqu'à nos jours.

s. l. n. ni nom d'imprimeur (1756). in-8vo, 7 vol.

[Sur Philippe II, voir tome III, p. 283—327.]

(Tomes onzième—dix-septième de » la Collection complette des Œuvres de Mr. de Voltaire » Première éd.).

Walker Freer, Martha : Elizabeth de Valois, Queen of Spain, and the Court of Philip II. From numerous unpublished sources, in the archives of France, Italy and Spain. By... author of « The Life of Marguerite d'Angoulème », and « The Life of Jeanne d'Albret », Queens of Navarre « Iam feliciter omnia », légende d'Elisabeth de Valois.

London, Hurst and Blackett, 1857.

2 vols. in-8, XI—344 ; VI—386 pp.

Warnkœnig, L[eopold] A[ugust] (juriste et historien allemand, 1794—1866) : Don Carlos. Leben, Verhaftung und Tod dieses Prinzen. Nach den neuesten Biographien und mit Rücksicht auf frühere Forschungen bearbeitet. Mit einem Stahlstichportrait und einem autographen Brief des Don Carlos.

Stuttgart, Krœner, 1864.

in-8vo, XII—168 pp.

Watson, Robert (historien écossais, 1730—1781) : The history of the reign of Philip the Second, king of Spain. By..., LL. D. professor of philosophy and rhetoric in the University of St. Andrew's. A new edition.

Basil, J. J. Tourneisen, 1792.

3 vol. gr. in-8vo, 352, 378, 304 pp. et table.

[La première éd. est de Londres, 1777, 2 vol., in-4to.]

Weiss, Charles (historien français, 1812—1864) : L'Espagne depuis le règne de Philippe II jusqu'à l'avènement des Bourbons.

Paris, Hachette, 1844.

2 vols., gr. in-8vo, VIII—440 et 406 pp.

Weiss, Charles : Voir *Granvelle* : Papiers d'État, etc.

Wilkens, C. A. (théologien et historien autrichien) : Geschichte der spanischen Protestanten im sechzehnten Jahrhundert von... Dr. theol. u. phil. in Kalksburg bei Wien.

Gütersloh, Bertelsmann, 1888.

gr. in-8vo, XIV—259 pp.

Yepes, Diego de (hieronymite espagnol, confesseur de Philippe II, 1559—1613) : Relacion breve de la christianissima, y exemplar mverte del Rey Catholico y Prudente, de las Españas, y Mundo nuevo, Don Phelippe II, por Don..., de la Orden de S. Hieronimo, Obispo de Taraçona, su Confesor. Y un Indice, ó Compendio de las cosas mas memorables de su vida. Recogido y compuesto por Diego Ruyz de Ledesma, vezino de Madrid, criado del Rey Nuestro Señor, en su Castillo de Milan. Dirigido al Excelentissimo Señor Don Pedro Enriquez de Aceuedo, Conde de Fuentes, etc. Impresso en el Palacio Real de Milan por los Impressores Camerales,

Año de CIↃ. IↃC. VII.

pet. in-4to, 43 pp.

Zabálburu, Francisco de, y *Rayón*, José Sancho : Nueva Colección de Documentos inéditos para la Historia de España y de sus Indias. Publícanla D... y D...

Madrid, Manuel Ginés Hernández, 1891 (I), 1893 (II-IV), 1894 (V) et 1896 (VI).

6 vols., gr. in-8vo.

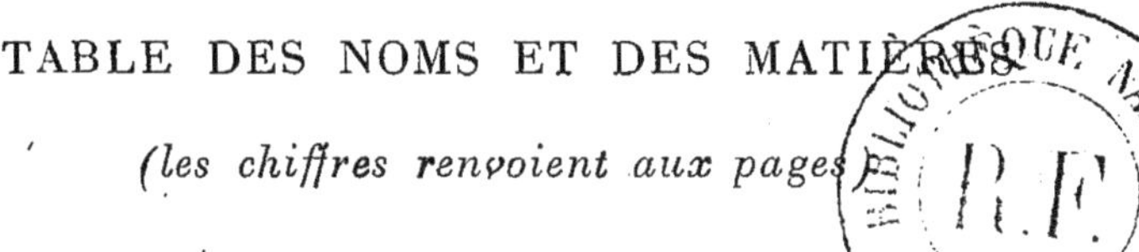

TABLE DES NOMS ET DES MATIÈRES

(les chiffres renvoient aux pages)

A

B

C

H

I

J

K

L

N

O

P

Q

R

S

Saint-Amand (Cher). — Imprimerie Bussière.

www.ingramcontent.com/pod-product-compliance
Ingram Content Group UK Ltd.
Pitfield, Milton Keynes, MK11 3LW, UK
UKHW020105200726
13856UKWH00002B/387